本书获得广西一流学科——民族学学科建设经费资助，同时为广西民族大学科研基金资助项目"中国农业气象灾害风险概率估计及农作物趋势单产估计方法的改进研究"（校级引进人才科研启动项目，2023SKQD17）、广西民族大学校级科研项目"乡村振兴背景下边疆少数民族地区教育阻断代际贫困的影响机制及对策研究"（2020MDSKZD02）、2023年度广西高等教育本科教学改革工程项目"以产赛教融合推动高校《金融科技》教学模式改革的实践研究"（2023JGB175）、2023年度国家民委高等教育教学改革研究项目"服务民族地区现代化建设背景下的《保险学》教学模式创新研究与实践——以广西民族大学为例"（普通项目，23118）的阶段性成果之一。

中国种植业
保险风险区划构建研究

吴望春　李春华◎著

Research on the Construction of
Planting Insurance
Risk Zoning in China

经济管理出版社
ECONOMY & MANAGEMENT PUBLISHING HOUSE

图书在版编目（CIP）数据

中国种植业保险风险区划构建研究 / 吴望春，李春
华著. -- 北京：经济管理出版社，2024. -- ISBN 978
-7-5096-9787-0

Ⅰ. F842.66

中国国家版本馆 CIP 数据核字第 2024CR3704 号

组稿编辑：曹　靖
责任编辑：郭　飞
责任印制：黄章平
责任校对：蔡晓臻

出版发行：经济管理出版社
　　　　　（北京市海淀区北蜂窝 8 号中雅大厦 A 座 11 层　100038）
网　　址：www.E-mp.com.cn
电　　话：（010）51915602
印　　刷：北京晨旭印刷厂
经　　销：新华书店
开　　本：720mm×1000mm/16
印　　张：16.25
字　　数：249 千字
版　　次：2024 年 8 月第 1 版　　2024 年 8 月第 1 次印刷
书　　号：ISBN 978-7-5096-9787-0
定　　价：88.00 元

前　言

中国现在乃至未来依然是一个农业大国，种植业是农业的主要组成部分，关乎农民的收入，也关乎中国的粮食安全和国家的稳定发展，亟须种植业保险的保驾护航。种植业保险要持续健康地经营和发展，既需要国家和地方政府财政政策的扶持，更需要做好种植业保险风险区划以识别和评估种植业保险风险，为保险产品的创新及保险费率的厘定奠定基础。目前国内已经有诸多学者对种植业保险风险区划进行了探讨和研究，取得了丰富的成果。然而，种植业保险风险区划在种植业保险领域的应用并不理想，暴露出了在应用和研究中的一些问题：已有研究更多基于某个特定局部视角，缺乏构建完整的指标体系和构建风险区划层级体系的研究；关键指标风险概率和趋势单产的计算算法有待改进；实证分析的流程有待探索。

基于以上背景，本书通过梳理、归纳和拓展种植业保险风险区划的现有研究成果，从种植业保险风险区划体系构建的理论依据、风险指标体系、风险区划层级体系、关键指标计算算法、风险区划实证分析流程五个基本要素展开研究。本书的主要研究内容和成果如下：

第一，系统梳理了国内外种植业保险风险区划已有研究成果和理论基础，分析并总结了种植业保险风险区划的应用及研究的现状和问题。以此为基础，完善了涵盖生长环境、气象灾害、非气象灾害、农作物本身以及人类活动五大要素的种植业保险风险区划的风险构成系统，进一步拓展了风险指标的外延，引入绝收和非气象灾害及生产技术风险因素，建构了完整的风险指标体系。

第二，建立了符合国情的涵盖省、地市、县域的种植业保险风险区划层级体系结构，并制定了风险区划研究的基本流程和范式。

第三，引入基于信息扩散模型的正态信息扩散估计方法，用于弥补在关键指标风险概率估计中由于数据不足造成的函数逼近的缺陷，用实证的方式对中国31个省份（除港澳台地区，下同）农作物分别遭受五类气象灾害侵袭所致三种不同灾损程度共15种类型的风险概率进行了估计，得到了各类风险概率指标的结果。本书依据时序数据预测理论，提出了农作物单产数据序列的趋势识别特征，建立了基于小波变换的多项式估计的改进方法，通过实证分析比较了线性回归估计、二次和三次多项式估计、四层小波分析和新的改进方法等多种方法相对应的估计结果，证实了改进方法用于关键指标趋势单产估计的有效性和适用性；采用新的改进方法对中国31个省份六类主要农作物以及广西110个县域粮食作物进行了趋势单产估计，并经过比对分析确定了趋势单产估计的结果，进一步获得了单产波动指标和单产变异指标的结果。

第四，为了呈现种植业保险风险区划层级体系的合理性和完备性以及实证研究的规范流程，利用上述研究获得的风险概率指标、单产波动指标和单产变异指标的结果，用实证的方式例证了中国31个省份五类气象致灾因子、六类农作物承灾脆弱性风险、三十类包含孕灾环境因素和生产技术因素的组合风险、五类农作物病虫草鼠害致灾因子共46种类型的风险区划的指标选取、权重确定、指标计算和评估、风险评级和区划地图施划等过程；以广西110个县域粮食作物的脆弱性风险区划和粮食作物综合风险区划为例，例证了区划层级体系中不同层级区划的共同点和差异。

本书通过分析和实证研究，围绕关于种植业保险风险区划体系基本要素构建的研究主题，完成了指标体系的构建、层级体系的构建、风险概率估计/趋势单产估计/指标权重量化等关键技术算法的改进、风险区划规范流程的研究目标。同时发现了种植业保险风险区划研究领域的一些情况和问题，据此建议推动贴近实际应用的区划研究、建立高质量的完备数据库、重视研究方法的适用性、关注和重视不利于粮食安全的农业生产隐患。

目　录

第一章　绪论

中国现在乃至未来依然是一个农业大国，农业生产是中国居民赖以生存的根本。种植业是农业的主要组成部分，关乎农民的收入，也关乎中国的粮食安全和国家的稳定发展。中国的人均耕地面积远远低于世界平均水平，耕地质量属于中等偏下水平，人多地少是制约中国种植业发展的一个天然因素。农作物的生长主要是在露天环境里，中国是世界上气象灾害种类最多的国家之一，干旱、洪涝、低温冷害、霜冻、冰雹、高温等气象灾害频发，甚至形成巨灾，种植业生产不得不面对自然灾害带来的各种风险。不仅如此，种植业生产还需承担病虫草鼠害以及生产技术方面的风险。尽管农作物有自我修复机制，但是无法确保种植业的稳定经营和发展，因此亟须种植业保险的保驾护航。中国种植业保险跟随中国农业保险的发展历程，经历了 1984~1992 年的高速增长期，也经历了 1993 年商业化转向之后长达 10 年的持续衰退期。在国家和地方政府财政政策的支持下，随着同一费率的打破以及"隐形的保险风险区划"的应用，中国种植业保险取得了较大的成果。种植业保险的实践以及国内外经验表明，种植业保险要持续健康地经营和发展，既需要国家和地方政府财政政策的扶持，更需要做好种植业保险风险区划以识别和评估种植业保险风险，为保险产品的创新及保险费率的厘定奠定基础。

中国对种植业保险风险区划的探索可以追溯到 1981 年全国农业区划委员会的《中国综合农业区划》，随后，2011 年保监会印发的《"全国种植业保险区划"研究报告》和 2020 年中国农业科学院农业风险管理研究创新团队编制的《中国农业生产风险区划地图册》进一步促进了种植业风险区划的发展，取得了重要的突破和跨越式的发展。然而，当前的种植业保险风险区划仍然面临诸多问题，主要表现在两个方面：一是在学术研究方面缺少成体系的研究。进行种植业保险风险区划，其构成的基本要素应该包含哪些？这些基本要素的选择依据是什么？分别对于种植业保险风险区划能起到什么作用？在各基本要素中是否还需要更细化的要素共同组成？这些要素之间的关系如何？它们在种植业保险风险区划中的实施流程如何？这一系列问题尚缺少系统的回顾和归纳总结，更没有进一步提出应该如何对各基本要素加以完善和改进，以促进种植业保险风险区划领域的发展。二是在学术成果转化成实际应用方面探索得不够。国内关于种植业保险风险区划的研究，在某种意义上并不十分贴近实际应用。虽然在农业保险的费率厘定、产品设计以及农业保险补贴政策制定等方面的实际应用中，我们看到了种植业保险风险区划的影子，但实际上种植业保险风险区划体系并没有得到正式的有效应用，也没有形成规范。

本章从本书的研究背景和研究意义着手，对相关概念和国内外的种植业保险风险区划研究进行文献梳理并总结，随后交代本书的研究目标、研究框架、研究内容、研究方法、数据来源和技术路线，最后指出研究的创新和不足。

第一节　研究背景和研究意义

一、研究背景

中国的种植业生产需要种植业保险的保驾护航。中国作为世界三大农业起源中心之一，早在远古时期就有了农业文明的萌芽，原始农业在七八千年前就已经相当发达[1]。中国是一个农业大国，种植业非常发达，首先表现为耕地面积巨大。世界银行的数据显示，2018 年中国的耕地面积为 17.92 亿亩，位居世界第四①，这一数据与中国 2021 年公布的第三次全国国土调查结果 19.18 亿亩相差不大②。其次表现为从事农业生产的人口较多，2020 年底为 1.8 亿左右③，比日本整个国家的总人口还要多。因此，农业特别是种植业问题关系到农民的收入，也关乎中国的粮食安全问题和国家的稳定发展。然而，虽然中国的耕地面积巨大，但由于人口众多，人均耕地面积仅为 1.35 亩，远远达不到世界人均水平的 2.76 亩，却需要保障大约世界 1/5 人口的粮食安全④，并且随着相关生育政策的调整，中国人口数量还将稳定增长，未来的粮食保障形势依然很严峻，特别是当天气事件或自然灾害发生时，粮食供应更"处于刀锋边缘"[2]。此外，在有限的耕地资源中，耕地质量属于中等偏下水平。2019 年全国耕地质量等级情况公报结果显示，在质量等级由高到低依次划分为 1～10 等的情况下，平均等级为 4.76 等，其中 1～3 等的耕地面积占耕地总面积的 31.24%，4～6 等的耕地面积占 46.81%，7～10 等的耕地面积占 21.95%⑤。因此，作为农业大国的中国，在人均耕地面积有限以及耕地质量不高的背景下，迫切需要农业保险的参与，以降低农业经营的风险、保障和提高农民的收入，为中国农业生产的稳定和健康持续保驾护航。

在中国 40 多年改革开放过程中，保险业取得了巨大的成就，但在保险属性的认识上存在偏差[3]。种植业保险发展成果显著，但依然应该意识

---

① 资料来源：世界银行官网，https：//data. worldbank. org. cn/indicator/AG. LND. ARBL. HA. 2021－12－16。

② 资料来源：这一数据实际上是 2019 年 12 月 31 日时点数据的统计结果，见"第三次全国国土调查主要数据公报"，国家统计局官网，https：//mp. weixin. qq. com/s？＿＿biz＝MjM5Njg5Mj AwMg＝＝&mid＝2651401499&idx＝2&sn＝9a7308a348eae55d474772f2c5b27ec8&scene＝0. 2021－08－27。

③ 资料来源：《中国统计年鉴 2021》，国家统计局官网，http：//www. stats. gov. cn/tjsj/ndsj/2021/indexch. htm. 2022－02－01。

④ 资料来源：世界银行官网，https：//data. worldbank. org. cn/indicator/AG. LND. ARBL. HA. PC？view＝chart. 2022－02－02。

⑤ 资料来源：《2019 年全国耕地质量等级情况公报》，中华人民共和国农业农村部官网，http：//www. moa. gov. cn/nybgb/2020/202004/202005/t20200506_6343095. htm. 2020－05－06。

到种植业保险的基本属性是针对种植业生产的可保风险，有必要重视和做好种植业保险风险区划的研究。中国种植业保险需要进行精确的种植业保险风险区划分析以及建立体系，目前在这方面尚需改进。中国是世界上气象灾害种类最多的国家之一，干旱、洪涝、低温冷害、霜冻、冰雹、高温等气象灾害频繁发生，甚至形成巨灾，对主要靠天吃饭的传统种植业极为不利。巨灾给农业生产经营带来严重的损失，对经济发展和社会稳定产生影响，农业再保险、政策性农业再保险和巨灾风险基金纳入农业保险体系有利于分散农业保险巨灾风险[4]。不仅如此，种植业经营也可能遭受伪劣种子、化肥和农药等伪劣生产资料、工业污染、错误的行政干预或者农业政策变化等造成的损失。特别是在市场竞争机制下，农产品价格基本上由市场供求关系自发调节，这样一来，种植业的市场风险暴露无遗。为减少人类在农业生产经营过程中由于灾害所导致的财产损失、人身伤亡或其他经济损失等，农业保险应运而生。多年来，中国的农业保险都由中央财政进行补贴，这种做法对推进现代农业发展、促进乡村产业振兴、改进农村社会治理和维护农民收益起到了重要的保障作用。但在多年的运行过程中仍存在农户投保意愿不高、道德风险和逆选择防不胜防、保险公司因巨灾赔付负担压力大而难以履行保险合同等问题。加之中国幅员辽阔，受到各地的地理条件、气候、生产条件和生产技术等因素的影响，各地的农业生产千差万别，各地的主要灾害类型和抵御风险的能力存在着差异。虽然中国已经颁布了《农业保险条例》，但目前的条例主要是原则性规定，缺少针对性的法规，从而导致无法可依。对种植业而言，之所以缺少针对性的法规，主要原因是缺乏精确的种植业保险风险区划分析，更没能建构起来一个综合的种植业保险风险区划的层级体系。

近年来，中国有关部门充分认识到了种植业保险以及进行种植业保险风险区划的重要性。农业保险财政补贴政策从 2007 年开始实施，促使中国农业进入了快速发展阶段，江生忠等经过研究认为，农业保险的财政补贴政策的效率还有待提升，在刺激农民有效需求上效果不明显，财政补贴型农险产品有待升级[5]。2015 年 11 月 13 日，中国保险监督委员会发布了

《农业保险产品实现全面升级》①，提到全国开展中央财政保费补贴型农险产品的升级改造工作已经完成，农业保险产品已经实现了全面升级，下一步保监会将在完善种植业保险风险区划和费率浮动机制等方面进一步落实国家的强农惠农富农政策。2011年12月13日，保监会印发了《"全国种植业保险区划"研究报告》，就全国种植业灾害风险区划及保险费率类型进行了分区研究。2019年10月12日，中国银行保险监督委员会发布了《关于加快农业保险高质量发展的指导意见》的通知②，提出今后需要进一步加强农业保险基础设施建设，包括"加强农业保险风险区划研究，构建农业生产风险地图，发布农业保险纯风险损失费率，研究制定主要农作物、主要牲畜、重要'菜篮子'品种和森林草原保险示范性条款，为保险机构产品开发、费率调整提供技术支持。建立科学的保险费率拟订和动态调整机制，实现基于地区风险的差异化定价，真实反映农业生产风险状况"。近年来，中国有关部门对种植业保险风险区划的重视及相关工作的推进，不仅透露了中国高层重视农业生产、强调防范农业风险的决心，而且还预示着在今后很长的一段时间内，种植业保险风险区划研究将是中国农业、保险业、农业风险管理乃至农业经营管理等分支学科的重点研究主题和方向之一。

目前，国内已经有诸多学者对种植业保险风险区划的相关议题进行了探讨和研究，并得出了丰富的结论，为中国的农业风险防范、风险地图制定、保险费率厘定等方面做出了巨大的贡献。从当前的研究内容看，不同学者纷纷从各自理解的角度出发阐述自己对农作物生态环境和保险风险关系的看法，尚未建立一个用以评价自然致灾因子危险性的综合指标体系；或者在构筑灾害风险分布时仅考虑灾害方面的概率而没有考虑多种农作物的风险概率；或者仅以农作物的单产指标出发衡量其风险概率而没有

① 资料来源：《农业保险产品实现全面升级》，中国保险监督委员会官网，http：//bxjg.circ. gov.cn//web/site0/tab5207/info3979649.htm.2015-11-13。

② 资料来源：《关于印发〈关于加快农业保险高质量发展的指导意见〉的通知》，中国银行保险监督委员会官网，http://www.cbirc.gov.cn/cn/view/pages/ItemDetail.html?docId＝848659&itemId＝928&generaltype＝0.2019-10-12。

顾及各种灾害的风险概率指标；或者在风险概率指标的选择上各有侧重，不尽相同；或者只考虑了某个层级（例如省级）的种植业保险风险区划而忽视了其他层级，没有构建一个不同层级的综合的指标体系，更没有充分考虑不同层级种植业保险风险区划指标的差异性。从分析方法来看，不同学者从不同的角度提出了各自的计算指标，有些指标的准确性和适用性有待商榷；有的学者在构造相关指标时使用比较传统的方法，其得出的结果不尽准确和精确；有的学者即便借鉴使用了国外较新的小波分析技术，但并没有证明该技术相对于传统技术的先进性和必要性，特别是没有讨论这一技术在中国情形下是否适用，等等。

基于以上背景，本书试图从国内在种植业保险风险区划领域研究的不足之处着手，展开种植业保险风险区划体系构建的基本要素的研究，包括其理论依据、风险指标体系、风险区划层级体系、关键指标（风险概率和趋势单产）计算算法、风险区划实证流程等研究内容。

二、研究意义

本书系统梳理了种植业保险风险区划相关理论，结合国内外已有研究成果，构建了横向和纵向相结合完整的理论分析体系，并采用中国种植业和灾害数据以实证的方式例证了风险概率估计、趋势单产估计和各种类型的风险区划的指标选取、权重确定、指标计算和评估、风险评级和区划地图施划等过程，具有较强的理论意义和实践意义。

（一）理论意义

在理论意义方面，主要贡献体现在以下三点：

第一，归纳和总结种植业保险风险区划基本要素。

本书在前人的研究基础上，系统梳理和归纳总结种植业保险风险区划的基本要素，涉及理论依据、风险指标体系、指标计算算法、风险区划层级体系、风险区划实证流程等方面，为系统了解种植业保险风险区划领域的研究起到了一定的参考作用。

第二，拓展和完善种植业保险风险区划的风险构成系统，构建完整指标体系。

本书将风险管理理论和灾害系统理论作为构建指标体系的理论基础，并结合种植业生产的特征，拓展灾害系统理论，完善了涵盖生长环境、气象灾害、非气象灾害、农作物本身以及人类的活动五大要素的种植业保险风险区划的风险构成系统（PIRZRCS），并基于 PIRZRCS，拓展了国内已有研究中的种植业保险风险区划指标的外延，将气象灾害导致的绝收风险和病虫草鼠害等非气象灾害风险以及生产技术风险纳入风险体系，构建了完整的指标体系。

第三，构建适用国情的种植业保险风险区划层级体系。

本书基于地域分异理论和灾害系统理论，依据中国地域广大、地形多样、作物种类繁多、气象灾害复杂以及行政区划层级化的国情，构建以省、地市和县域三级为主体，以省级和县域级为重点的各有侧重的风险区划层级体系，并制定风险区划研究的基本流程和研究范式。风险区划层级体系，对基于不同目的和用途的种植业保险风险区划具有理论指导意义。

（二）实践意义

本书基于时序数据预测理论，提出农作物单产数据序列的四个趋势识别特征：拟合度、平滑度、弯曲度和相对误差分布。国内外现有的趋势单产常用估计方法有线性回归估计（LE）、二次和三次多项式估计（PE2、PE3）、四层小波分析（WT-A1、WT-A2、WT-A3、WT-A4），在此基础上形成了基于小波变换的多项式估计系列方法（WTDS-LE、WTDS-PE2、WTDS-PE3）。并以广西 110 个县域粮食作物基于以上多种方法进行趋势单产预测估计的结果为依据，对比分析趋势识别的四个特征，证实 WTDS-系列方法是现有估计方法的改进，创新和拓展了农作物趋势单产估计的技术方法。该技术方法可直接应用于实证研究，并具有实践指导意义。

本书对种植业保险风险区划的理论分析体系的梳理、构建及技术方法的创新，最终都以基于中国农业和灾害数据的实证分析为落脚点来进行评估和验证，具有较强的实践指导意义。

主要的实证分析包括：①采用基于信息扩散模型的正态信息扩散估计

方法，估计了中国 31 个省份（除港澳台地区，下同）所有农作物分别遭受旱灾、水灾、风雹灾、冷冻灾和综合气象灾害五类气象灾害侵袭所致受灾、成灾和绝收三种不同灾损程度的风险概率。②采用改进的 WTDS-系列方法对中国 31 个省份的谷物、小麦、玉米、豆类、薯类和油料六类农作物以及广西 110 个县域粮食作物进行了趋势单产估计，并经过比对分析确定趋势单产估计结果。③基于构建完整的指标体系和风险区划层级体系，采用聚类分析和 GIS 技术方法，结合关键技术风险概率估计和趋势单产估计所得指标结果，以实证的方式例证了中国 31 个省份基于气象致灾因子、基于农作物承灾脆弱性风险、基于以上五类气象灾害和六类农作物脆弱性及孕灾环境因素和生产技术因素的组合风险、基于病虫草鼠害致灾因子四大类共 46 种类型的风险区划的指标选取、权重确定、指标计算和评估、风险评级和区划地图施划等过程，以广西 110 个县域粮食作物的脆弱性风险区划和粮食作物综合风险区划为例，验证了风险区划层级体系中不同层级区划的共同点和差异。

以上的实证分析，不仅对种植业保险风险区划领域的研究范式具有实践指导意义，而且其实证结果还具有更多的现实意义：①为中国的农业生产和风险防范工作提供了重要的实证数据参考，有利于防患农业风险于未然、降低农业损失。②为各保险机构及其分支机构针对不同农作物品种、不同地域实行差异化的风险定价，建立科学的保险费率的厘定和动态调整的机制提供了实证结果支撑。③为中央和地方政府财政保费补贴政策及其他相关政策的制定提供了决策参考依据。

第二节　相关概念介绍

这里，我们首先回顾几个与种植业保险风险区划研究相关的概念：风险、农业风险、农业区划和风险区划，然后定义本书所使用的种植业保险风险区划基本要素概念及其内涵。

一、风险和农业风险

"风险（Risk）"一词源于古意大利语"Riscare"，意为"To Dare"，指的是冒险，是利益相关者的主动行为，有正面的含义。但发展到现在，风险一词多带有贬义的含义。例如，在权威的韦伯辞典里风险被定义为"损失或伤害的可能性"，自然灾害领域中常将"人们在危险事件中的暴露"视为风险，消防领域干脆将"着火概率"定义为火灾风险[6]，等等。

从保险角度来看，风险是某种损失发生的不确定性[7]，或者是指引致损失的事件发生的一种可能性[8]。

农业风险是指人类在农业生产经营过程中由于灾害所导致的财产损失、人身伤亡或其他经济损失等风险损失的不确定性[7]。

关于农业风险的分类，不同学者有不同的见解。国外有些学者，例如：Moschini 和 Hennessy 认为农业风险包括自然风险、价格风险、技术风险和政策风险四类[9]；Boehlje 认为分为战术风险（自然风险和财务风险）和战略风险（市场风险和法律风险）[10]；而 Hardaker 等主张分为自然风险、市场风险、机构风险、人为风险和财务风险五类，并将前四类归纳为业务风险[11]。国内学者多采用自然风险、经济风险和社会风险的分类方法。因此农业保险风险是指从保险的角度来衡量农业风险的可保性，即某种农业风险可以作为保险责任而承保，则称之为可保风险，反之称为不可保风险[7]。本书认为在大数据、互联通信技术获得高速发展的全球性背景下，将农业风险分成自然风险、经济风险、社会风险和技术风险四大类更合适一些，因为随着科学技术的进步，技术风险在农业保险风险区划中是一个需要考虑的重要因素。

二、农业区划和风险区划

农业区划以更好地安排农业生产布局为目的，主要研究一个地区农业生产基本条件的地区差异和农作物的适应性，形成诸如农业自然条件区划

（地貌、土壤、气候、水文）、农业技术改革区划（机械化、水利化、土壤改良）以及农业部门区划（种植业、林业、畜牧业）等[12]。进行农业区划分析可以指导农民、农业部门的专业人员、金融机构和保险公司，以避免在农作物最敏感阶段发生与天气和气候相关的风险，如可以帮助农民决定种植什么作物、在什么时候以及在什么地点种植[13]，以减少不利气候事件造成的损失。

国外学者多在研究保险时采用"风险区划（Risk Zoning 或 Risk Zone）"的说法，"Risk Zoning"表示进行风险区划的动作或过程，而"Risk Zone"表示风险区划的结果。Fell 等在研究滑坡灾害的背景下定义了分区的概念，即将土地划分为均匀的区域或领域，并根据实际或潜在的滑坡可能性、危害或风险或某些与灾害有关的法规的适用性对其进行排序[14]。Hanak 和 Korytarova 认为，从更一般的观点来看，风险区划是对面临风险的要素在脆弱性和时间及空间概率方面的潜在损害的评估[15]。风险区划可以对各种自然灾害，如地震、洪水、风雹、飓风、滑坡、泥石流或海啸等进行风险区划，也可以对其他事项（如管理综合环境风险和确保其在人口稠密地区的最佳空间分布）进行风险区划。而在保险领域进行风险区划，主要是针对处于不同风险区划的被保财产引进可变保费，以及避免对最高风险等级的财产提供保险。

国内有的学者以"农业保险区划"指代农业保险方面的"风险区划"。例如，庹国柱和李军定义的农业保险区划是指依据保险经营原则的要求和农业保险风险地域分异规律，根据各地不同的风险状况和保险标的的损失状况，按照区内相似性与区间差异性和保持行政区界相对完整性的原则，将一定地域范围内的农业保险标的所面临的风险划分为若干不同类型和等级的区域，为农业保险的全面开展和稳定经营提供科学依据[7]。

庹国柱和丁少群指出了农业区划和农业保险区划的主要区别。农业保险区划主要是研究农作物产量的灾害风险分布，是为保险合同设计和费率厘定服务的[16]。农业区划代替不了农业保险区划，但农业保险区划需以农业区划为基础，尤其是农业区划对气象灾害、土地资源条件的分布规律和特点的研究资料，为农业保险区划中自然灾害因子的考量提供了资料基础。

此外，庹国柱和李军、庹国柱和丁少群从两个方面论述了中国农业保险区划的必要性，一方面是引证国外农业保险开办比较成功的美国、日本、加拿大都进行了农业保险区划，另一方面是从农业保险自身基于自然因素、经济技术因素和社会因素的客观特征，包括农业灾害损失的年际间差异、地域性差异、损失的波动性、损失确定的复杂性等方面，论述中国进行农业保险区划是农业保险发展的客观要求[7][16]。

三、种植业保险风险区划

通过对前文相关定义和概念的梳理，本书对所使用的种植业保险风险区划概念定义如下：基于种植业风险的存在，以农业区划为基础，依据保险经营原则的要求和种植业保险风险地域分异规律，根据各地不同的风险状况和保险标的的损失状况，按照区内相似性与区间差异性，同时保持行政区界相对完整性的原则，将一定地域范围内的种植业保险标的所面临的风险划分为若干不同类型和等级的区域，为种植业保险的全面开展和稳定经营及相关部门政策制定提供科学依据的过程或者这一过程的最终结果。考虑到种植业的对象是农作物，种植业保险风险区划又可称为"农作物保险风险区划"。

需要说明的是，Wang、Coble 和 Knight、史培军在种植业灾害风险区划的基础上进一步进行了费率等级区划或费率厘定分析[17-19]，而本书认为费率厘定属于产品精算定价的范畴，部分费率因子与种植业保险风险区划所分析的各种风险要素有一些共同之处，例如灾害种类和作物类型等，但影响费率厘定的因素还有很多，如承保保障的比例（如产量的百分比）、有无免赔、产品的类型（如是区域产量型还是农户产量型、是商业型还是政策型等）、灾害的种类（单一灾害还是组合灾害，含不含巨灾风险等）。因此从这个意义上说，如果广义的种植业保险风险区划研究内容包括费率等级区划或费率厘定分析，那么本书的"种植业保险风险区划"是狭义意义上的"种植业保险风险区划",即不涉及费率厘定和费率等级区划的内容。

四、种植业保险风险区划基本要素

从词义来看,基本要素是指构成事物必不可少的因素或者组成系统的基本单元。不同概念涉及的基本要素不尽相同,同一概念的不同分类涉及的基本要素也不相同。比如,保险的基本要素包括保险人、投保人、被保险人、保险标的及可保风险等。又比如农业区划,按照自然条件区分,基本要素包括地貌、土壤、气候和水文等;按照技术改革区分,基本要素包括机械化、水利化和土壤改良等;按照农业部门区分,则包括种植业、林业和畜牧业等。保险风险区划的基本要素包括区域、保险标的、风险因素、风险等级等。

本书中,"种植业保险风险区划基本要素"不是对该概念进行精确的定义和界定,而是为了明晰本书的研究内容并合理组织文章的框架结构。"种植业保险风险区划基本要素"可以从两个方面来理解,一是从体系构建的角度来理解其构成要素,二是从种植业保险风险区划的角度来理解体系的内容。因此,在本书中,"种植业保险风险区划基本要素"定义为:与构建种植业保险风险区划体系相关的必要的组成部分,包括理论依据、风险指标体系、关键指标计算算法、风险区划层级体系、风险区划实证流程以及风险区划的应用六个方面。种植业保险风险区划各基本要素之间的相互关系如图 1-1 所示。

从图 1-1 可知,风险指标体系的构建、关键指标计算算法的改进研究以及风险区划实证分析流程都需要相关理论的指导,理论依据是风险区划体系的基石。风险指标体系通过结合国情,细化和具体化为层级指标体系和层级分类体系,同时关键性指标计算算法的研究,也将是指标体系构建的一种补充和完善。风险区划层级体系和关键指标计算算法的研究结果将直接服务于风险区划的实证分析,理论的指导更利于建立风险区划实证规范流程。风险区划研究的目的最终是投入实际应用,实证分析的结果通过

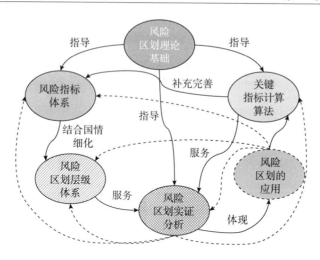

图 1-1　种植业保险风险区划基本要素的相互关系

风险区划的各种应用场景来体现。在图 1-1 中，虚线表示一种反馈机制。风险区划实证分析和实际应用情况将反馈于风险指标体系的构建、风险区划层级体系的构建以及关键指标计算算法的改进。这样，各基本要素的研究相互影响、相互促进，形成一种闭环，种植业保险风险区划体系的研究将是一种螺旋式上升的通道。

　　在本书中，将按照上述定义所涵盖的范围来组织研究的框架，具体来说，通过文献研究（第一章）和理论基础的梳理（第二章）来确定体系构建的理论依据；借鉴现有研究成果，构建种植业保险风险区划的风险构成系统（PIRZRCS）和指标体系（第四章）；在关键指标计算算法方面，主要研究风险概率和趋势单产这两类关键指标的计算算法（第五章）；风险区划层级体系通过层级指标体系（第四章）和层级分类体系（第六章）来体现；在风险区划实证流程方面，着重于不同类型风险区划的指标选取、权重确定、指标计算和评估、风险评级和区划地图施划等过程（第六章）；风险区划的应用着重于现状分析（第三章）。

第三节　文献回顾及述评

　　国内外与种植业保险风险区划相关的研究，是从剖析以"个体"为基础的"非区划"型农作物保险失败的原因开始的，寻求其解决办法，并对以"区划"为基础的农作物保险理论建模，在理论模型的基础上，逐步展开相关的"区划"原则、各种技术方法以及风险区划的实证研究，本节以此脉络进行了六大方面的文献回顾，最后对国内外相关文献研究进行简单的述评。

一、保险风险区划研究的起因

　　国外农作物保险开展比较成功的国家有很多，包括美国、加拿大、日本和德国等，有大量关于农作物保险的产品、政策、效用、风险和区划等方面的研究文献，其中美国农作物保险历史时期较长、历史数据相对完备，在农作物保险风险和区划方面的研究最为丰富和成熟，创新了诸多理论和技术，同时还有政策性和商业性农作物保险的实践作为验证与支撑，在农作物保险风险和区划研究的历史进程中最具代表性，也最具借鉴价值。

　　美国农作物保险起源于1938年美国农作物保险公司（Federal Crop Insurance Corporation，FCIC）的成立，因为损失率太高，曾于1944年停办，但迫于政治压力于1945年重新开办。直到1980年，其农作物保险在很大程度上是体验性的，主要覆盖的农作物品种和区域比较有限[18]。1980年，《联邦农作物保险法》（Federal Crop Insurance Act，FCIA）出台，启动了多风险农作物保险程序，农作物保险覆盖的品种和区域逐步扩大。但直到20世纪90年代早期，参与率依然只有30%左右。

　　有大量的学者就1993年以前美国农作物保险不太成功的原因进行了

分析、论证和探查，主要研究集中在保险参与率、道德风险和逆向选择等方面。在保险参与率方面，Wright 和 Hewitt 认为美国 1993 年以前的多风险农作物保险计划和全风险农作物保险计划，在吸引私人保险公司参与方面是一种失败，参保率极低[20]。Kramer 和 Pope 基于 1964~1981 年历史价格和产量数据，证实了高价格高产量的保险责任方案导致了整体参与率不高[21]。其他美国学者的研究也都得出了相似的结论，且认为即使政府提高对高价格、高产量的保险责任方案的补贴也无济于事[22-26]。大量美国学者在以郡县为单位研究保险整体参与率与多种相关因素的关系研究中，发现农作物保险的期望回报率、农场规模、灌溉面积比和保险面积比与整体参与率正相关，而保险成本率和保险费率与整体参与率负相关[27-32]。除此以外，农场级别也与保险参与率显著相关[30][33-36]。有的研究还进一步表明，产量变异较大且发生概率高但产生损失小的农场主更愿意购买保险，而那些产量变异较小且发生概率低但损失大的农场主不太愿意参与保险[30]；保险参与率和保险需求的价格弹性负相关，而且，农场级别的价格弹性要高于郡县级别的价格弹性[30][35]。

在道德风险和逆向选择方面，Knight 和 Coble 就 1980 年以来多风险农作物保险（Multiple Peril Crop Insurance，MPCI）的研究文献做了归纳与整理，认为虽然自 1980 年以来 MPCI 占据了美国农作物保险市场的主导地位，但参与率与覆盖率并没有达到政府的预期，其中道德风险和逆向选择是其主要原因[37]。Ahsan 等在研究农作物保险市场的信息不对称问题时发现，高风险的人更愿意选择高成本、高承保水平的保险合同，低风险的人则相反[38]。其他多数学者也认同多风险或全风险农作物保险计划在私人保险市场失败的主要原因是农作物保险市场的道德风险和逆向选择[39-42]。

另有一些学者认为无论是提高保险费率还是采用统一费率，都会导致道德风险和逆向选择问题。Goodwin 和 Kastens 指出，保险费率的提高很可能增加逆向选择而且加大农作物保险行业的损失率[43]。Nelson 和 Loehman 基于帕累托最优的农作物保险合同的研究与分析，认为统一费率容易导致信息不对称的道德风险和逆向选择[44]。Chambers 基于对称信息和不对称信息条件下对全风险农作物收入保险合同进行帕累托最优分析，认为农作物收入保险市场本身就具有不可保性，而道德风险更是增加了不可保性的可能性[45]。Coble 等采用堪萨斯州三个区域的小麦农场 1986~1990 年的面板数据，研究道德风险对农作物保险赔偿的影响，认为道德风险是造成 MPCI 超额赔偿的重要原因[46]。Skees 和 Reed 讨论了统一费率的适用条件[47]，Goodwin[48] 继续了 Skees 和 Reed 的研究，使用 2247 个农场的五种灌溉地和旱地农作物 10 年的数据，进一步证实同一费率将逆向选择引进了农作物保险。此外，Luo 等认为被保险人可以利用季节前的天气信息对保险决定做出决策，将引起跨期逆向选择[49]。

二、以"区划"为基础的农作物保险理论建模

进入 20 世纪 90 年代，美国农作物保险发生了巨大的变化，一方面，得益于学术界对以前 MPCI 的分析和总结，找到了农作物保险市场失败的关键原因；另一方面，学者们在此基础上开始构建和引入新的理论模型和方法，以及付诸实践，同时推动了美国农作物保险政策的变革，1993 年团体风险计划（Group Risk Plan，GRP）的引进、1994 年，《农作物保险改革法案》的出台，美国农作物保险复苏并取得指数化的增长速度[18][50]。之后，基于团体风险计划的区域产量保险、区域产量收入保险、指数型保险的模型设计、开发和实践，如雨后春笋般迅速发展。

基于之前美国以个体为基础的农作物保险参保率不高的社会现实，有关学者和保险机构提出了对应于"个体"概念的"团体"风险计划。团体风险计划（GRP）的核心思想是以农作物保险风险区划为基础，以区域平均产量趋势为设计依据，开发和设计农作物区域产量保险合同和农作物区域产量收入保险合同。此类保险合同以某个区域的平均产量为可保险的最高产量，个体农场可依据自己的需求，选择一个责任覆盖水平（一般为 50%~80%）；其赔偿采用触发机制，即整个区域当期的产量低于其平均产量情况下，区域内已经投保的农户才可能得到赔偿；区域产量收入保险合同与区域产量保险合同的最大区别就是前者以收入作为保险触发

机制[51-54]。

早在 1949 年，Halcrow 就提出了区域产量保险概念，将区域产量保险作为一种降低道德风险、逆向选择以及降低管理成本和交易成本的保险选择，但没有得到响应与重视[55]。

在区域产量农作物保险的理论模型搭建和研究方面，Miranda 在 Halcrow 的概念基础上，开发了一个区域产量保险理论模型，认为个体农场的产量可分解为系统性和非系统性两个部分，其中系统性部分与气候和土壤相似的同一区域的平均产量相关，采用贝塔系数来表示个体农场产量和区域期望产量之间的关系[56]。另一个关键要素是理赔触发关键产量，只有区域实际平均产量低于理赔触发关键产量时，区域内已经承保的个体农户才可能得到赔偿。通过理论和数学模型推导，区域产量保险不能降低和消除非系统性风险，但在个体农场的贝塔系数在大于 0.5 的情形下，必定能显著降低系统性风险，个体贝塔系数即使低于 0.5，通过选择合适的理赔触发关键产量或者说关键产量系数，也能有效降低系统性风险。Miranda 进一步采用 102 个肯塔基州个体农场产量数据，对其提出模型的效率和公平进行了测算和评估，测算出个体农场的贝塔系统频率分布情况为：个体贝塔系数主要集中在 0.24~1.93，小于 0.5 的很少，大于 2.0 的几乎没有，而且通过选择不同的关键产量系数，所有的个体农场都能获得系统性风险减小的收益。Miranda 在理论建模与实际数据测算验证的基础上，得出区域产量保险不仅逆向选择和道德风险可以显著减少，还可以降低产品的运营成本的结论[56]。

Mahul 基于 Miranda 同样的模型假设，采用个体农场期望产量效用最大化和帕累托最优的经济学原理作为推导依据，研究了区域产量保险的最优设计问题，得出同样的结论，指出最优区域产量保险合同依赖于衡量个体农场产量对区域产量的敏感程度的贝塔系数，其赔偿金基于周围相似地理区域的总产量而定，基于临界产量的共同保险有效分担了系统性风险，同时也指出贝塔系数为负数的极端情况也将带来不利影响[57-58]。Vercammen 研究了区域产量作物保险中赔偿机制和触发约束对区域产量保险合同的最优设计的影响，指出赔偿触发的最大值通常受到限制（如平均产量的80%），另外，区域产量保险的理赔核算是滞后于灾害发生，且依赖于区域平均产量是否低于关键产量的整体核算，因而一次性付款的赔偿不太可行，进一步提出了对标准合同的改进措施：当保障责任覆盖水平大于个体贝塔系数时，通过最优限制合同设计，能比标准合同设计更有效率[59]。但这种改进措施也存在一定的缺点，需要通过上调最大赔款比率来适应期望收益的增长，因而需要设计非线性效率合同做进一步的改进。

以上研究的区域产量模型有一个基本的假定，那就是个体农场产量和区域产量之间存在线性可加的简单关系。Ramaswami 和 Roe 提出了替代早期采用个人和区域产量之间的线性关系简化形式的完整类结构模型，简化形式的贝塔系数可表示为结构参数的函数，指出可利用结构模型分析决定区域产量的聚集与区域产量保险风险降低之间的关系，并且该模型可适应非系统性风险存在异方差的情形[60]。Chambers 和 Quiggin 研究了区域产量保险条件下的最优生产者行为以及对生产模式的影响，得出区域产量保险与随机技术分离的结果，换句话说，就是区域产量保险能有效避免出现以前多风险农作物保险情况下的逆向选择和道德风险[61]。Bourgeon 和 Chambers 在 Mahul 的基础上，进一步检验了在对称信息条件下和非对称信息条件下区域产量保险合同的可实现性，并指出完全保险合同对逆向选择的脆弱性，导出了非对称信息条件下的区域产量保险合同的特征[62]。

以上国外学者的理论研究，基本确定了区域产量农作物保险的理论框架，一方面论证了在各种情况下区域产量保险合同设计的基本方法和应该考量的因素，另一方面也论证了区域产量农作物保险确实可以解决农作物保险中的逆向选择和道德风险问题。基于农作物生产以及农作物保险风险的特殊性来考虑，区域产量农作物保险的确是农作物保险中一种较好的保险工具。在避免农作物保险逆向选择和道德风险之后，就可能有效提高农作物保险的整体参与率，美国在区域产量保险实施后的实践经验也充分证明了这一点。

三、农作物保险风险区划的原则和技术方法

（一）农作物保险风险区划的原则

团体风险计划与区域产量保险，一个重要的核心概念是农作物保险风险区域的划分，换言之就是以多大的区域来衡量区域的平均产量并作为费率厘定的依据。在农作物保险风险区划方面，学者们主要讨论区域划分应考虑的原则、具体使用的技术方法以及美国农作物保险风险区划实践等。

农作物保险风险区域划分依赖于农作物生产的特殊性以及农作物保险风险的特殊性，一方面需要综合考虑风险因素，另一方面还需要考虑风险划分区域大小的合适性。自然灾害是农作物保险面临的主要风险之一，Bambini 等认为干旱、洪水、不合时宜的降雨、冰雹、霜冻、风暴等单一灾害与组合风险都应该作为农作物保险风险区划的考虑因素[13]。Hanak 和 Korytarova 通过对洪水、冰雹、雪灾、风暴等风险的历史数据进行比较分析，得出洪水之后往往伴随冰雹或雪灾的结论，保险风险区划更适宜考虑组合风险[15]。此外，还有诸多学者对常见的旱灾和水灾以及冰雹灾等进行了研究[63-64]，虽然这些研究带有地方特点，但其研究结论对中国农作物保险风险区划依然有借鉴作用，某种意义上，在进行农作物保险风险区划时，对相关自然灾害风险的相关性，也是需要考虑的因素。Wang 以华盛顿州小麦农场和爱荷华州玉米农场数据为基础，不采用郡县边界为划分依据而以自然地理条件为集群进行风险区划，并厘定精算费率，结论表明可提高农作物保险的风险管理效用，降低成本并提高效益[17]。Coble 等基于美国农业部 NASS 和 RMA 的数据，考虑产量、价格、以保费均值为依据的系数、赔付、利率以及不同收入政策等因素，计算不同区域级别的玉米、棉花和大豆单产变异系数，并评估其单产风险，发现区域越小单产风险越高的现象，即农场级大于州级，而州级大于国家级，由此也说明，农作物保险风险区域划分的单位不宜太大[65]。近两年也陆续有学者认为县域的保险风险评级和区划忽略了不受县域边界约束的气候特征和农艺特征，因此主张采用跨行政边界即跨县域的风险区域划分[66-67]。

（二）农作物保险风险区划的技术方法

前述的研究奠定了区域产量农作物保险的理论框架，但这还不够，实践中需要设计农作物保险合同、厘定保险费率来作为缴纳保费的依据。而要做到保险合同和费率的设计合理，必然要对农作物产量的分布做出估计以及预测。

保险费率受多种因素的影响，区县之间存在差异，与农作物产量分布密切相关，而农作物产量甚至在临近地区也有很强的变异性。一个区县经历一个灾难性的事件就会产生非精算公平保险费率。保险费率在保险合同中扮演着重要的角色，受作物产量风险测量的影响，而这些风险又受到产量分布的影响[68]。因此，农作物产量分布是区域产量保险的核心问题，而其评估预测方法影响保险费率和风险评估。由此，区域产量农作物保险合同的设计与费率厘定，涉及区域产量的分布与趋势预测、风险区域划分等。

农作物产量分布估计，通常有参数估计、非参数估计以及半参数估计等方法。参数估计是基于假定的产量分布密度函数或累积分布函数，估计其特定的参数，非参数估计是不对产量分布密度函数或累积分布函数做出特定的假定，依据数据通过选择的合适窗宽以及合适的核密度进行分布估计，半参数估计是两者的结合。国外学者在农作物区域产量分布估计的研究中，尝试提出了各种方法，得出的一致结论是纯参数估计方法不太适合农作物产量分布估计，非参数和半参数估计依赖于数据可获得性以及数据量的大小，需依据不同情况选择合适的方法。

在区域产量分布和趋势预测方面，美国大量学者做了大量的研究并取得了丰硕的成果。Barnett 和 Skees 采用非参数核平滑方法估计了农作物产量分布情况，并且厘定了费率[69]。Goodwin 和 Ker 使用双指数平滑预测和单变量时间序列模型（ARIMA），采用非参数密度估计法对郡县级别的产量分布进行估计，认为非参数估计方法能够捕捉到某些地区独特的特质，是农作物的产量分布估计的首选技术；采用正态分布和贝塔分布可能会做出错误的分布估计和产量预测；在样本量比较大的时候一般可用非参数估计方法，但在样本容量比较小时，若用非参数法则缺乏稳健性[68]。

Ker 和 Goodwin 进一步提出经验贝叶斯非参数核密度估计方法，在对产量的空间与时序处理的基础上，分别对 GRP 实际费率、标准核、自适应核、经验贝叶斯非参数核的估计结果进行实证，表明经验贝叶斯和二阶段经验贝叶斯方法的效率与有效性[70]。Turvey 以全风险农作物保险产品为基础，采用 Gamma 和 Beta 分布的参数估计法与非参数核估计法进行实证比较研究，指出 Beta 分布不太适合进行产量分布估计[71]。Shenick 等依据同一组农场 20 多年的数据，分别使用 Normal、Lognormal、Logistic、Beta 和 Weibull 分布，采用最大似然估计和 AD 检验，分析各分布的拟合效果并厘定精算费率，表明同一组数据在不同分布下厘定的纯费率有显著的差异[72]。Chen 和 Miranda 在研究德克萨斯棉花产量数据时，采用一种半参数混合分布模型，并考虑导致减产的恶劣天气以及外部经济和环境因素，表明能更准确预测产量分布并厘定更精确的保险费率[73]。Racine 和 Ker 提出另一个非参数估计方法，采用产量数据和离散的区县数据联合建模，证明能有效增加保险公司获得承保新合同并降低核保损失，从而提高其经营效率[74]。也有不少学者[75-76] 进一步完善与发展了分层贝叶斯时空模型与方法。Goodwin 等在用非参数法拟合了州、县区域的玉米和小麦等作物的产量分布时，指出非参数法比较灵活，可以显示作物产量分布的局部特性，而这种情况在利用参数法的时候有可能被完全忽视[77]。由此可见，在进行农作物保险风险区划与产量分布预测研究时，需要依据实际数据量的可获得性以及其他因素，选择合适的估计方法，依据农作物产量分布的经验研究结果，在一般情况下，农作物产量分布是一种偏态分布，不太适合采用正态分布等非偏态分布来估计与预测，在数据量较大的情况下，采用非参数估计是比较切实可行的方法，在数据量较小的情况下，考虑半参数估计也许较为适当。另外，在农作物产量分布估计方法方面，采用二层甚至多层混合分布模型，也可能是值得研究的方向之一。需要指出的是，已有研究表明由于农作物生产具有特殊性，如农作物有自我修复特征、灾害尤其是巨灾的片区性影响等，一些分布模型不太适合于农作物保险产量分布，在实际研究中应避免使用。

研究区域产量分布的目的之一是进行区域产量的预测。参数估计方法得出的结果平滑但可能不太准确，非参数估计方法得出的结果，当窗宽较大时（为了精确），往往不够平滑，也有学者研究与提出采用小波分析方法来辅助农作物产量分布估计与产量预测。Bartosz 利用通过公开的农作物数据与气候数据进行产量趋势分析，提出需要三个步骤，分别为趋势识别、周期识别与预测，同时指出，标准的统计计量模型可用于对气候因子和产量相关的时序数据进行处理与分析，并且用实证和比较的方法，从统计学的角度证明了小波多分辨分析用于趋势产量分析更加精确和有效[78]。Pringle 等基于一个特定地域分两个生长季节的产量数据进行比较分析，进一步证明小波分析与地理统计在产量趋势分析中，尤其是在小区域范围内，相对于一般意义的趋势模型更加有效[79]。

农作物保险风险区域划分，在技术方法方面，需要采用区域产量分布估计与预测，另外，常用的计量统计方法是聚类法。美国学者关于农作物保险风险区划所用到的聚类分析技术方法的研究，更多的是理论模型的建立和改进。Bonzo 和 Hermosilla 在采用面板数据进行聚类分析中，基于概率连接函数定义相似系数，引进改进的自适应模拟退火遗传算法来优化目标函数[80]。以往对区域产量作物保险的分析采用线性相加模型（LAM）来表示个体和区域产量之间的关系。然而，LAM 的理论基础是未知的。这个缺点通过建立连接微变量和 LAM 参数的两个条件来解决。Ramaswami 和 Roe 采用线性相加模型（LAM）来表示个体与区域产量的关系，并证实大数定律成立的前提下，个体风险和聚合风险的相互作用得以体现，同时还指出个体贝塔系数不应该只考虑地域气候和土壤的相似性，个体农场的管理水平、专业化程度以及资产水平等也可能是贝塔系数的影响因素之一[60]。Frey 和 Dueck 提出的基于聚类中心的近邻传播聚类算法（AP），聚类结果为类和相应的聚类中心，可适用于截面数据聚类分析，其思想是将所有的个体作为潜在的聚类中心，通过计算个体之间的实值消息传递，用信息传播方法产生高质量的聚类中心，并且产生相应的聚类[81]。Bodenhofer 等依据 Frey 和 Dueck 提出的原理编写了 AP 的 R 程序包，AP 方法十分灵活，便于自由定制，用 AP 进行聚类分析，其聚类中心为个体的样品能够很好地解释个体的发展[82]。Kaufman 和 Rousseeuw 在聚类有效性评估方面，提出用轮廓系数对聚类结构进行评价，轮廓系数同时考虑类间的可分性和类内部的紧密性，对聚类结构有良好的评价能力，可求得最佳聚类结果[83]。以上研究证实农作物保险风险区划适合采用聚类分析技术方法，但也提醒研究者在采用聚类分析方法中需要注意影响因子的选择并确保聚类的有效性。

在技术方法的研究方面，黄道友等应用"Z 指数法"和"土壤—作物"系统法确定干旱事件并进行对比分析，指出了两种指标的联系与差异[84]。朱业玉等利用河南省 50 个站 1951~2004 年逐月降水量资料，对降水 Z 指数方法进行了分析，提出了 Z 指数的修订方法[85]。王开军等用自适应的方法改进了 AP 算法，解决了如何产生最佳聚类结果的问题[86]。夏伟等在用河北省各站点的旱涝等级与降水量数据分析旱涝灾害的发生规律中，发现改进后的 Z 指数分析方法比改进前更能反映出实际情况[87]。李永等在研究北京市冬小麦单产趋势时，尝试了小波分析法[88]。宋正阳等提出了基于 COM 组件技术和 matlab、ArcGISServer 应用的软件系统设计方法，通过 NET 平台开发出农作物风险评估与区划应用系统[89]。李明等利用空间系统聚类方法对中国东北进行气候分区，对长江中下游流域进行降水分区，然后结合小波功率谱和小波全谱分析了各亚区干旱的周期变化特征[90-91]。陈家金等在进行福建省农业气象灾害风险区划时采用了 AHP-EWM 方法[92]。

四、保险风险区划的实证研究

（一）种植业保险风险区划的早期研究

在中国改革开放恢复农业保险试办 10 年之后，1993 年开始进入衰退和低迷的第二年，庹国柱和丁少群借鉴美国、日本、加拿大等开办农作物保险比较成功的国家的经验，提出农作物保险区划的概念，并论述了在中国进行农作物保险区划的必要性以及理论依据[16]。不久之后，庹国柱和丁少群进一步提出农作物保险风险区域划分的具体指标如农作物产量水平、产量变异系数、灾害发生强度和频率、综合气候因素、地理指标、土壤等级、水利设施、作物结构、其他经济技术条件等，并以陕西省泾阳县棉花为例，采用指标重叠法进行农作物生产风险区域划分，然后利用正态函数计算了各个风险区域的费率，例证了如何进行农作物保险风险区划[93]。几年后，黄崇福和刘新立以湖南部分区县的农作物旱灾和水灾受灾资料为依据，采用比较简单的信息扩散的模糊数学方法，对小部分区县进行了风险估计[94]。同一时期，郭迎春和阎宜玲以河北省内主要灾害如涝灾、风灾、雹灾和干热风灾对小麦、玉米、棉花造成的损失情况为依据，确定农作物受灾级别和损失程度，并采用简易的保险费率计算方法确定了参考费率表[95]。遗憾的是在中国学术界和农业保险实践中，当时的农作物保险风险区划并没有得到重视与响应。

随着 2004 年政策性农业保险的试点带来的农业保险的较快速发展，农作物保险区划从提出开始，几乎沉寂了十多年之后，开始逐步进入学术界和业界的视野。

（二）灾害风险区划研究

灾害风险区划包括两种类型，一种是侧重于灾害对区域的整体风险，另一种是侧重于灾害对农作物的损害风险。

侧重于灾害对区域的整体风险的灾害风险区划的研究，是基于某种特定的气象灾害（如雷电、山洪、泥石流、暴雨、洪涝、干旱等）对特定的区域（省、地市或县等）的危害程度进行风险评估和区划，其风险后果同时考量人员损伤、非农业财产损失和农业损失。朱涯等对云南玉溪市[96]、史津梅等对青海省东部农业区[97]、龙爽等对河北省[98]、余田野等对湖北省[99]、杨崧令等对江苏南充市基于雷电灾害进行了风险评估与区划[100]。乌兰等对内蒙古牧区[101]、刘晓冉等对重庆[102]、Huihui 等对河南郑州基于干旱灾害进行了风险评估与区划[103]。张杰和吴明业对皖南地区[104]、王一鸣等对福建温州山区[105]、李万志等对青海省基于暴雨洪涝或泥石流进行了灾害风险区划[106]。房小怡等以苏浙沪地区的高温灾害[107]、梁冬坡等以天津市津南区的气象灾害[108]、曹茹和陈浩以陕西宝鸡市的冰雹灾害[109]、吴秀兰等以新疆依格孜牙河流域的山洪灾害[110]、Qiang 和 Ying 以中国夏季风区的旱灾和水灾为研究对象，进行了风险评估和风险区划[111]。这些研究的区划结果，作为农作物保险风险区划的一种间接参考，也有利于推动农作物保险风险区划的研究。

偏重于农作物损害风险的灾害风险区划的研究，无论其研究初衷是否与农作物保险有关，都可作为农作物保险区划的一个有机组成成分。张峭和王克采用 1978~2008 年农作物灾情数据，选择种植面积、受灾面积、成灾面积、绝收面积与干旱、洪涝、风雹、冷冻和台风五种自然灾害导致的农作物成灾、受灾和绝收面积作为指标，对全国及各省份的农作物自然灾害风险计算其年均损失率，并据此进行区划，研究结果表明中国自然灾害的高风险区相对集中，干旱和洪涝是导致中国农作物损失的两个主要风险[112]。张爱民等采用安徽省 1961~2000 年旱涝灾害数据，建立气候判别指标，分析安徽省旱涝灾害发生规律，得出春季涝渍灾害是影响安徽省冬小麦产量的主要灾害的结论[113]。张超和吴瑞芬利用 119 个气象站点1960~2013 年的温度、降水、日照、相对湿度、风速等观测资料，对内蒙古玉米的作物特性进行研究，建立了内蒙古玉米气候区划、气象干旱、农业干旱、气候生产潜力、气候适宜性五个方面的干旱风险评估指标体系[114]。

近两年来，关于农作物灾害风险区划的研究似乎进入了一个高潮阶段。部分学者聚焦于区域农业或所有作物的风险区划研究。也有部分学者开始关注病害和作物的生长期因素，并尝试将其纳入研究范畴[115-119]。张蕾等针对小麦的白粉病[120]、郭翔等针对小麦的条锈病分别进行了风险评价和区划研究[121]。杨小利基于苹果花期冻害风险[122]、王永利等基于马铃薯花期的干旱灾害风险[123]、刘志雄和王旺来基于栀子花期的低温冷冻灾害风险分别进行了风险评估和区划研究[124]。但大部分学者聚焦于特定区域特定灾害特定农作物的风险区划的研究。朱红蕊等以黑龙江省水稻[125]、陈凯奇和米娜以辽宁省玉米[126]、余卫东等以河南省冬小麦[127]、阮锡章等以福建省尤溪县金柑[128]、方洁和陈家金以福建省春马铃薯[129]、张亚杰等以海南省橡胶[130]、杨丽桃以内蒙古马铃薯为研究对象[131]，基于低温冷冻灾害进行了风险区划研究。罗伯良等以湖南省水稻[132]、田宏伟和李树岩以河南省夏玉米[133]、王永利等以内蒙古马铃薯[134]、金林雪等以内蒙古大豆[135]、贾建英等以甘肃省冬小麦[136]、李阳等以宁夏固原市彭阳县玉米[137]、吴双等以黑龙江省玉米[138]、齐月等以甘肃省小麦为研究对象[139]，基于干旱灾害进行了风险区划研究。杨建莹等基于洪涝灾害进行风险区划对西南地区的水稻进行了研究[140]，罗军华等研究了山区暴雨—农业灾害的风险演化发展过程[141]。李香颜等以河南省冬小麦[142]、王华等以广东晚稻[143]、杨志捷等以内蒙古春小麦[144]、王兵等以广东省橡胶为研究对象[145]，基于风雹灾害进行风险区划研究。任义方等以中国水稻[146]、谭孟祥等以广西早稻为研究对象[147]，基于高温热灾害进行了风险区划研究。陈怀亮等以河南小麦[148]、李柏贞等以中国江南茶叶[149]、王季薇等以湖南省晚稻[150]、韩语轩等以辽宁省水稻[151]、陈家金等以福建省茶叶[152]、杨小利等以甘肃东部苹果[153]、于小兵等以北京棉花为研究对象[154]，基于综合气象灾害进行了风险区划研究。

（三）种植业保险风险区划与费率厘定的实证研究

国外有大量学者基于历史经验数据，对区域产量农作物保险的产品设计，包括风险区域划分、产量分布与预测以及费率厘定等进行了实证研究。比如，Smith 等利用在蒙大拿州的 123 个旱地小麦生产者的产量数据，检验区域产量合同的影响，证实区域产量保险对农户来说更简单，产量变异有相当大的减少，而且能保持更低的保费水平[155]。Barnett 等比较了 MPCI 和 GRP 区域农作物产量保险合同，扩展了地理范围和农场范围，避免了 GRP 规模可以在个别农场水平进行优化的令人怀疑的假设，基于实际 GRP 补偿功能进行研究，其结果证实即使在有利于 MPCI 的假设条件下，对某些农作物和地区，GRP 都是一个可行的替代方案[156]。Binici 和 Zulauf 用指数平滑法建立历史数据的平均期望收益率，为土耳其科尼亚省小麦区域产量保险计划进行了风险区划与费率厘定[157]。Deng 等分析了格鲁吉亚和美国南卡罗来纳州棉花和大豆生产的区域产量保险和多风险作物保险（MPCI）的表现，其研究结果也证实即使在不同的生产区域，区域产量保险可能是一个可行的农场级替代保险[158]。

在农作物保险区划与费率厘定的实证研究方面，国内诸多学者分别从省级、地市级和县级数据出发，得到了一些有意义的研究结论。

在省级数据的实证研究方面，邢鹂和钟甫宁采用 1978～2001 年各省份粮食生产数据，选择粮食单产变异系数、农作物成灾概率、粮食生产专业化程度、粮食生产效率 4 个主导指标，运用聚类分析法将全国粮食产地划分为 3 个等级，表明粮食主产区，特别是北方主要产粮区的生产风险明显高于全国平均和非主产区水平[159]。马文杰和冯中朝采用邢鹂相似的指标和方法，对各省份油菜生产风险进行了区划，表明油菜主产区风险高于非主产区[160]。梁来存采用 1979～2007 年各省份粮食生产数据，选择单产和面积两类数据指标，确定各省份的粮食单产趋势并进行分布判定，采用聚类分析法对各省份进行风险等级划分并赋予假定风险系数，在假定粮食生产是正态分布条件下，对各省份粮食保险费率进行厘定，表明粮食主产区费率偏高以及费率呈西/北比东/南高的区域分布特征[161]。周延和郭建林运用粮食单产变异系数、因灾减产强度和地区抗旱能力 3 个指标对中国各省份农业生产水平进行综合风险区划，确定各省份风险等级，并结合粮食单产产量异常波动率，尝试对农业巨灾保险产品进行了费率厘定[162]。叶明华和胡庆康采用 1978～2009 年中国 12 个粮食主产区数据，以水灾成灾强度和旱灾成灾强度为指标，划分成 4 个区域集群[163]。中国保险监督委员会于 2011 年底发布了《全国种植业保险区划》①，呈现了省级种植业灾害风险区划及保险费率类型分区研究成果。同年，史培军的《中国自然灾害风险地图集》出版，该书分不同灾种（地震、台风、水灾、旱灾等共12 种）以及主要的农作物（小麦、玉米和棉花等）绘画了风险等级图，

---

① 《关于印发〈"全国种植业保险区划"研究报告〉的通知》，中国保险监督管理委员会，http：//bxjg. circ. gov. cn//web/site0/tab5216/info186322. htm. 2011－12－13。

并施画了全国以及各省份的综合自然灾害相对风险等级图[19]。2020年6月，中国农业科学院农业风险管理研究创新团队在中国农业科学院农业信息研究所主办的第十期中国农业保险论坛（CAIF）上发布了《中国农业生产风险区划地图册》，这是中国第一部全面反映各省市县主要农作物生产风险空间差异的大型图册，其对全国省级和31个省县级两种尺度下农业保险中央补贴的11种作物品种（水稻、玉米、小麦、棉花、大豆、马铃薯、油菜、花生、芝麻、甜菜、甘蔗）的生产风险进行了评估、区划和地图的展示，充分展示了中国主要农作物生产风险的区域分布特点①。

在使用地市级实证资料方面，杨晓煜等在对河南省5地市的小麦单产分布模型拟合过程中，选择多种分布进行对比，发现同一地区不同分布下的费率存在较大差异[164]。吴荣军等采用河北省各地市1993~2005年冬小麦生产数据，对各地市进行产量趋势预测，结合河北省33个气象站点1970~2007年的气象资料，选择干旱综合指数作为风险划分依据并赋予费率调整系数，厘定地市级费率[165]。牛浩和陈盛伟采用山东省17个地市1993~2013年的玉米生产数据[166]，李琴英和黄伟洁采用河南省18个地市1996~2015年玉米生产数据，分别进行趋势单产估计并确定各地市的产量保险费率[167]。陈盛伟和李政基于山东省各地市1993~2018年的小麦产量与面积数据测算了2019年小麦趋势产量和小麦产量保险费率，对各地区进行了费率区划[168]。

在使用县级数据方面，邢鹂等以1978~2006年北京市各区县瓜蔬类作物生产数据和气象数据，选取单产变异系数、旱涝指数、温度距平值、规模指数和效率指数5个指标，对北京市各区县瓜蔬类作物进行了风险评估与等级划分，表明北京市西瓜单产波动较小，蔬菜生产风险较高[169]。陈新建和陶建平基于单产和面积指标构建指标体系，采用聚类分析方法将湖北省水稻生产区县划分为4个风险等级，并对湖北省水稻区域产量保险纯费率进行厘定，表明高风险区县费率是低风险区县费率的3倍多[170]。陈

---

① 《我所举办的第十期中国农业保险论坛（CAIF）成功召开》，生物技术通报官网，http：//www.swjstb.cn/index.php? m = content&c = index&a = show&catid = 54&id = 4405.2020-07-01。

平等在陈新建和陶建平的基础上，增加县域气候状况、灾害情况、水利条件等相关影响因子，采用因子分析法将湖北省82个县中稻的生产风险划分为4个风险等级，并采用参数估计法用6种不同分布拟合不同区县的产量趋势，计算出各区县的纯费率，依据相应风险等级进行费率调整，同时也表明，县域个数较多时，直接以县域单元进行区划，需要调整县域费率的超过一半，其合理性令人质疑[171]。王国军和赵小静运用1990~2013年河南省各区县小麦单产、面积、农业保险赔付率、水利设施、灾情数据作为指标，在河南省市级风险区划的基础上完成了县域小麦生产风险区划，同时结合非参数核密度估计法完成了河南省区县级区域小麦保险纯费率的厘定[172]。王丽红等以河北省安国市玉米[173]、任义方等以河南省冬小麦干旱灾害[174]、李文芳和方伶俐以湖北省中稻[175]、刘小雪等以河南省夏玉米[176]、周县华以吉林省玉米[177]、占纪文等以福建省水稻[178]为研究对象，都进行了以区县为基本地域单位的产量分布预测及风险区划。

五、关键指标计算算法：风险概率估计及趋势单产估计

种植业保险风险区划涉及一些关键指标，比如风险概率和趋势单产。国内已经有诸多学者对气象灾害风险概率的估计和农作物趋势单产估计进行了探讨和研究，并取得了丰富的成果。

在气象灾害风险概率的估计方面，由于非参数信息扩散模型数据量要求不大，特别是在小样本条件下得到的估计结果较一般的参数和非参数估计效果更好[179]，故这一模型在农业气象灾害风险概率估计方面得到了较为广泛的应用。早在1992年，国内学者王家鼎和黄崇福[180]在Zadeh等[181]、Mamdani[182]、刘贞荣等[183]的基础上，提出了模糊信息处理中的信息扩散法，并使用该方法预测了唐山地震通县马头河滩液化场地上的50组样本数据，得到的成功率为94%，较其他方法更可靠。此后，黄崇福和刘新立以湖南省部分区县的农业旱灾和水灾受灾资料为依据，采用比较简单的信息扩散的模糊数学方法进行了风险估计[94]。陈新建和陶建平以非参数核密度信息扩散模型为核心，通过主导指标下的聚类分析方法对湖北省水稻生产县市进行了风险区划，并以此为基础对水稻区域产量保险纯费率进行了厘定[184]。罗伯良等利用1987~2006年湖南省水稻播种面积、水灾成灾面积数据，基于模糊数学和信息扩散理论，以县为单位计算了湖南省各地水稻生产遭受水灾的风险概率，并运用GIS技术得到了水稻生产水灾风险评估及其区划[185]。娄伟平等基于信息扩散原理，建立柑橘农业气象灾害风险分析模型，得到了较为稳定并符合实际的风险评估结果[186]。杨汭华等采用非参数估计的信息扩散模型测算了中国粮食主产区水稻、玉米、小麦和棉花产量损失风险水平，并基于此提出制定有差别费率的区域保险计划等建议[187]。汪金英和尚杰利用基于信息扩散理论建立的旱灾风险评估模型，根据黑龙江省1989~2008年的数据资料进行了农业旱灾风险分析[188]。张竟竟和郭志富使用河南省17个市1988~2004年的农业水旱灾害成灾面积和农作物播种面积数据，利用信息扩散模型和风险等级划分，对河南省农业水旱灾害风险进行了评估与时空特征研究[189]。李琴英和黄伟洁使用非参数信息扩散模型求出河南省各地市玉米单产损失率的概率分布[167]。任义方等以江苏省为例，利用1980~2015年气象资料和水稻观测数据，得出了基于信息扩散方法的非参数模型对水稻高温热害发生概率拟合优度高于其他三种参数模型的结论[190]。管玥等利用1980~2019年华北平原40个站点的气象数据，基于信息扩散理论分析了华北平原夏玉米花期高温热害的风险概率[191]。近年来全球气候和中国气候的变化可能会对中国农业生产造成不同的灾害风险，例如：田志会和李晓雪对中国1949~2016年粮食主产区旱灾变化趋势的分析表明，部分地区旱灾影响范围、规模以及致灾程度均呈显著增加趋势[192]；张永恒等的研究表明，2018年中国平均气温较往年偏高、全国平均降水量较往年偏多[193]；最近还有Xiaobing等使用非参数信息扩散模型对长江流域气象灾害风险和华北平原夏玉米花期热害风险概率进行了评估分析[194]。

在农作物趋势单产估计方面，前述的国内外研究文献回顾所涉及的部分文献都用到了关键指标趋势单产，就其中应用的主要模型和方法做个简要的汇总，主要包括如下几类：①采用线性回归或二次、三次多项式拟合估计方法：Coble 等[65]、Chen 和 Miranda[73]、邢鹂和钟甫宁[159]、梁来存[161]、周延和郭建林[162]、杨晓煜等[164]、吴荣军等[165]、邢鹂等[169] 等。②采用 ARIMA 整合移动平均自回归方法：Goodwint 和 Ker[68]、李琴英和黄伟洁[167]。③采用 HP 滤波分析方法：牛浩和陈盛伟[166]、鄢姣和赵军[195]。④采用 Wavelet 小波分析方法：Bartosz[78]、Pringle 等[79]、王国军和赵小静[172]、李永等[88]、Ghose 等[196]、Thendral 和 David[197]。⑤基于 Normal、Lognormal、Logistic、Gamma、Beta、Weibull 等分布的参数密度估计：Turvey[71]、Shenick 等[72]。⑥采用贝叶斯和分层贝叶斯的非参数核密度估计：Ker 和 Goodwin[70]、Racine 和 Ker[74]、Ozaki 等[75]、Awondo 等[76]、Goodwin 等[77]。⑦其他方法，如姜会飞采用移动平均方法[198]、Goodwin 和 Ker 采用双指数平滑预测方法[68]、周县华建议采用实际单产数据的统计指标而不去除趋势来评估风险[177]。以上各种模型方法各有特点和优点，也存在一定的不足，如线性回归多项式拟合算法成熟，也便于估计，但不同阶数的多项式函数形式结果差别大；ARIMA 方法和高阶多项式拟合预测精度较高，但可能存在过度拟合的问题；HP 滤波方法平滑参数的选择存在分歧；Wavelet 小波分析，分解层数低虽然拟合度高，但拟合曲线不够光滑，而分解层数高又会造成拟合优度降低。总之，在农作物趋势单产估计方面，不同方法各有优缺点，目前尚缺乏不同方法之间优劣的评估依据，在业界也没有形成如何选择最优估计方法的一致结论。

六、其他相关研究

（一）美国农作物保险风险区划实践

美国农作物保险的风险区域划分，在实践中体现在三个方面。一是美国农业部风险管理局（RMA）每年将发布全美的植物耐寒区划分级地图（PHZM）①，各地农作物保险公司在设计和厘定农作物保险产品时，作为风险区划参考，PHZM 在美国农业部农业研究服务（ARS）的网站可通过

---

① 资料来源："USDA Plant Hardiness Zone Map"，https：//planthardiness. ars. usda. gov／。

选择州或邮政编码查询。二是依据农作物覆盖种植期区域划分，全美依据作物覆盖前的时间长短划分为四个区域：35 天、15 天、5 天、0 天，其中35 天区域主要指美国西部半干旱地区，5 天区域主要指美国东部的大部分地区。三是依据美国历史农作物生产和保险数据，以郡县为基本区域单位，建立基本统计数据库，并每年制定郡县为单位的基本费率，然后再依据各自郡县和农场对覆盖水平的选择及其他风险因素，调整保险费率，制定合适的保险合同[18]。美国基于历史农作物生产数据和历史保险赔偿数据制作的基本费率表，其费率表本质上是以郡县为基本风险区划单位，综合考虑历史参保与历史赔付情况，针对不同的关键产量水平，确定基本的风险系数与风险费率，并依据参保农户要求的承保比率，确定风险调整系数，然后考虑不同保险产品的保障责任或保障风险，通过很多调整步骤，综合得出个体农场的保险费率，无论是 MPCI 还是 GRP，这都是基本的风险区域划分依据。美国农作物保险风险区划的实践，很大程度上依赖于历史数据的完整性以及大数据分析技术。

当然，部分学者也注意到农作物保险不仅依赖于风险的区域划分，而且与农业保险补贴、巨灾应对等政府的作用息息相关。美国农作物被保险面积从 1998 年的 1.82 亿亩增加到 2003 年的 2.17 亿亩，也证实美国团体风险计划（GRP）与区域产量农作物保险的推出取得了较大的成功，但不能忽视政府干预与政府补贴的作用。Glauber 指出正是由于政府的扶助与补贴政策的支持，在带有特殊性的农作物保险市场上，才能让私人保险部门可以充分利用区域产量保险的优势取得较大的成功，从而推动美国农作物保险参与率的大幅度提升[42]。

另外，也有学者就美国农作物保险市场与美国巨灾保险政策进行研究，大部分都认同，因为农作物生产的特殊性，巨灾风险政策和农作物巨灾风险应对，需要政府的大力扶持。农作物保险是具有正外部性的准公共性产品，与一般的保险有相当大的差异，以个体农户或农场为基本风险单位来考虑制定的保险合同，往往难以避免逆向选择与道德风险，以致保险整体参与率不高，保险市场难以取得成功。为解决这样的问题，一方面，需要政策支持，作为特定的保险来看待；另一方面，从保险产品的设计方面，要充分考虑农作物风险的特殊性，采用农作物保险风险区划的基本方法，设计合适的农作物保险合同策略。

整体来说，美国农作物保险经历过很长的低迷时期，正如 Glauber 指出，在 1981~1993 年，美国农作物保险即使在赔付率高达 200% 左右的情形下，保险参与率依然不高，分析其原因包括政策、产品、不对称信息、精算和费率制定等问题，其结果是道德风险和逆向选择导致私人部门的农作物保险失败，另外，20 世纪 90 年代以后，农作物保险逐步复苏并呈现出快速的指数化增长，主要是保险产品混合了严格基于农场产量损失的政策，保险产品包括区域产量、收入和指数类产品，从某种意义来看，是基于农作物风险的保险风险区划及合理厘定产量损失费率的成功[50]。

（二）国外经验的对比研究

张峭和王克以国外经验为基础，研究与介绍了对农作物保险风险的计量方法与分析步骤，并总结归纳国外参数估计方法的各种分布以及非参数核密度估计、非参数信息扩散模型等方法[199]。周县华等采用比较研究的方法，分析了中美两国种植业保险产品在保险责任、保障水平、补贴方式、保险单元和政府角色五个方面的差异，中国的农业保险与国家"低保障、低保费、广覆盖"的原则相悖，保险产品的创新和设计需要另辟蹊径[200]。贺鲲鹏指出农业保险是各国为扶持国内农业发展采取的一种优惠政策，虽然受国内发展环境的影响农业保险的内容具有明显的差异，但是近年来却出现了一种趋同化的发展态势，其发展过程中所形成的这些共性反映了农业保险的一般原理，中国可以借鉴国外经验[201]。夏益国等研究指出，美国联邦农作物保险产品体系从保障功能上可划分为基于产量的保险产品和基于收入的保险产品，理解实际历史产量、保险单位、保费补贴、重要期限和晚播、未播和重播条款对于理解美国联邦农作物保险产品运行机制至关重要，其中保险单位与风险区划相关[202]。张玉环对美国、日本和加拿大的政府农业保险项目的经营制度、政府为提高承保率所采取的措施、经营成本、政府成本和农户补贴效率等进行了比较研究，美国政府的农业保险项目最成功，加拿大在补贴农民的效率方面更胜一筹[203]。中国还有大量学者介绍美国、日本、加拿大等农业保险开办比较成功的国家的经验，包括制度、政策支持、产品体系等，直接涉及农作物保险风险区划内容的却不多，不过从国外成功经验启示可以看出，其成功的其中一个要素是基于合理的农作物保险风险区域划分以及基于此的合理产品合同设计。

（三）需求因素和决策方面的研究

与农作物保险风险区划相关的其他方面的研究包括用于气象分区的技术方法的研究以及关于保险需求等方面的研究等。

宁满秀等以新疆玛纳斯河流域部分乡镇和团场棉农为研究对象，对其购买棉花种植保险行为的影响因素进行实证分析，表明农作物生产风险的大小、棉花生产专业化程度、耕地总面积、务农时间长短等构成影响农作物保险购买需求的主要因素[204]。张跃华等以山西省和江西省1200多个农户的调查数据为依据进行分析研究，认为农民收入偏低是农作物保险需求不足的主要原因[205-206]。张珩等以陕西省707户农户调查数据为基础，得出了地方政府支持对农户参与苹果保险的意愿、行为和次数存在正向影响的结论[207]。刘汉成和陶建平以《中国农村贫困监测报告》的统计数据进行分析，得到的研究结果表明不同地区的农作物保险需求存在异质性：贫困地区农作物保险需求水平低于全国，东、中、西贫困地区农作物保险需求水平呈现依次上升态势，贫困地区低收入组农户对政策性农作物保险无需求，中等收入组农户偏好高补贴和低保障政策性农业保险，而高收入组农户偏好低补贴和高保障政策性农业保险[208]。

以上关于需求决策方面的研究，从侧面说明了财税政策支持对农业保险的必要性，同时，采用合适的农作物保险区划方法，设计合理的保险产品，降低保险费率也是必要的途径。目前中国针对农作物保险参与动机以及关于道德风险、逆向选择等的深入研究较少，丁少群和赵晨介绍了国外关于道德风险和逆向选择的研究结论并提出了政策性建议[209]；刘从敏和张祖荣运用双向道德风险理论，分析了中国保费补贴条件下农作物保险中的投保人与保险人道德风险的表现形式及其影响后果，进而对农作物保险中双向道德风险的形成机理进行了经济学分析[210]。

（四）保险产品创新的讨论

美国农作物保险风险区划的研究主要是将农作物产量作为依据进行的。在区域产量农作物保险发展的过程中，美国也逐步在农作物保险产品方面进行创新和突破，如区域产量收入保险、区域产量农作物指数组合保险、天气指数保险等[211-212]。另外，也有学者在指数类保险产品的适应范围、限制条件以及在发展中国家（包括非洲国家）的应用方面进行研究，并提出各自的见解，这些相关研究与建议，对中国农作物保险产品的创新有其正面的借鉴和启示意义[213-215]。

基于国内外的经验，国内也逐步有学者和实践管理者呼吁基于农作物保险风险区划，开发区域产量保险和指数型保险。温玉婷等基于灾损率厘定安徽省小麦产量指数保险纯费率，认为可以大致将安徽省小麦生产风险划分为四个等级，每个等级实行梯度保险费率可以有效降低农作物保险中的逆向选择和道德风险指数保险[216]。朱俊生等根据美国农作物区域产量保险的运行机理，考察了北京市试验农作物区域产量保险的意义、条件及其障碍，对合同作出初步的设计[217]。陈晓峰在介绍美国和印度区域产量保险的实践经验的同时，指出其经验值得中国参考和借鉴，并建议将区域产量保险应用于广西糖料蔗，并指出了其面临如何科学制定风险区划的挑战等问题[218]。

七、文献述评

综观国内外学者关于种植业保险风险区划的研究成果，从研究内容来看，风险"区划"概念是从国外尤其是美国从探析"个体"为基础的"非区划"型农作物保险失败原因开始的，随后通过学者们的不断探索，提出了对种植业保险风险区域划分需要考虑的原则，建立了区域产量农作物保险的理论模型，探讨了构成种植业保险风险区划的重要因素和指标，尝试了对农作物产量分布的预测，研究了区域产量保险的最优设计，并从省（州）级、地市和郡县级，从各种农作物、多种灾害因素等多个角度进行了种植业保险风险区划以及构筑了相应的风险地图，得出了丰富的结论。从研究方法来看，随着互联网技术的发展、统计软件的更新换代以及计量方法的不断更新，种植业保险风险区划研究所使用的方法在原有常用方法的基础上得到了不断的拓展，且在一些指标的构建上有所创新和突破，例如使用正态信息扩散模型计算受灾概率和成灾概率、使用小波分析去构造单产指标等。前人的研究成果为本书的写作提供了重要的参考。然而，上述研究尚在以下四个方面给本书留下了写作的空间：

第一，关于种植业保险风险区划的研究多为针对某个方面的研究，例如区划范围大小、风险指标选择、风险概率、单产估计和产量变异等的计算等，没有将这些因素综合起来构成一个有机的整体进行研究。而要进行种植业保险风险区划研究，先要了解其基本要素的构成，在此基础上才能开展更好的研究。因此，在种植业保险风险区划基本要素的构成方面、要素之间的关系，这些要素在具体的风险区划研究中应该起到何种作用以及如何有效衔接，是否有一个规范的流程等，值得做深入的研究。

第二，在种植业保险风险区划的风险构成要素方面，多数学者过于强调某个/些方面而忽视了其他方面的合理性，例如：过于强调自然灾害方面的因素而忽视了人类社会甚至是技术进步带来的影响；在自然灾害方面过于聚焦气象灾害而忽视了诸如病虫草鼠等的非气象灾害，更没有讨论形成一个较为全面的综合的风险指标体系。

第三，在种植业保险风险区划的关键算法方面，每种方法各有优缺点，但大多数研究采用常规的方法进行，即使有较新的算法，但其合理性和对于中国农作物的适应性有待商榷。特别是在农作物单产和变异单产估计方面，多数学者使用了较新的小波分析技术，而没有学者进一步考虑能否利用小波去噪的优势与较为成熟的多项式估计相结合，形成一种基于小波变换的多项式估计的混合方法，等等，在这些方面尚缺少进一步的讨论。

第四，关于种植业保险风险区划的范围大小方面，虽然多数学者强调以县域为单位，或者采取跨县域的区划研究，但缺少是否应该关注更大的区域，如省级或者跨省的区划讨论，特别是对于中国来说，县—地区—省三级区划的关系如何等尚未有深入的研究。

基于此，本书在现有的研究基础上，探索种植业保险风险区划的基本构成要素应该包含哪些方面，在关键的要素方面应该如何完善等，以期为优化中国种植业保险风险区划技术和精细化设计保险合约等提出科学翔实的理论与实证依据。

第四节　研究目标、框架和内容

本书的研究目标是基于国内外已有研究成果，围绕种植业保险风险区划体系的基本要素展开研究，具体包括：系统梳理种植业保险风险区划的相关理论，分析和总结种植业保险风险区划的应用和研究的现状和问题，厘清农作物的生态环境和保险风险构成之间的关系，建立种植业保险风险区划的风险构成系统（PIRZRCS），明晰风险区划指标体系的构成要素，构建完整的风险指标体系，引入关键技术估计灾损的风险概率，改进趋势估计方法并估计各种农作物的趋势单产，依据国情构筑一个种植业保险风险区划层级体系，用实证方式呈现不同类型的风险区划的指标选取、权重确定、指标计算和评估、风险评级和区划地图施划等过程，并评估和证实区划层级体系的完备性和适用性等。

需要说明的是，本书所定义的"种植业保险"是指农业保险中的"农作物保险"，不涉及林业、牧业、副业和渔业等方面的广义意义上的农业保险。

围绕这一目标，本书的研究框架如图1-2所示。

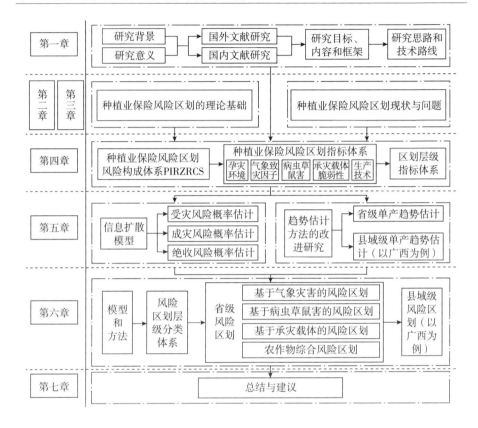

图1-2 本书的研究框架

依据图1-2的研究框架,本书的研究内容和章节安排如下:

第一章 绪论。首先简要介绍研究背景和研究意义,其次明确相关概念的含义,再次对国内外的种植业保险风险区划研究进行文献梳理并进行述评,又次交代本书的研究目标、框架、内容、方法、数据来源和技术路线,最后指出研究的创新和不足。

第二章 种植业保险风险区划的理论基础。系统梳理种植业保险风险区划相关的基础理论,包括风险管理理论、灾害系统理论、地域分异理论、地学信息图谱理论、信息扩散理论、时序数据预测理论和统计推断理论等。

第三章　中国种植业保险实践及风险区划的现状与问题。通过对种植业保险的实践现状以及风险区划在农业保险中的应用现状分析，结合种植业保险风险区划研究中的现状和问题，充分论证种植业保险风险区划体系构建的必要性和意义。

第四章　种植业保险风险区划的风险构成及指标体系。基于风险管理理论和灾害系统理论，分析并归纳总结国内外已有研究成果，完善和形成了涵盖生长环境、气象灾害、非气象灾害、农作物本身以及人类的活动五大要素的种植业保险风险区划的风险构成系统（PIRZRCS）。并基于PIRZRCS，拓展风险指标的外延，将气象灾害导致的绝收风险和病虫草鼠害等非气象灾害风险纳入风险体系，构建完整的指标体系，最后形成风险区划层级指标体系。

第五章　关键指标计算算法。在灾害风险概率估计方面，引入基于信息扩散模型的正态信息扩散估计方法，对中国 31 个省份所有农作物分别遭受旱灾、水灾、风雹灾、冷冻灾和综合气象灾害五类气象灾害侵袭所致受灾、成灾和绝收三种不同灾损程度的风险概率进行估计，并对不同灾害类型的危害程度和区域分布特征予以评析。在农作物趋势单产和单产变异估计方面，首先基于时序数据预测理论，提出农作物单产数据序列的四个趋势识别特征：拟合度、平滑度、弯曲度和相对误差分布。其次以广西武鸣区粮食作物为例，例证线性回归估计、二次和三次多项式估计、四层小波分析以及基于小波变换的多项式估计（WTDS）系列改进方法等多种方法进行趋势单产估计的步骤和流程。然后以广西 110 个县域粮食作物基于以上多种方法进行趋势单产估计所得的结果为依据，对比分析趋势识别的四个特征，证实 WTDS-系列改进方法的适用性和优越性。最后依据WTDS-系列改进方法，对中国 31 个省份谷物、小麦、玉米、豆类、薯类和油料六类农作物以及广西 110 个县域粮食作物进行了趋势单产估计，并经过比对，获得趋势单产结果，进一步获得单产波动指标和单产变异指标的结果。

第六章　种植业保险风险区划的省级和县域级实证分析。首先介绍了风险区划采用的聚类分析和 GIS 技术方法。其次基于地域分异理论和灾害系统理论，依据中国地域广大、地形多样、作物种类繁多、气象灾害复杂以及行政区划层级化的国情，构建以省、地市和县域三级为主体，以省级和县域级为重点的各有侧重的风险区划层级分类体系，并制定风险区划研究的基本流程和范式。最后以实证的方式，例证中国 31 个省份基于气象致灾因子（旱灾、水灾、风雹灾、冷冻灾和综合气象五类）、基于农作物承灾脆弱性风险（谷物、小麦、玉米、豆类、薯类和油料六类）、基于以上五类气象灾害和六类农作物脆弱性及孕灾环境因素和生产技术因素的组合风险（30 种组合）、基于病虫草鼠害致灾因子（粮食、棉花、油料、其他作物和所有作物五类）四大类共 46 种类型的风险区划的指标选取、权重确定、指标计算和评估、风险评级和区划地图施划等过程，以广西 110 个县域粮食作物的脆弱性风险区划和粮食作物综合风险区划，进一步例证风险区划层级体系中不同层级区划的共同点和差异。

第七章　总结与建议。首先就研究的结果进行了回顾和总结，其次为进一步推动种植业保险风险区划基本要素的完善、改进和相关研究提出了针对性的对策建议。

第五节　研究方法、技术路线与数据来源

本书的主要研究方法有五种：一是数据统计技术，主要用于种植业保险风险区划各指标的计算以及指标体系的构建；二是基于信息扩散模型的正态信息扩散估计，主要用于气象灾害受灾、成灾和绝收的风险概率估计；三是时序数据趋势估计方法，包括线性回归估计、二次和三次多项式估计、四层小波分析和基于小波变换的多项式估计（WTDS）系列改进方法；四是聚类分析法，主要用于风险等级的划分；五是 GIS 技术，用于农业保险风险区划地图的施画。

围绕本书的研究目的，结合相关理论基础及研究方法，确定本书的具体的技术路线如图 1-3 所示。

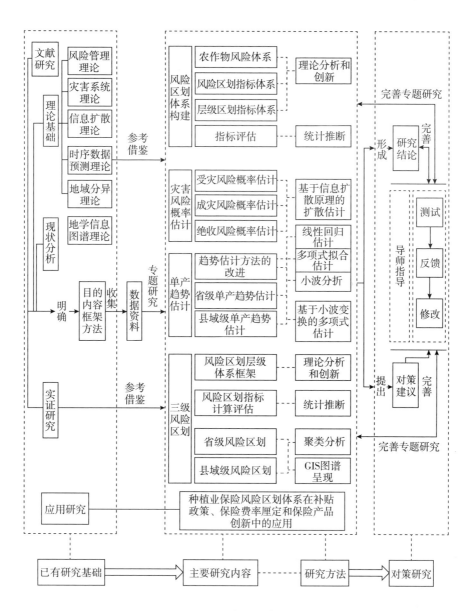

图 1-3 本书的技术路线

由图 1-3 可知，本书将在文献研究、理论梳理和现状分析的基础上，确定研究的目标和内容。在实证研究下，基于灾害系统、风险管理和地域分异等理论，使用数据统计技术设计和构建种植业保险风险区划的风险构成体系（PIRZRCS）和指标体系。随后引入关键技术信息扩散模型对气象灾害受灾、成灾和绝收的风险概率进行估计，使用 WTDS-系列改进方法对省级和县域级数据进行趋势单产估计，并以省级为例使用统计推断、聚类分析和 GIS 技术等方法呈现风险等级的划分以及风险区划图谱结果，最后在所得研究结论的基础上提出对策建议。

第六节　创新和不足

本书旨在按照研究目标、研究内容、研究框架、研究方法以及技术路线对种植业保险风险区划基本要素的构建进行研究，既有创新和突破，也可能存在一些的不足和遗憾。

一、研究创新

本书的创新主要体现在理论创新和方法创新两大方面。

在理论创新方面，本书最大的创新是梳理和归纳了国内外种植业保险风险区划的现有研究成果，形成了涵盖理论依据、风险指标体系、风险区划层级体系、关键指标计算算法、风险区划实证分析流程五个方面的基本要素，并在梳理归纳的基础上针对部分要素进行了拓展和创新。具体表现在三个方面：一是系统梳理种植业保险风险区划理论体系，拓展了灾害系统理论，完善和形成了种植业保险风险区划的风险构成系统（PIRZRCS）。二是基于新建立的种植业保险风险区划的风险构成系统（PIRZRCS），拓展了风险指标的外延，引入绝收和非气象灾害及生产技术风险因素，建构了完整的指标体系。三是基于地域分异理论，建立符合国情的种植业保风险区划层级体系，并用实证方式评估和证实层级体系的完备性和合理性。以上三个方面的创新，进一步完善和充实了种植业保险风险区划研究的理论和内容。

在方法创新方面，主要体现在两个方面：一是将基于模糊数学的信息扩散模型引入保险灾害风险概率估计，弥补了进行函数逼近时由于数据不足造成的缺陷。二是基于时序数据预测理论，提出农作物单产数据序列的趋势识别特征，建立基于小波变换的多项式估计（WTDS）系列改进方法，通过实际数据证实了 WTDS-系列改进方法的合理性、有效性和适应性，推动了在种植业保险风险区划研究方法上的发展。

二、可能的不足

本书最大的不足可能是，尽管本研究试图对种植业保险风险区划的基本要素全部囊括进来，但限于文献的可得性，例如本研究只回顾了中文和英文类的文献，而困于语言障碍无法阅读其他语种的文献，只搜索了网络数据库中的电子文献，无法获取早期的纸质版文献，等等。

此外，在研究的过程中，出于实证部分所使用数据的可获得性等方面的原因，可能还会在以下三个方面存在不足：

一是尽管本书旨在建立一个庞大的、尽可能囊括各方面影响因素的综合的种植业保险风险区划指标体系，但实际上这一指标体系只包含了影响农作物减产的主要因素类别，例如孕灾环境类指标、气象致灾因素类指标、承灾载体类指标、非气象类致灾因子指标和生产技术类指标等，而没有考虑社会经济政策、农业市场波动以及人们对农业保险的认识等方面的因素。同样，在各主要因素类别中的指标选择也只是纳入了一些主要的指标，而没有将所有可能的指标纳入，例如在生产技术类指标方面，只纳入了灌溉面积、除涝面积、农用化肥施用量和农用塑料薄膜使用量等常规的指标，而没有考虑农业自动化程度、新型栽培技术和太空农业等较新的农业生产技术，而后者也可能会对农作物的产量增减带来一定的风险。

二是在实证研究部分，由于使用的是历史数据，并且基于中国行政区域的划分，在历史的长河中各省市、各地区和各县的行政区域边界会发生一些调整或变化，例如 1997 年重庆从四川分出来成立了直辖市，从而会对四川 1997 年前后的数据造成影响，再例如各县域的合并或者拆分等，也会对数据的波动造成一定的影响。此外还有一些来自统计登记或者其他方面的错误等，不一而足。所有种种，必定会在一定程度上对本书结论的准确性造成一定的影响。

三是限于数据的可得性以及行文的篇幅，本书只展现了以省级为例的多种类型的风险区划和县域级的风险区划，而对于中国的地级市的区划实证分析及结果如何，以及将会呈现怎样的规律等未能进行深入的研究，而这将有待于在今后的研究中做进一步的探索。

第二章　种植业保险风险区划的理论基础

通过第一章第三节文献综述可以清楚地认识到，种植业保险风险区划的相关研究是建立在众多基础理论之上的。其中最主要的理论包括灾害系统理论、风险管理理论、地域分异理论、地学信息图谱理论、信息扩散理论、时序数据预测理论和统计推断理论。其中，灾害系统理论和风险管理理论指导风险指标的选取和风险指标体系的构建，地域分异理论和地学信息图谱理论指导区域风险等级的划分和区划地图的制作，信息扩散理论和时序数据预测理论用于关键指标风险概率和关键指标趋势单产的计算。

第一节　风险指标选取和指标体系构建的基础理论

一、风险管理理论

20 世纪 60 年代中期，梅尔和赫奇斯的《企业的风险管理》以及威廉姆斯和汉斯的《风险管理与保险》两本著作的问世，标志着风险管理理论正式登上了历史的舞台。风险管理作为一种管理科学，经过众多学者的添砖加瓦，不断得以演进和发展，形成了诸如传统风险管理理论、金融风险管理理论、企业风险管理理论和内部控制理论等多种分支体系。但无论什么样的风险管理理论，都涉及风险的定义和分类、风险的识别、风险的衡量和评估、风险的控制以及风险管理的策略等内容，而保险是其中一种重要的风险管理工具[219]。

种植业保险风险区划，其本质是基于农作物的可保风险，自然得分清楚是什么样的风险、怎样识别这些风险、如何衡量和评估这些风险，然后才能依据风险评估和计算的结果进行区域之间的风险比较和区划，因此，风险管理的相关技术、方法和流程是以上这些处理步骤的理论基础。江生忠和祁月华分析了中国财产险公司面临的风险状况，论述了财产险公司风险管理的必要性，指出财产险公司风险管理意识淡薄，风险管理手段和技术落后的问题[220]。种植业保险作为财产险的一个分支，其所进行的种植业保险风险区划，根本目的在于更好地、更精确地控制风险。因此，本书将结合风险管理理论和灾害系统理论，分析种植业保险风险区划中的风险构成，并构建指标体系来识别和评价这些风险，将有助于财产险公司和农业保险公司风险管理意识和风险管理技术的提升。

二、灾害系统理论

灾害是对能够给人类和人类赖以生存的环境造成破坏性影响的事件的总称，其发生来自自然变异或人为的影响。自然灾害是指给人类生存带来危害或损害人类生活环境的自然现象，灾害带来的危害或损害结果形成灾情。灾害和灾害系统的研究由来已久，中外学者通过多角度研究灾害案例，进行系统理论总结，从而形成了系列的科学理论。史培军在国内外灾害研究的基础上进行了归纳总结和提升，认为影响区域灾害灾情的因素有三个：孕灾环境、承灾体和致灾因子[221-225]。国外有些学者强调灾害系统三者之间的适应和调整功能，有些学者如 Burton 等、Cheung 强调致灾因子和承灾体之间的相互作用[226-227]，史培军则认为三者在灾害系统中的作用具有同等的重要性。

灾害系统理论的核心观点为：孕灾环境稳定性（S）、承灾体脆弱性

（V）和致灾因子风险性（R）共同组成具有复杂特性的地球表层变异系统，三者之间相互作用造成自然灾害的灾情（D）。因此，灾害系统理论也可表达为如下的关系式：

$$D = S \cap R \cap V \tag{2-1}$$

式（2-1）表明，自然灾害造成的灾情是在特定孕灾环境中的致灾因子与承灾体相互作用形成的结果。

对于种植业保险风险来说，必然涉及自然灾害的孕灾环境和致灾因素，而农作物自身即承灾载体。灾害系统理论为种植业保险风险区划指标体系的构建提供了基本的理论依据。在后续的章节中，我们基于灾害系统理论，根据种植业保险风险的范畴进行扩展，形成种植业保险风险区划的风险构成体系，并以此为依据，构建种植业保险风险区划的完整指标体系。

第二节　风险等级划分和区划地图制作的基础理论

一、地域分异理论

地域分异规律也称空间地理规律，是指自然地理环境整体及其组成要素在一个确定方向上保持特征的相对一致性，而在另一个确定方向上表现出差异性，因而发生更替的规律[228]。对地域分异规律的认识，最早起源于对气候分异的认识，古希腊的埃拉托色尼依据地表温度的纬度差异划分成5个气候带。地域分异有两个基本因素：以太阳辐射为主的地表外能和以地壳运动为主的地球内能。地域分异理论的核心内容是：地球表面自然界在外能和内能的综合作用下，呈现出区域之间的相似性和差异性，服从地域分异规律。地域分异规律的表现，常见的有纬度地带性地域分异、陆地和海洋地带性地域分异、经度地带性地域分异、垂直地带性地域分异、地形地质系列性地域分异和地形地貌坡向上地域分异等。国内外在地域分异方面的研究，涉及生物多样性、土地利用、碳排放、碳汇交易、现代农业和传统农业区域分异等众多领域[228-231]。

农作物的保险风险来自生长环境的孕灾稳定性、气象灾害以及各类农作物自身的承灾脆弱性等，这些因素的空间分布在很大程度上都服从于地域分异规律。孕灾环境、气象灾害和农作物呈现在空间上的格局，以及相互之间的耦合导致农作物气象灾害和灾损风险的区域之间的相似性和差异性，形成了其特有的地域分异规律，这就保证了种植业保险风险的评估和种植业保险风险区划的可行性。地域分异理论将作为种植业保险风险区划中划定界线和确定风险等级的理论基础。刘彦随等基于农业生产的区域分异性，建立了测度指标体系，并进行了现代农业区划的研究[232]。国内已有的关于气象灾害区划的研究以及关于种植业风险区划的研究，都以地域分异理论作为指导理论基础。地域分异理论为本书不同层级种植业保险风险区划指标的选取以及风险区划层级体系的建构提供了重要的理论依据。

二、地学信息图谱理论

地学图谱是地学的概念，反映特定区域所观察和分析的地理对象在空间上的属性和特征以及在时间上的变化过程，在信息时代发展为地学信息图谱。地学信息图谱是经过分析综合的地图、图像和图表形式，反映事物与现象空间结构特征与时空序列变化规律的一种信息处理与显示手段。地学信息的空间单元特征用图来表现，地学现象的发生和发展过程用谱来表现，图和谱构成空间与时间动态变化的统一表达[233-235]。

在种植业保险风险区划研究中，将灾害系统理论、地域分异理论和地学信息图谱理论进行结合，利用地学信息图谱的关键技术 GIS，通过这种时空复合体的图谱单元，来反映农作物风险在不同区域之间的空间差异，形成风险区划地图。这种风险区划地图，通过不同颜色或同一颜色的深浅程度，以形象、直观的方式，表达了不同区域之间的风险相似性和风险差异性，可以采用形象思维方式来分析和认知种植业保险风险在区域之间的分布规律，为后续的应用和决策提供有力的支撑。风险区划地图的这种表现形式，在区划研究中得到了广泛的应用。地学信息图谱理论为本书种植业保险风险区划地图的施划提供了重要的理论和技术支撑。

第三节　关键指标算法及实证的基础理论

一、信息扩散理论

对于风险系统而言，大多数风险系统存在很多不完备的信息，比如风险系统不容易锁定、风险系统内部的因果机理不清晰、风险系统的观测信息不全等，因此风险系统是一个模糊系统。在这方面，一些研究者尝试采用信息扩散模型来对风险系统进行风险评估。信息扩散理论最早起源于美国新墨西哥大学的传播与新闻学教授罗杰斯的新事物发展 S 曲线理论，是传播效果研究的经典理论之一[236]。基于信息扩散的思想，发展出一种基于模糊数学的信息扩散估计模型，这是一种非参数估计方法。信息扩散估计方法可以将一个不完备的样本观测值变成一个模糊集，有助于弥补进行函数逼近时由于数据不足造成的缺陷。

在种植业保险风险区划中，灾害造成的损失概率，如同一个风险系统中的风险评估，样本观测值少，信息不够完备，很难以参数估计的方法来获得较为精确的概率估计结果，而基于信息扩散模型的这种非参数方法为我们进行灾损概率估计提供了一种行之有效的方法。因此，信息扩散理论是本书灾损概率估计重要的理论基础和依据。

二、时序数据预测理论

时序数据是指在不同时间点观察同一现象得到的不同观测值，以时间为顺序排列的数据，其前后时刻的数据需具有某种程度的关联。时序数据的时间可以是年度、季度、月份或其他任何一种时间表现形式。时序数据可能具有随机性、趋势性、周期性和季节性等。时序数据预测理论的核心内容是，通过对样本的分析和研究，依据其动态过程的特性，寻求最佳的数学模型，并利用样本数据估计模型参数，最终可以利用数学模型进行统计预测。时序数据的分析方法包括时域分析和频域分析，而时序数据的预测方法则很多。

在种植业保险风险区划研究中，我们依据时序数据预测理论，采用线性预测、多项式预测以及基于频域分析的小波分析等方法来实现对农作物趋势单产的估计。因此，时序数据预测理论是本书趋势单产估计的理论基础。

三、统计推断理论

统计推断是通过样本推断总体的统计方法，其核心是以概率论和数理统计学为理论基础，通过有限的随机样本来推断总体的参数。在统计推断理论中，总体是通过总体分布的数量特征如数学期望和方差等参数来反映的，统计推断的内容包括对总体的未知参数进行估计、对关于参数的假设进行检查以及对总体进行预测预报等。

在种植业保险风险区划研究中，我们采用基于统计推断理论的估计、检验和预测方法，对涉及的诸如灾害风险概率的估计、趋势单产的估计、农作物单产分布的估计、风险指标的适应性评估、区域风险等级评估和划分等，利用过去的历史数据序列和灾害的案例数据作为统计样本，对未来时间可能发生的灾害及灾情进行推断。统计推断理论为种植业保险风险区划的风险评估及后续的费率厘定提供了严密的逻辑和技术方法。

第三章　中国种植业保险实践及
风险区划的现状与问题

　　第一章通过文献回顾和总结厘清了种植业保险风险区划研究的起因、所使用的理论、原则和方法、关键指标计算算法和实证研究。第二章梳理了种植业保险风险区划的基础理论。那么当前中国种植业保险风险区划体系在现实中的应用现状以及在学术界的研究现状如何？当中存在的问题又是怎样的？本章将从中国种植业保险实践的历程和现状出发，分析中国种植业保险风险区划在农业保险应用中的现状和问题，进一步对学术研究的现状进行剖析，最后对其中存在的问题做出总结。

第一节　中国种植业保险实践现状

　　虽然迄今为止中国尚未构筑种植业保险风险区划体系，但在实践的过程中与中国农业保险的发展历程、农业保险财政补贴政策的演变过程、农业保险费率厘定以及农业保险产品的不断开发息息相关，通过对以上几个方面的梳理，从中了解种植业保险风险区划体系是否在农业保险实践中得到应用、如何应用以及应用效果如何等情况。需要特别说明的是，因为种植业作为农业的重要组成部分，在各种政策文件中与种植业保险的相关内容主要是在农业保险的名义下发布，因此本节在表述上沿用"农业保险"

的名称，但描述的现状和问题同样适用于种植业保险的现状和问题的分析。

一、农业保险的发展历程及现状

自从新中国成立以来，中国的农业保险发展历程可谓波澜起伏。

新中国农业保险于1950年由中国人民保险公司开始试办，从试点地区的棉花保险开始，后来扩大到牲畜保险、水稻保险和油菜保险。1953年，由于全国机构精简，导致农业保险业务暂时停办。1954年，中国人民保险公司开始恢复农业保险业务，然而由于1958年政社合一的出现，全国农业保险工作全面停办。

改革开放以后，国家和政府重新认识到农业保险的重要性，于1982年恢复了农业保险试办工作，并给予农业保险机构更大程度的优惠。由此，中国农业保险经历了1984~1992年的高速增长，但随后的商业化转向导致该业务从1993年开始进入长达10年的持续衰退期。

从2004年开始，有关政府部门对农业保险的经营模式进行反思，将农业保险重新提到政策性保险的轨道上来，农业保险取得了重要的突破，保险覆盖面和保险规模快速增长的同时也面临诸如财税支持政策、道德风险与逆向选择、经营管理技术和水平、巨灾风险分散机制、保险市场供求的非均衡性等众多问题[237-239]。

针对中国农业保险的现状和问题，也有学者开始思考和研究如何推动农业保险高质量发展的研究，并提出了合理的建议和推进路径[240-242]。

上述现状和问题，既是针对广义的农业保险而言，也是集中体现在狭义的农业保险即种植业保险方面。基于此，要进一步解决上述提到种植业保险方面的诸多问题，需要一个种植业保险风险区划层级体系进行恰当的指导并做出一定的解答，因而，对种植业保险风险区划体系的构建也随之提到日程上来。

二、财政补贴政策的演变过程

迄今为止，全球至少有100个国家和地区实施了农业保险项目[243]，同时多年的实践经验反复证明，政府财政支持是农业保险发展的基本保障[244]。然而从新中国成立到 2004 年前，由于农业保险多采用商业保险的经营模式，加之农民的风险意识有待提高等原因，中国的农业保险经历过试办期、恢复发展、停滞萎缩的曲折历程。从 1991 年开始，上海市农业保险进行了经营机制改革，实行以区/县为单位、农业保险单独立账、独立核算、地方政府组织推动、保险公司进行代理的经营方式①。其他地区地方财政给予农业保险的补贴多以免征农业保险营业税的形式进行。1996年发布的《国务院关于农村金融体制改革的决定》指出，国家将在一定程度上给予农业保险合作社或具有国家性、地方性的农业保险公司政策支持。但由于行政干预过度造成农户抵触强烈，导致 2000 年后农险业务大范围停办、各级农业保险相关机构撤销，农业保险进入寒冬[245]。

随着中国政府决策层对农业保险在农业发展中作用认识的不断提高，自 2004 年以来农业保险真正得到了政策性的财政支持，获得了较快的发展。

（一）政策性农业保险制度的地方性财政支持情况（2004~2006 年）

中国关于政策性农业保险制度的提出，首推 2004 年的中央一号文件。当时的文件提到中国需要加快建立政策性农业保险制度，并选择部分产品和部分地区率先试点，有条件的地方可对参加种养业保险的农户给予一定的保费补贴。在这一政策的指导下，2004 年，保监会在上海、吉林和黑龙江三个省份批设了专业性的农业保险公司，同时依靠地方政府的支持在江苏、四川、辽宁和新疆等省份开展了保险公司与政府联办、为政府代办以及保险公司自营等多种形式的农业保险试点。2005 年中央一号文件进一步提出，要扩大农业政策性保险的试点范围，鼓励商业性保险机构开展农业保险业务，导致实践中多个省份的部分地市相继开展农业保险试点。2006年中央一号文件则强调，要稳步推进政策性农业保险试点工作，加快发展

---

① 《安信农险以险养险》，网易财经，http：//money. 163. com/economy2003/editor＿2003/050302/050302＿301409. html. 2005-03-02。

多种形式、多种渠道的农业保险①。到 2006 年底，已有 14 家保险公司在 25 个省市开展了农业保险试点，覆盖玉米、水稻、生猪和奶牛等主要农副产品种类②。

总的来看，由地方财政支持的农业保险主要有三种方式：一是采用免征种植业和养殖业保险营业税的方式；二是采取"以险养险"的方式，即在经营传统保险业务的基础上，还经营保险监管部门批准的其他险种的业务；三是由地方政府筹集。因此导致这一阶段的全国农业保险发展水平参差不齐：经济发达地区的地方财政支持力度较大而经济欠发达地区的财政支持力度较为薄弱，甚至有的省份尚没有力量开展农业保险。

（二）政策性农业保险制度的中央财政支持情况（2007 年至今）

为了解决全国范围内的农业保险发展不平衡问题，积极发展现代农业，推进社会主义新农村建设，2007 年开始实施的《中央财政农业保险保费补贴试点管理办法》开启了中央财政的支持模式，将内蒙古、吉林、江苏、湖南、新疆和四川作为首批试点省份，2008 年增加河南、辽宁、黑龙江和河北为政策性农业保险试点省份。保障的金额原则上为直接物化成本，如种子、化肥和地膜等成本，保障的范围是农作物生长期内，不在期间内的不给予保障。以此为基础，各试点省份按照多年发生的平均损失率进行保险费率测算。对于归入中央规定内的险种，在试点省份省级财政部门承担 25% 的保费后，财政部再承担 25% 的保费（2008 年这一比例提高到 35%），其余部分由农户承担，或者由农户与企业、地方各级财政部门共同承担，具体比例由试点省份自主确定[246]。

2016 年，国家对《中央财政农业保险保险费补贴管理办法》进行了修订，在种植业方面，在省级财政至少补贴 25% 的基础上，中央财政对不同地区的补贴不同：中西部地区为 40%、东部地区为 35%、中央单位为

---

① 《中央一号文件连续 4 年对政策性农业保险提出要求》，中华人民共和国中央人民政府官网，http：//www.gov.cn/jrzg/2007-01/31/content_514180.htm.2007-01-31。

② 《开展政策性农业保险试点》，中华人民共和国中央人民政府官网，http：//www.gov.cn/ztzl/gclszfgzbg/content_554900.htm.2007-03-19。

65%。在养殖业方面，在地方财政至少补贴30%的基础上，中央财政也对不同的地区有着不同的补贴水平：中西部地区为50%、东部地区为40%、中央单位为80%。此外，还有包含在森林、商品林等方面的补贴，在此不一而足。2019年在2016年版本的基础上又增加了"中央财政农业保险保险费补贴政策实施期暂定5年，政策到期后，财政部将根据国务院有关要求和农业保险发展形势需要进行评估，并根据评估结果作出调整"条款。2020年中国全面脱贫，进入了乡村振兴时代，为完善农业支持保护制度，助力于乡村振兴，财政部印发了2022年版的《中央财政农业保险保费补贴管理办法》，中央财政补贴的比例不再按照固定的比例进行，而是使用略显复杂的补贴公式进行体现，其中省级财政平均补贴比例为（25%＋a%），中央单位平均承担比例为（10%＋b%），体现了地方政府多补、中央财政也会多给配套补，奖罚分明的特点。

从历次中央财政补贴农业保险的发展变化情况来看，补贴的区域从原有的6个试点省份扩大到全国。补贴的险种标的范围不断扩大，从以种植业为主扩展到养殖业、森林和其他品种。与此同时，各标的种类内部的内容得到了不断的扩展和明确，种植业方面在大豆、棉花和三大粮食作物的基础上扩展了马铃薯、油料作物、糖料作物和天然橡胶。养殖业从试点省份自主选择的养殖业险种到具体明确的能繁母猪、育肥猪和奶牛等，基本覆盖了关系国计民生和粮食安全的大宗农产品。

中央确定的补贴险种的保险责任在2007年时为无法抗拒的自然灾害，试点省份可以根据当地气象特点，选择其他自然灾害作为附加险保险责任予以支持。2021年底增加为涵盖当地主要的自然灾害、重大病虫鼠害、动物疾病疫病、意外事故和野生动物毁损等风险，有条件的地方还可以将产量和气象等变动作为保险责任。从补贴比例来看，无论是哪一种保费补贴，中央财政的补贴比例经历了不断提高到以奖代补的特点。

需要注意的是，前文虽然着墨于中央财政的支持情况，但这一阶段的地方财政支持也同样存在。从保费总的补贴比例来看，政策性农业保险保费补贴比例基本上都在60%以上（其中中央财政比例约高达35%），而完全由地方财政补贴的农业保险其保费补贴比例也差不多都达到同等水平甚至更高[246]。此外，中央财政支持的政策性农业保险主要是保成本，即以农业生产中的投入成本为保障对象，而由地方政府财政支持的农业保险则基本属于保收入。

从财政补贴政策演变过程可以看出，中央财政支持的补贴比例主要依照各省市四大类保险标的的保费额、不同地域以及实际使用的补贴金额来进行确定。而在地方财政支持方面较为复杂，各省的经济发展水平不同，各地的地方财政支持力度参差不齐，且各地方财政支持的补贴由各省级财政部门结合实际，对不同险种、不同区域实施差异化的农业保险保费补贴政策。但无论是中央财政支持还是地方财政支持，中国政策性农业保险补贴的实施，都缓解了保险公司高昂的成本压力，分担了农业生产者支付的保费价格，促进了农业生产者参保的积极性，农业保险得到了更好的覆盖和推广。

然而，我们从财政补贴政策的演变过程也可以看出，虽然中国从2004年开始实施了农业保险补贴政策，但在种植业保险方面，尚未将种植业保险风险区划与补贴政策结合起来。而本书提出的种植业保险风险区划体系除了可以作为财政支持种植业保险补贴测算和资金下达的一种考虑因素之外，还可以应用于种植业保险费率的核算方面。因此，中国种植业保险补贴相关政策的出台以及完善，需要种植业保险风险区划体系提供进一步重要的参考。

三、保险费率厘定和实施的变化情况

回顾近些年国家有关部门对于农业保险保险费率的有关规定，主要的变化体现在费率不断调低、"一省一费率"的执行以及打破三个方面。

（一）费率的不断调低

费率是农业保险产品的核心。有无国家的财政补贴，费率多少的厘定是不同的：在没有财政补贴的情况下，农业保险产品的费率厘定以保险机构的风险定价为主；在有财政补贴的情况下，农业保险产品的费率厘定主

要由财政部、农业农村部、林草部、农户代表和保险机构等各方协商确定。总体而言，在风险收益固定的条件下，费率越高就意味着投保人交纳的钱数越多，投保的人就会越少，特别是对于收入较低的农户来说尤为如此。

国家有关部门在想方设法下调农业保险费率方面做出了不懈的努力。2015 年中国保监会召开新闻发布会宣布下调保险费率，部分地区种植业保险费率降幅接近 50%①。2016 年，财政部印发了《中央财政农业保险保险费补贴管理办法》，提到"地方财政部门应会同有关部门逐步建立当地农业保险费率调整机制，合理确定费率水平；连续三年出现三种情形的，原则上应当适当降低保险费率，省级财政部门应当依法予以监督"②。2021年底，财政部进一步发布的《中央财政农业保险保费补贴管理办法》提到，"承保机构应当公平、合理拟订农业保险条款和费率；保险费率应当按照保本微利原则厘定，综合费用率不高于 20%"③，此举的意图是着力压低保险费率，体现"保险姓保"的意涵以及农业保险的政策性。

（二）"一省一费率"的执行

在农业保险费率方面，无论有无财政补贴，精准的费率对于农业保险而言都至关重要，它是投保农户获得赔付与保险公司收益之间的平衡点，甚至还涉及政府补贴的财政压力。费率核算得不准确，会使相关利益方受损：费率高了会使投保农户望而却步，费率低了会导致保险机构入不敷出，同时还会增加政府补贴的负担。因此，费率的精准核算至关重要。

然而由于农业保险数据积累不足等原因，多年来中国政策性农业保险的费率定价模式基本是"一省一费率"，即一个省内的同一作物甚至多个作物都设定统一的费率。诚如开篇提到，中国地域广大、地形多样、作物

---

① 《政策性农业保险产品全面升级（政策解读）》，人民网，http：//politics. people. com. cn/n/2015/1114/c1001-27814581. html. 2015-11-14。

② 《财政部关于印发〈中央财政农业保险保费补贴管理办法〉的通知》，中华人民共和国人民政府官网，http：//www. gov. cn/gongbao/content/2017/content_5217756. htm. 2016-12-19。

③ 《关于印发〈中央财政农业保险保费补贴管理办法〉的通知》，中华人民共和国中央人民政府官网，http：//www. gov. cn/zhengce/zhengceku/2022-01/07/content_5666866. htm. 2021-12-31。

种类繁多、气象灾害复杂，即使同一省，不同作物、不同气象条件下的风险概率和风险等级都会有所不同，因此"一省一费率"的简单做法和实际风险不匹配。而这种不匹配会导致多种问题的产生。首先是统一费率下的农户逆选择问题，即高风险农户投保更加积极而低风险农户投保积极性不高。其次是风险不一致导致的行业乱象，一般来说，同一家保险公司在高风险地区的保费收益应该高于低风险地区的保费收益，如果是刚好颠倒的状况，则容易使保险公司在高风险地区的保费收入过低，面临亏损；而在低风险区域，丰厚的保费收益会引起多家保险机构抢标，从而导致各保险公司在承保时采取非正常手段竞争业务，理赔时扩大赔案损失调节赔付水平等不规范的操作。

（三）"一省一费率"的打破

近年来，国家有关部门在探讨不同省份和地区实施不同的农业保险费率方面做了大量的准备工作。中国保险监督委员会于 2011 年发布了《全国种植业保险区划》，把全国 31 个省份划分为 10 个风险区，测算了 7 种作物的灾害风险区划结果。同年《中国自然灾害风险地图集》出版，分 12 种灾种以及主要的农作物种类绘画了风险等级图，并施画了全国以及各省的综合自然灾害相对风险等级图[19]。2019 年，中国银行保险监督委员会发布了《关于加快农业保险高质量发展的指导意见》的通知，提出今后需要进一步加强农业保险基础设施建设，包括"加强农业保险风险区划研究，构建农业生产风险地图，发布农业保险纯风险损失费率，研究制定主要农作物、主要牲畜、重要'菜篮子'品种和森林草原保险示范性条款，为保险机构产品开发、费率调整提供技术支持。建立科学的保险费率拟订和动态调整机制，实现基于地区风险的差异化定价，真实反映农业生产风险状况"。2020 年 6 月，在中国农业科学院农业信息研究所主办的第十期中国农业保险论坛（CAIF）上，发布了由中国农业科学院农业风险管理研究创新团队编制的《中国农业生产风险区划地图册》，这是中国第一部全面反映各省市县主要农作物生产风险空间差异的大型图册，其对全国省级和 31 个省县级两种尺度下农业保险中央补贴的 11 种作物品种的生产风险进行了评估、区划和地图的展示。

在此基础上，全国上下进行了快速的推进工作。2020 年 6 月，银保监会副主席梁涛提出，启动农业保险风险区划 3 年行动，在当年确保完成三大主粮风险区划和费率分区工作的基础上，分批次、分步骤发布农业保险示范性条款和行业基准纯风险损失费率①。2020 年 11 月，中国精算师协会发布《稻谷、小麦、玉米成本保险行业基准纯风险损失率表（2020版）》，明确 31 个省份 338 个地市的三大主粮成本保险纯风险损失率，向中国农险定价摆脱"一省一费"制度迈出重要的一步。在 2022 年伊始，陕西省财政厅会同陕西银保监局联合发布《关于建立陕西省政策性农业保险保额和费率动态调整机制》，在全国率先探索建立科学规范的农业保险费率动态调整机制，合理确定各险种费率水平，真实反映农业生产风险状况，实现农业保险可持续发展②。

总之，种植业保险产品在费率厘定过程中，虽然已经越来越完善，也考虑了各种风险因素，但因指标体系的缺失以及缺少层级体系的考虑和实施，费率调整依然不太成功。而本书构建的以省、地市和县域三级为主体，以省级和县域级为重点的各有侧重的综合的风险区划层级体系，在"一省一费率"打破、费率精细化的背景下可以为各保险机构及其分支机构针对不同农作物品种、不同地域实行差异化的风险定价，建立科学的保险费率的厘定和动态调整机制提供实证结果支撑。

四、保险产品开发的创新

中国自 2007 年启动政策性农业保险试点以来，保险产品种类不断增加，各省市已经初步形成以中央和省级政策性农业保险为主、地方特色农业保险为辅、新型农业保险为补充的多层次农业保险产品体系。此中主要

① 《挥别"一省一价"农业保险将全面迎来费率分区定价时代》，北京商报，https：//baijia-hao. baidu. com/s？id=1670291792137128487&wfr=spider&for=pc。2020-06-23。

② 《陕西率先试点农业保险动态费率告别"全省一费率"定价模式》，晨财经，https：//bai-jiahao. baidu. com/s？id=1723409507736179481&wfr=spider&for=pc. 2022-01-31。

经历了两大阶段。

（一）传统型种植业保险产品阶段（2007~2010年）

2007年以来，在各级政府的大力支持下，中国政策性农业保险取得了快速发展，险种不断丰富，覆盖了种植业、林业、畜牧业和渔业。被纳入中央财政保费补贴的保险品种包括大部分的粮食作物、油料作物、常见畜禽及个别省份的区域性保险品种，以关系国计民生和国家粮食安全的农作物保险品种为主。这一阶段的中国种植业保险主要是对因自然灾害导致的农作物减产进行赔付，即仅对生产风险提供风险保障，属于以成本为基础的产量保险。

（二）创新型种植业保险产品阶段（2011年至今）

随着中国社会经济发展的日新月异，市场风险对农业生产的影响越来越大，农产品市场价格的波动为农业生产者形成了双重风险：自然灾害本身具备的生产风险和价格波动给他们带来的市场风险。换言之，在生产过程中即便没有遭受任何自然灾害损失，也并不一定意味着他们就能获得很好的回报，"谷贱伤农"便是对这种现象中肯的概括。

在此背景下，2011年上海在全国率先推出蔬菜价格指数保险，随后各地各保险公司不断试点价格指数保险产品。2012年北京推出了生猪价格指数保险试点，江苏推出了夏季保淡绿叶菜价格指数保险，2013年四川推出了蔬菜价格指数保险等，价格指数保险一时间成为中国农业保险发展的新趋向，进一步促进了价格保险的发展。2014年，无论是中央一号文件还是国务院印发的《国务院关于加快发展现代保险服务业的若干意见》，都明确提出要开展农产品目标价格保险试点。2016年中央一号文件提出积极开发适应新型农业经营主体需求的保险品种，探索开展重要农产品目标价格保险，以及收入保险、天气指数保险试点，稳步扩大"保险+期货"试点。2019年中央一号文件具体提出要推进三大粮食作物完全成本保险和收入保险试点，探索对地方优势特色农产品保险实施以奖代补试点。2020年中央一号文件提出要优化"保险+期货"试点模式，继续推进农产品期货期权品种上市。2021年中央一号文件进一步提出将"以奖代补"做法逐步扩大到全国。在一系列政策的引导下，在具体实践方面，2014年东北三省和内蒙古开始了大豆目标价格补贴试点，新疆开展了棉花目标价格补贴试点。2014年在黑龙江开始了水稻目标价格保险试点，并于2016年开始了"期货+保险"试点，其中大连商品交易所迄今已在23个省份开展了试点工作，涉及25个农产品期货品种和玉米等多个农产品期权品种。2017年国家在13个粮食主产省选择部分县市以三大粮食作物为标的对适度规模经营农户进行农业大灾保险试点，等等。

对于创新型的种植业保险产品，更需要得到精细化的种植业保险区划层级体系的支持，以不断补充与修正创新型种植业保险产品的定性与定量分析结果，引导和取得更多的种植业保险产品创新。

第二节　中国种植业保险风险区划的应用现状

通过上述中国种植业保险现状的回顾，我们可以发现，在种植业保险补贴政策的制定和实施中，依据各省份保费规模乘以补贴比率来计算补贴额度，其中各地的补贴比率不同，考虑了不同省份的农业生产和风险状况；在农业保险费率厘定尤其是"一省一费率"及打破"一省一费率"之后的费率厘定中，依据不同省市之间、不同农作物之间以及不同可保自然灾害风险之间的差异，区别设定不同档次的费率；种植业保险新产品不断涌现，在新产品设计中，也已经充分考虑种植业保险的地域差异和农作物品种差异。总的来说，在种植业保险的以上三个方面的实际应用中，都考虑了中国各地农业生产相关的环境和地区差异，考虑了不同农作物、不同自然灾害和不同区域的风险差异，在种植业保险的应用中，事实上用到了"隐形的种植业保险风险区划"。我们通过梳理种植业保险实践现状也能明确地发现，在中国的种植业保险应用中，种植业保险风险区划体系并没有得到正式的有效应用，即使用到"隐形的种植业保险风险区划"，也没有形成规范。

中国种植业保险风险区划体系在农业保险领域未能得到有效应用，无法发挥种植业保险风险区划体系应有的作用。这种现状，一方面可能是不知道如何应用，另一方面受到目前研究一些现状和问题的限制。中国农业保险起步较晚，发展时间还不是很长，而且过去也并不规范，尤其没有注重数据的收集和微观数据库的建立，历史数据的不完备导致很多研究难以有效进行。另外，学者研究与保险实践联系不够紧密，可能导致难以将种植业保险风险区划推广应用到实际的农业保险中。具体表现为目前缺乏关于种植业保险风险区划体系的研究，且已有研究成果的指标体系不完善，指标的计算模型与方法适应性不高，风险区划层级体系模糊而不规范，风险指标权重缺乏量化和测算。

第三节　中国种植业保险风险区划体系的研究现状

虽然迄今为止国内学者尚没有提出过种植业保险风险区划体系构建的内容，但国内学者在具体指标构成、关键指标的测算、风险区划层级分类体系等方面的构建已经做出了一定的研究，并得出了颇为丰富的结论，但仍存在一定的完善空间。

一、指标体系

在指标体系的研究和构建方面，在国外几乎没有涉及种植业保险风险区划的风险指标体系如何选择和如何评价的论述。在国内，庹国柱在1994年开启了国内农作物保险风险区划研究的先河，首次提出农作物保险风险区划的具体指标如农作物产量水平、产量变异系数、灾害发生强度和频率、综合气候因素、地理指标、土壤等级、水利设施、作物结构和其他经济技术条件等[93]。

国内其他学者在种植业保险风险区划指标的选择方面各有侧重,如张峭和王克采用自然灾害导致的农作物三种灾损情况(成灾、受灾和绝收)面积作为主导指标[112];邢鹂和钟甫宁以粮食单产变异系数、成灾概率、粮食生产专业化程度和粮食生产效率作为主要指标[159];张超和吴瑞芬以温度、降水、日照、相对湿度和风速为主要因素[114];叶明华和胡庆康以水灾成灾强度和旱灾成灾强度为指标等[163]。史培军曾在对灾害系统理论进行归纳总结时提到影响区域灾害灾情的因素有三个:孕灾环境、承灾体和致灾因子,但由于其研究的侧重点不同,没有专门对指标体系的建构进行深入讨论,更没有对一些实际操作过程中的具体指标进行讨论,如对于病虫草鼠害这种重要的非气象致灾因子纳入分析[221-225]。

整体来看,在指标体系构建方面,国内外都缺乏对种植业保险风险区划所涉及的风险构成及其动态关系的分析和论述,缺乏完整的指标体系作为大纲,也缺乏什么类型的风险区划适合选择哪些指标等规范性指导。

二、指标的计算模型和算法

在指标计算模型方面,黄道友等指出使用"Z指数法"和"土壤—作物"系统法得到的指标既有区别又有联系[84],朱业玉等提出了Z指数的修改和订正方法[85],王开军等用自适应的方法改进了AP算法,解决了如何产生最佳聚类结果的问题[86],夏伟等发现改进后的Z指数分析方法比改进前更能反映出实际情况[87]。

灾害风险概率、农作物趋势单产和单产变异是种植业保险风险区划的关键指标。在指标计算算法方面,李永等尝试了小波分析法[88],宋正阳等提出了基于COM组件技术和Matlab、ArcGISServer应用的软件系统设计方法,通过NET平台开发出农作物风险评估与区划应用系统[89],李明等利用空间系统聚类方法对中国东北进行气候分区,对长江中下游流域进行降水分区,然后结合小波功率谱和小波全谱分析了各亚区干旱的周期变化特征[90-91]。

在进行种植业保险风险区划分析时需要用到的关键指标中，如在做趋势单产估计时国内学者即便借鉴使用了国外较新的小波分析技术，却无法证明该技术相对于传统技术（例如线性回归和多项式回归）的先进性和有效性，特别是没有讨论其在中国情形是否适用以及在多大范围内适用等。

三、风险区划层级体系

在风险区划层级分类体系的研究和构建方面，国外的研究指出除了需要考虑综合风险因素，例如洪水、冰雹、飓风、雪荷、干旱、霜冻、不合时宜的降雨等自然灾害的组合风险[13][15] 以外，还需要考虑风险划分区域大小的合适性，例如不以行政边界而以自然地理条件为依据进行风险区划[17]，或者采用跨行政边界的风险区域划分[66][67]，乃至主张种植业保险风险区域划分的单位不宜太大[65]。

目前国内的研究几乎无一例外的是从特定的区域视角来进行研究，例如朱涯等[96]、史津梅等[97]、梁冬坡等[108]、吴秀兰等[110] 基于某种特定的气象灾害对特定区域的危害程度进行风险评估和区划，其风险后果同时考量人员损伤、非农业财产损失和农业损失；张峭和王克[112]、张爱民等[113]、张超和吴瑞芬[114]、郭翔等[121]、罗军华等[141]、于小兵等[154] 偏重于农业损害风险的灾害风险区划的研究，一般以特定区域，采用受灾、成灾或绝收为主导指标。乃至于在费率厘定，一般都以单产数据为主导指标，如邢鹂和钟甫宁[159]、梁来存[161]、牛浩和陈盛伟[166]、陈盛伟和李政[168]，当然也有考虑综合灾害风险的研究，如史培军[19] 以及中国农业科学院农业风险管理研究创新团队，然而在这方面学者们要么使用省级的数据，要么使用县级的数据，不一而足。

整体来看，国内学者在进行种植业保险风险区划分析时不是侧重于省级，就是强调县域级的重要性，几乎没有谈到对处于省级和县级之间的地级市种植业保险风险区划的情况，更没有将不同层级统一起来进行综合考虑。而种植业保险风险区划工作必须从全国着眼、从全行业着眼，因为若将区划工作切分到各省独立完成，可能影响到对风险空间规律的准确认识[247]。

因此，需要构建一个分层级的，涵盖宏观（省级层面）、中观（地级市层面）和微观（县级层面）三个层级的风险区划层级体系，以准确把握从总体到部分的风险空间规律，并进行有针对性的指导。

四、指标权重的量化和测算

在现有研究文献中，对各种类型的风险区划进行风险评级的计算过程中，大多数都用到风险概率和趋势单产这样的关键指标，同时，各有侧重地包含一些其他指标。众多指标如何通过计算转换成风险区划形式的风险等级，目前没有比较统一的规范，也没有建立众多指标进行风险区划的指数化概念模型。而且不论使用聚类分析方法还是其他方法，多种指标中哪个指标更重要，哪个指标次要一些，换言之，每个指标在指数化风险区划等级时，每个指标的风险权重如何量化并测算，在现有研究中没有形成规范，甚至几乎没有测算。

第四节　现存问题小结

通过回顾中国种植业保险风险区划体系议题在现实中的应用情况以及学术界的研究现状，我们可以看出在实际应用方面，中国种植业保险的发展、财政补贴政策的日益完善、保险费率厘定的精细化以及种植业保险产品的不断开拓创新，都强烈需要得到中国种植业保险风险区划体系的支持和推进；在国内学术界，相关学者在构成种植业保险风险区划体系的具体指标构成、关键指标的测算、风险区划层级体系的构建等方面已经做出了一定的研究，并得出了较为丰富的结论，但依然存在诸多问题，致使种植业保险风险区划不能有效应用到农业保险实践中。归纳起来，当前中国种植业保险风险区划体系的建构和建设尚存在以下几个方面的问题：

一是没有建立较为完备的种植业保险风险区划的指标体系。国内学者在种植业保险风险区划指标的选择方面各有侧重，且主要集中在气象因素方面，忽略了非气象致灾因子；主要从静态的角度进行指标体系的构建，缺乏对种植业保险风险区划所涉及的风险构成及其动态关系的分析和论述；极少考虑农作物生产中的绝收风险以及生产技术风险因素，缺乏完整的指标体系作为大纲，也缺乏什么类型的风险区划适合选择哪些指标等规范性的指导。

二是对构建中国种植业保险风险区划体系的认识不足。虽然国内学者从多个角度研究了某种特定的气象灾害对特定区域的危害程度进行了风险评估和区划，也同时考量了不同损失的后果，或者研究了费率厘定等，但这些学者要么侧重于省级，要么强调县域级的重要性，几乎没有谈到对处于省级和县级之间的地级市的情况，更没有将不同层级统一起来进行综合考虑。而种植业保险风险区划虽然越细越好，但按照系统论的观点，整体大于部分之和，各部分之间是一个有机的动态联结而非静态的一盘散沙的状态，对于幅员辽阔的中国来说，很有必要从全局出发，了解不同层级的关系，从而达到对风险空间规律的准确认识。因此，需要构建一个分层级的，涵盖宏观（省级层面）、中观（地级市层面）和微观（县级层面）三个层级的风险区划层级体系，以从总体到部分的风险空间规律准确把握和有针对性地指导。

三是在实践应用的过程中尚存在不合理之处。虽然中国从 2004 年开始实施了农业保险补贴政策，但未将种植业保险风险区划与补贴政策结合起来。在种植业保险产品的费率厘定过程中，虽已考虑了各种风险因素，但因指标体系的缺失以及缺少风险区划层级体系的考虑和实施，费率调整依然不太成功。与此同时，在农业保险的实践过程中，各种保险产品体系快速增长，区域产量保险和天气指数保险等新型保险产品也有试点，但在产品设计中，依然缺少利用种植业保险风险区划进行风险控制的环节。

四是在一些关键指标的计算方面对研究方法的适用性论证不够。灾害风险概率、农作物趋势单产和单产变异是种植业保险风险区划的关键指标。在这方面，国内学者使用了空间系统聚类法，也尝试了国外较新的小波分析技术等，但没有证明该技术相对于传统技术（例如线性回归和多项式回归）的先进性和有效性，特别是没有讨论其在中国情形是否适用以及在多大范围内适用，也即在一些关键指标的计算方法方面进行的本土化讨论不够。

　　基于此，本书将在前人研究的基础上，深化中国种植业保险风险区划的风险构成体系（PIRZRCS）、风险指标体系和风险区划层级体系的研究，为中国保险机构在设计种植业保险合同和厘定保险费率等方面、为中国农业保险的全面开展和稳定经营提供科学的依据。与此同时，在构建该综合体系的过程中，将评估和构建适合各层级种植业保险风险区划的重要指标，以体现各层级的异同。引进信息扩散模型进行关键指标灾损风险概率的估计，改进关键指标趋势单产的估计方法，并与传统的方法进行比较，以确定在构建中国种植业保险风险区划体系过程中使用方法的准确性和适用性。在上述研究完成的基础上，用实证方式呈现不同类型的风险区划的指标选取、权重确定、指标计算和评估、风险评级和区划地图施划等过程，并评估和证实区划层级体系的完备性和适用性。

第四章　种植业保险风险区划的风险构成及指标体系

本章第一节基于风险管理理论和灾害系统理论，分析并归纳总结国内外已有研究成果，完善和形成涵盖生长环境、气象灾害、非气象灾害、农作物本身以及人类的活动五大要素的种植业保险风险区划的风险构成系统（PIRZRCS），充实了种植业保险风险区划的理论体系。第二节基于PIRZRCS，拓展风险指标的外延，将气象灾害导致的绝收风险和病虫草鼠害等非气象灾害风险纳入风险体系，构建完整的指标体系，最后形成风险区划层级指标体系（与第六章建立的风险区划层级分类体系一起构成风险区划层级体系），从而为下文的种植业保险风险区划分析做准备。

第一节　种植业保险风险区划的风险构成体系

依据风险管理理论，种植业保险的风险区划首先要做好风险识别和风险评估工作。国内外多数学者认为孕灾环境、承灾体和致灾因子这三个因素构成了区域灾害系统[221-227]。结合风险管理理论和灾害系统理论，我们从农作物的生长环境、生长过程以及自然灾害和人为影响等方面着手来考察和分析种植业保险风险的构成（见图4-1），进而构建种植业保险风险区划的风险构成系统（见图4-2和图4-3）。

如图4-1所示，种植业保险风险与农作物的生态环境、生长过程中的自然灾害以及人类活动密切相关，我们将其分解为生长环境、气象灾害、非气象灾害、农作物本身以及人类活动五大要素，逐一分析各要素的风险及其相互关系。

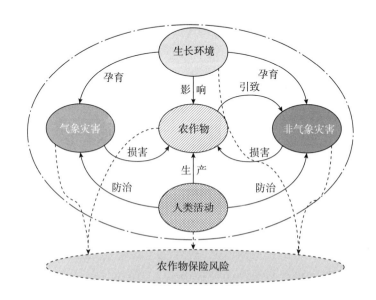

图4-1 农作物生态环境和保险风险构成示意图

农作物的生长环境直接影响着农作物的生长和产量，同时也孕育着气象灾害和非气象灾害。农作物的生长环境主要包括像气温、日照、降水和风速等方面的气象要素，以及诸如地质、地貌、地形起伏、海拔和经纬度之类的地理要素。这些因素对农作物的生长和产量具有直接的影响，比如同等条件下充足的日照可能比日照不足的产量要高，但日照过强也容易导致农作物灼伤而减产；长期阴雨，即使没有引起洪涝，也可能导致农作物减产。在气象要素和地理要素的综合作用下，往往孕育出各种气象灾害，比如降水太少，容易导致干旱；降水太多，容易导致洪涝；气温太低，容易导致冷冻；气温太高，水分蒸发快，更容易引致干旱；山川能阻隔寒冷气流但也可能阻挡暖湿气流。另外，不同的生态环境孕育非气象灾害的风险也有所不同，如高温干旱更容易引发虫灾；地质因素和土地的营养缺失、高温、冷冻和大气污染等，都可能导致农作物病灾的发生。农作物的生长环境，即孕灾稳定性，是种植业保险风险区划需要识别和评估的风险之一。

气象灾害主要包括像干旱、洪涝、风雹、冷冻和高温等各种类型的灾害，非气象灾害则主要包括病、虫、草、鼠等灾害。很显然，气象灾害和非气象灾害都将对农作物的生长有所损害，甚至形成灾情后果。一般来说，农作物不会直接引致气象灾害的发生，但农作物因自身的不同特性，可引致的非气象灾害种类及灾情的大小也不尽相同。比如不同农作物对各种真菌病害的抵御能力不同，可引致不同的病害，其危害程度不一；谷物和小麦等容易引致鸟类的啄食，但棉花引致鸟类损害的概率就很小。气象灾害和非气象灾害都属于致灾因子，不同区域不同作物遭受不同气象灾害和非气象灾害的风险大小不一。气象和非气象致灾因子是种植业保险风险区划需要识别和评估的主要风险之一。

人类在对农作物进行生产的过程中，人类的活动会直接或间接地给农作物带来正面或负面的影响。人类通过深耕细作、除草施肥，或者使用先进的生产技术、对水药肥膜等的合理施用，对农作物的增产产生了较大的影响[248-250]。此外，人们为了获得更好的收成，面对气象灾害和非气象灾害的侵袭，会采取各种各样的防治措施。比如通过修建水库蓄水、修建水渠引水、采用滴灌技术等以应对干旱；采用薄膜和温室技术等以应对低温和风雹；依据土地质量、作物特性和作物的不同生长期，科学合理地施放肥料以应对农作物的营养缺乏；针对虫害和草害，科学合理地施用农药和除草药物；等等。另外，还有一些人类活动虽与农作物的生产不直接相关，但会影响农作物保险风险的大小，如植树造林，既有利于抵御风沙，也可以改善环境。除此以外，人类活动带来的风险可能还与人的态度和积极性相关，如当已经购买了保险的农作物遭受灾害时，农户可能更少地花时间和精力去防治或抢救，因此在农作物保险中，道德风险和逆向选择风险依然存在。总体而言，种植业保险风险区划需要识别和评估与人类活动相关的一些风险，我们称之为生产技术风险。

图 4-1 中的生长环境、气象灾害、非气象灾害和人类活动四个要素的风险最终会在农作物身上得以体现。农作物作为承灾载体或者承灾对象，在以上四个要素的共同作用下，最终以减产的形式将风险表现出来。人类生产农作物、环境影响农作物生长、气象灾害和非气象灾害会对农作物造成损害，但农作物并非遭到灾害侵袭就一定会发生减产或大幅度减产，农作物具有自我修复性，而且不同农作物抵御不同风险的能力也是不一样的。我们采用农作物承灾脆弱性风险来识别和评估不同农作物在不同区域的风险大小。农作物作为风险的最终承载体，其脆弱性风险是种植业保险风险区划需要识别和评估的主要风险之一。

通过对图 4-1 的解析，我们了解到种植业保险风险的五个要素之间既相互独立，又相互联系，加上农作物的自我修复机制，彼此之间形成一种动态转换的风险体系，如图 4-2 所示。

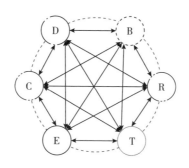

图 4-2 农作物风险动态转换体系

由图 4-2 可知，农作物（C）、农作物生长环境（E）、气象灾害（D）、非气象灾害（B）、农业生产技术（T）和农作物的自我修复机制（R），都对农作物的风险大小产生影响，而且彼此之间可以进行动态转换。比如防治措施得力，可以降低气象灾害和非气象灾害的风险；生产技术水平越高，就越有助于农作物生长，增强其抗风险的能力；农作物自我修复能力越强，抵御灾害侵袭的能力越强，减产风险就越小；人类植树造林，保护环境，其孕灾稳定性风险就越低，相反，如果过度开荒或过度汲取地下水，破坏环境，则将大大增加孕灾环境的不稳定性；不同的气象灾害可能同时伴随不一样的非气象灾害，例如干旱和蝗灾。虽然农作物的各种风险要素之间是相互关联、相互作用的动态转换体系，但各要素之间又是相对独立的，基于此，我们通过各个要素之间的关联和动态转换关系来构造种植业保险风险区划的风险构成体系如图4-3所示。

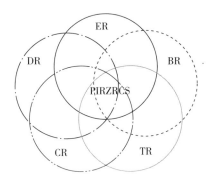

图4-3 种植业保险区划风险构成体系

由图4-3可知，种植业保险风险区划的风险构成系统PIRZRCS由五个风险共同构成，包括孕灾环境稳定性风险（ER）、气象灾害致灾风险（DR）、非气象灾害致灾风险（BR）、生产技术风险（TR）和农作物承灾脆弱性风险（CR）。图4-2中农作物自我修复机制（R）的风险，通过农作物自身的承灾脆弱性一并体现出来。种植业保险风险区划的风险构成系统关系式如下：

$$PIRZRCS = ER \cap DR \cap BR \cap TR \cap CR \tag{4-1}$$

图4-3中所示的种植业保险风险区划的风险构成系统中的五大类风险是否同等重要呢？不可一概而论。一般而言，在种植业保险风险区划中，气象灾害致灾风险（DR）、非气象灾害致灾风险（BR）和农作物承灾脆

弱性风险（CR）相对显得更重要一些，而孕灾环境稳定性风险（ER）和生产技术风险（TR）相对没那么重要。但不同类型或不同目的的保险风险区划，几大要素的重要性不尽相同，需要依据研究的实际需要而设计合理且合适的计算概念模型，并设定不同风险要素之间的重要程度（即权重）。式（4-1）表达的是一个完整的保险风险区划的风险构成系统，但并不一定每一种风险区划都涉及五种风险类型。我们将在下一节，基于图4-3和式（4-1）构建种植业保险风险区划的完整指标体系，并在第六章按照不同类型和目的来进行的风险区划中，采用图4-3或式（4-1）中的一部分或几个部分来进行风险识别和评估，并进行风险等级划分。

第二节　种植业保险风险区划的风险指标体系

种植业保险风险区划研究，指标的选取至关重要，风险区划结果的客观性和准确性有赖于指标的选取。基于上一节构建的PIRZRCS，本小节从农作物的生长环境（孕灾环境）、气象灾害、农作物自身、非气象灾害和人类活动（生产技术）五个方面入手，构建一个全面、综合的种植业保险风险区划指标体系。本节涉及的众多风险指标，大部分是以前人的研究成果为基础进行归纳所得，主要借鉴了：庹国柱和丁少群提出的农作物产量水平、产量变异系数、灾害发生强度和频率、综合气候因素、地理指标、土壤等级、水利设施、作物结构和其他经济技术条件等[93]；邢鹂和钟甫宁主张的粮食单产变异系数、成灾概率、粮食生产专业化程度和粮食生产效率[159]；邢鹂等主张的单产变异系数、旱涝指数、温度距平值、规模指数和效率指数等[169]；张峭和王克主张的成灾、受灾和绝收面积[112]；王国军和赵小静主张的单产、面积、农业保险赔付率、水利设施、灾情数据等[172]；张超和吴瑞芬提出的温度、降水、日照、相对湿度和风速等[114]；叶明华和胡庆康使用的水灾成灾强度和旱灾成灾强度等[163]；关于病虫害和生长期的研究[120-123][134]；以及其他学者的研究[19][161-162]。在具体指标介绍时不再一一列明所借鉴和参考的出处。

一、孕灾环境类指标

孕灾环境指的是孕育灾害发生的环境。孕灾环境主要由气象要素和地理要素组成。气象要素中的气温、日照、降水和风速等孕育着洪涝、干旱、冻灾和风灾等的发生，也可能会引致病灾、虫灾、草灾或者鼠灾的发生；而地理要素中的地形起伏情况、海拔和经纬度等可能孕育着冰雹、地震、山体崩塌、滑坡、泥石流、海啸、台风、干旱和洪涝等多种灾情的发生。此外，由于孕灾环境中各种因素对农作物的作用是共同综合起作用的，不能进行简单的叠加，故还需要形成一个综合的反映孕灾环境的指标。本节根据前人的研究成果进行归纳和扩展。

（一）气象要素

1. 月均气温（MT）

气温变化的频度和幅度，对农作物的生长产生直接影响，同时也预示着气象灾害发生的可能性大小。气温低容易产生冻灾，气温高则水蒸发快，更容易引致干旱。一个区域在一年中的不同月份，差异可能非常巨大。在指标的选取方面，采用年均气温粒度太粗，而日均气温粒度太细，故我们采用区域的月均气温作为基础数据指标。

2. 月气温波动系数（CVMT）

月气温波动系数是基于历年相同月份平均气温数据序列所定义，表示月均气温在历年相同月份的波动程度。定义如下：

$$CVMT_{im}^{T} = \frac{\sqrt{\sum_{t=1}^{T}(MT_{imt} - \overline{MT_{im}})^2/T}}{\overline{MT_{im}}}, \quad m = 1, 2, \cdots, 12 \quad (4-2)$$

其中，MT 表示月均气温，$\overline{MT}$ 表示历年月均气温均值，T 表示期数，下标 i 表示不同区域，下标 m 表示不同月份。

3. 平均气温波动系数（MCVMT）

我们基于月气温波动系数 CVMT，定义平均气温波动系数指标。定义如下：

$$MCVMT_{i(m1\sim m2)}^{T} = \sum_{m=m1}^{m2} \frac{CVMT_{im}^{T}}{(m2-m1+1)}, \quad 1 \leqslant m1 \leqslant m2 \leqslant 12 \quad (4-3)$$

式（4-3）表示从起始月 m1 到结束月 m2 的月气温波动系数的均值。农作物的生长期，一般不是整年而是某几个月度，当我们研究特定农作物时，应该按照其生长期来计算平均气温波动系数指标，比如早稻一般在 3～7 月，晚稻在 7～11 月。对于农作物大类，或当我们对整体的孕灾环境稳定性风险进行研究时，可选择一整年即 1～12 月的整体平均气温波动系数。

4. 月均降水量（MR）

农作物的生长离不开水，区域降水是否相对稳定，对农作物的生长有着直接的影响，降水量过多或过少都不利于农作物的生长。一个区域在一年的不同月份，降水量差异一般都很大。考虑到采用年均降水量粒度太粗，而日均降水量粒度太细，故我们采用区域的月均降水量作为基础数据指标。

5. 月降水波动系数（CVMR）

月降水波动系数是基于历年相同月份平均降水量数据序列所定义，表示月均降水量在历年相同月份的波动程度。定义如下：

$$CVMR_{im}^{T} = \frac{\sqrt{\sum_{t=1}^{T}(MR_{imt} - \overline{MR}_{im})^2/T}}{\overline{MR}_{im}}, \quad m = 1, 2, \cdots, 12 \quad (4-4)$$

其中，MR 表示月均降水，$\overline{MR}$ 表示历年月均降水均值，T 表示期数，下标 i 表示不同区域，下标 m 表示不同月份。

6. 平均降水波动系数（MCVMR）

我们基于月降水波动系数 CVMR 来定义平均降水波动系数指标。定义如下：

$$MCVMR_{i(m1\sim m2)}^{T} = \sum_{m=m1}^{m2} \frac{CVMR_{im}^{T}}{(m2-m1+1)}, \quad 1 \leqslant m1 \leqslant m2 \leqslant 12 \quad (4-5)$$

式（4-5）表示从起始月 m1 到结束月 m2 的月降水波动系数的均值。我们可依据特定农作物的生长期来计算平均降水波动系数指标，比如早稻一般在 3~7 月，晚稻在 7~11 月。对于农作物大类，或当我们对整体的孕灾环境稳定性风险进行研究时，可选择整年即 1~12 月的整体平均降水波动系数。

7. 日照

日照与气温有一定的联系，但不等同于气温。在相同的区域，日照时间长，某一区域的气温可能会有所上升，但受到地形条件、刮风下雨等因素的影响，不同的区域气温不尽相同；在相同的气温下，有的地区日照充分，受地形等因素的影响，其他地区未必日照就充足。日照越是充足越有利于农作物的生长；日照如果过少，可能会引起虫灾或鼠灾。因此可以使用每月或每年的日照小时数作为指标。

8. 风速

风速过高会引起台风等风灾，由于空气流动的不稳定性，一天内的风速变化较大，不好把握，可以使用日平均风速指标。

（二）地理要素

1. 地形起伏度

地形起伏高低可能会引起冰雹、干旱或洪涝等灾害的产生，在这方面，可以使用山地面积作为地形起伏度指标。

2. 海拔

海拔过高的地区相对比较寒冷、气压较低，容易引起冰雹等灾害。可以考虑使用海拔高度作为测量指标。

3. 经纬度

不同的经纬度可能会引起地震、海啸、台风和暴雨等灾情的发生，故可以使用经纬度作为测量指标。

（三）综合指标

在这方面本书使用孕灾环境综合指数 BRI。

我们利用平均气温波动系数 MCVMT、平均降水波动系数 MCVMR 来定义孕灾环境风险指数。我们的定义如下：

$$BRI_i^T = f(MCVMT_i^T, MCVMR_i^T) \qquad (4-6)$$

其中，下标 i 表示区域，f 表示一种函数关系，比较简易的一种函数关系是定义为加权和，即分别赋予各风险因子相应的权重，计算其加权累计，然后进行 [0，1] 的标准化缩放，再乘以 100 作为风险指数。在实际应用中，平均气温波动系数 MCVMT 和平均降水波动系数 MCVMR，我们分别取全年或农作物生长期平均波动系数，或者同时作为风险因子纳入计算模型。

二、气象致灾因素类指标

对于农作物生长来说，致灾因素是指造成农作物遭受损失或产量减少的各种灾害因素，包括灾害种类、规模、强度、概率、等级和频率等。发生灾害的种类越多、规模越大、范围越广、强度越大、概率越大、等级越高、越是频繁，对农作物生长的影响就越大，就越有可能导致农作物产量的降低乃至绝收。

由于造成灾害的后果主要有三种类型（受灾、成灾和绝收），因此可以采用造成三种灾害后果的面积、强度、概率、相对水平以及综合的灾害风险指数进行指标的构建。

（一）灾损面积

1. 受灾面积（HS）

受灾面积（HS_{ikt}）数据来源于各类统计数据。ikt 表示第 t 年第 i 个区域因第 k 种灾害减产一成（10%）以上的农作物种植面积总和。按照中华人民共和国民政部 2013 年 12 月 26 日印发的《自然灾害情况统计制度》有关规定，农作物受灾面积是指因灾减产一成以上的农作物播种面积，如果同一地块的当季农作物多次受灾，只计算一次[1]。

---

[1] 《关于印发〈自然灾害情况统计制度〉的通知》，甘肃政务网，http：//www.gszwf.gov.cn/art/2015/6/26/art_2590_109.html#_Toc371312227.2013-12-26。

2. 成灾面积（DS）

成灾面积（DS_{ikt}）数据来源于各类统计数据，其下角标的三个英文字母表示第 t 年第 i 个区域因第 k 种灾害减产三成以上的农作物种植面积总和。按照中华人民共和国民政部 2013 年 12 月 26 日印发的《自然灾害情况统计制度》有关规定，成灾面积指农作物受灾面积中，因灾减产三成以上的农作物播种面积。

3. 绝收面积（FS）

绝收面积（FS_{ikt}）数据也来源于各类统计数据，ikt 表示第 t 年第 i 个区域因第 k 种灾害减产八成以上的农作物种植面积总和。按照中华人民共和国民政部 2013 年 12 月 26 日印发的《自然灾害情况统计制度》有关规定，绝收面积指农作物受灾面积中，因灾减产八成以上的农作物播种面积。

从有关定义来看，受灾面积包含了成灾面积，而成灾面积包含了绝收面积。

（二）灾损强度

1. 受灾强度（RHS）

受灾面积在区域之间不宜做直接比较，如某个时期内一个地区 A 玉米受灾面积为 100 亩，另一个地区 B 玉米受灾面积为 200 亩，不能简单地进行比较说地区 B 玉米的受灾风险更高，因为假设地区 A 各种农作物的种植面积为 1 万亩，而地区 B 各种农作物的种植面积为 10 万亩，则地区 A 玉米受灾面积占总种植面积的 1%，而地区 B 玉米受灾面积仅占总种植面积的 0.2%，反而是地区 A 玉米的受灾风险更高。因此这里引入受灾强度指标。本书定义受灾强度指标如下：

$$RHS_{ikt} = HS_{ikt}/S_{it}, \quad t = 1, 2, \cdots, T \tag{4-7}$$

其中，HS_{ikt} 表示第 t 期第 i 个区域第 k 类灾害受灾面积，S_{it} 表示第 t 期第 i 个区域所有农作物种植面积。RHS_{ikt} 表示第 t 年第 i 个区域第 k 类灾害受灾面积占农作物种植面积的比重，其值越大，反映该区域 k 类灾害强度越大。

2. 成灾强度（RDS）

同样，成灾面积也不宜在区域之间做直接比较以说明受灾风险的大小，也需要引入成灾强度指标。本书定义成灾强度指标如下：

$$RDS_{ikt} = DS_{ikt}/S_{it}, \quad t = 1, 2, \cdots, T \tag{4-8}$$

其中，DS_{ikt} 表示第 t 期第 i 个区域第 k 类灾害成灾面积，S_{it} 表示第 t 期第 i 个区域所有农作物种植面积。RDS_{ikt} 表示第 t 年第 i 个区域第 k 类灾害成灾面积占农作物种植面积的比重，其值越大，反映该区域 k 类灾害强度越大。

3. 绝收强度（RFS）

基于同样的原因，本书引入绝收强度指标并定义如下：

$$RFS_{ikt} = DS_{ikt}/S_{it}, \quad t = 1, 2, \cdots, T \tag{4-9}$$

其中，FS_{ikt} 表示第 t 期第 i 个区域第 k 类灾害绝收面积，S_{it} 表示第 t 期第 i 个区域所有农作物种植面积。RFS_{ikt} 表示第 t 年第 i 个区域第 k 类灾害绝收面积占农作物种植面积的比重，其值越大，反映该区域 k 类灾害强度越大。

4. 平均受灾强度（RAHS）

上述受灾强度指标主要衡量的是某个时期的受灾强度，而多期的受灾强度可以采用平均受灾强度指标进行灾损的风险测量。本书定义平均受灾强度指标为：

$$RAHS_{ik}^{T} = \sum_{t=1}^{T} HS_{ikt} \Big/ \sum_{t=1}^{T} S_{it} \tag{4-10}$$

其中，HS_{ikt} 表示第 t 期第 i 个区域第 k 类灾害受灾面积，S_{it} 表示第 t 期第 i 个区域所有农作物种植面积。$RAHS_{ik}^{T}$ 表示 T 年内第 i 个区域第 k 类灾害受灾总面积占农作物种植总面积的比例，其值越大，反映该区域 k 类灾害风险越大。

5. 平均成灾强度（RADS）

基于同样的原因，我们定义平均成灾强度指标如下：

$$RADS_{ik}^{T} = \sum_{t=1}^{T} DS_{ikt} \Big/ \sum_{t=1}^{T} S_{it} \tag{4-11}$$

其中，DS_{ikt} 表示第 t 期第 i 个区域第 k 类灾害成灾面积，S_{it} 表示第 t 期第 i 个区域所有农作物种植面积。$RADS_{ik}^{T}$ 表示 T 年内第 i 个区域第 k 类灾害成灾总面积占农作物种植总面积的比例，其值越大，反映该区域 k 类重大灾害风险越大。

6. 平均绝收强度（RAFS）

同理，我们定义平均绝收强度指标如下：

$$RAFS_{ik}^{T} = \sum_{t=1}^{T} FS_{ikt} \Big/ \sum_{t=1}^{T} S_{it} \qquad (4-12)$$

其中，FS_{ikt} 表示第 t 期第 i 个区域第 k 类灾害绝收面积，S_{it} 表示第 t 期第 i 个区域所有农作物种植面积。$RAFS_{ik}^{T}$ 表示 T 年内第 i 个区域第 k 类灾害绝收总面积占农作物种植总面积的比例，其值越大，反映该区域 k 类严重灾害风险越大。

（三）灾损概率

1. 受灾概率（PHS）

受灾概率是受灾强度超过某一指定阈值 r 的发生概率，本书采用正态信息扩散模型来进行估计（具体模型和估计参见第五章第一节）。对于受灾概率（PHS），本书做出如下定义：

$$PHS_{ik}^{rT} = Pr(正态扩散估计 k 类灾害受灾强度 \geq r\%) \qquad (4-13)$$

其中，Pr 表示求满足条件的概率。

2. 成灾概率（PDS）

类似地，成灾概率是成灾强度超过某一指定阈值 r 的发生概率，本书同样采用正态信息扩散模型来进行估计（具体模型和估计参见第五章第一节）。本书定义的成灾概率（PDS）如下：

$$PDS_{ik}^{rT} = Pr(正态扩散估计 k 类灾害成灾强度 \geq r\%) \qquad (4-14)$$

其中，Pr 表示求满足条件的概率。

3. 绝收概率（PFS）

同样，绝收概率是指绝收强度超过某一指定阈值 r 的发生概率，本书仍然采用正态信息扩散模型来进行估计（具体模型和估计参见第五章第一节）。本书定义的绝收概率（PFS）如下：

$$\text{PFS}_{ik}^{T} = \text{Pr}(\text{正态扩散估计 k 类灾害绝收强度} \geqslant r\%) \tag{4-15}$$

其中，Pr 表示求满足条件的概率。

（四）灾损相对水平

1. 受灾相对水平（RLHS）

与前文提到的受灾强度指标（RHS）只衡量了某个时期的风险程度不同，受灾相对水平（RLHS）衡量的是多个时期农作物灾损的风险情况。本书定义的受灾相对水平指标如下：

$$\text{RLHS}_{ik}^{T} = \frac{\sum\limits_{t=1}^{T} \text{HS}_{ikt} \Big/ \sum\limits_{t=1}^{T} \text{S}_{it}}{\sum\limits_{t=1}^{T} \text{HS}_{kt} \Big/ \sum\limits_{t=1}^{T} \text{S}_{t}} \tag{4-16}$$

其中，HS_{ikt} 表示第 t 期第 i 个区域第 k 类灾害受灾面积，S_{it} 表示第 t 期第 i 个区域所有农作物种植面积，分子表示 T 年内第 i 个区域第 k 类灾害平均受灾强度；HS_{kt} 表示第 t 期所有区域第 k 类灾害受灾面积，S_{t} 表示第 t 期所有区域所有农作物种植面积，分母表示 T 年内所有区域第 k 类灾害平均受灾强度。$\text{RLHS}_{ik}^{T} > 1$（或 <1），表示与整体所有区域相比，第 i 个区域第 k 类灾害受灾强度较大（或较小），伴随着较大（或较小）的第 k 类灾害风险。

2. 成灾相对水平（RLDS）

类似地，本书采用成灾相对水平（RLDS）指标测量多个时期农作物灾损的风险并做如下定义：

$$\text{RLDS}_{ik}^{T} = \frac{\sum\limits_{t=1}^{T} \text{DS}_{ikt} \Big/ \sum\limits_{t=1}^{T} \text{S}_{it}}{\sum\limits_{t=1}^{T} \text{DS}_{kt} \Big/ \sum\limits_{t=1}^{T} \text{S}_{t}} \tag{4-17}$$

其中，DS_{ikt} 表示第 t 期第 i 个区域第 k 类灾害成灾面积，S_{it} 表示第 t 期第 i 个区域所有农作物种植面积，分子表示 T 年内第 i 个区域第 k 类灾害平均成灾强度，DS_{kt} 表示第 t 期所有区域第 k 类灾害受灾面积，S_{t} 表示第 t 期所有区域所有农作物种植面积，分母表示 T 年内所有区域第 k 类灾害平均成灾强度。$RLDS_{ik}^T > 1$（或 <1），表示与整体所有区域相比，第 i 个区域第 k 类灾害成灾强度较大（或较小），伴随着较大（或较小）的第 k 类灾害风险。

3. 绝收相对水平（RLFS）

基于同样的原因，本书采用绝收相对水平（RLFS）指标测量多个时期农作物灾损的风险并做如下定义：

$$RLFS_{ik}^T = \frac{\sum_{t=1}^{T} FS_{ikt} \Big/ \sum_{t=1}^{T} S_{it}}{\sum_{t=1}^{T} FS_{kt} \Big/ \sum_{t=1}^{T} S_t} \qquad (4-18)$$

其中，FS_{ikt} 表示第 t 期第 i 个区域第 k 类灾害绝收面积，S_{it} 表示第 t 期第 i 个区域所有农作物种植面积，分子表示 T 年内第 i 个区域第 k 类灾害平均绝收强度；FS_{kt} 表示第 t 期所有区域第 k 类灾害绝收面积，S_t 表示第 t 期所有区域所有农作物种植面积，分母表示 T 年内所有区域第 k 类灾害平均绝收强度。$RLFS_{ik}^T > 1$（或 <1），表示与整体所有区域相比，第 i 个区域第 k 类灾害绝收强度较大（或较小），伴随着较大（或较小）的第 k 类灾害风险。

（五）综合指标

在这方面本书使用灾害风险指数 DRI。

我们利用平均受灾强度 $RAHS_{ik}^T$、平均成灾强度 $RADS_{ik}^T$、平均绝收强度 $RAFS_{ik}^T$、受灾概率 PHS_{ik}^T、成灾概率 PDS_{ik}^T、绝收概率 PFS_{ik}^T、受灾相对水平 $RLHS_{ik}^T$、成灾相对水平 $RLDS_{ik}^T$、绝收相对水平 $RLFS_{ik}^T$ 等指标来定义灾害风险指数。从实际表示的风险内涵来看，平均受灾强度 $RAHS_{ik}^T$、平均成灾强度 $RADS_{ik}^T$、平均绝收强度 $RAFS_{ik}^T$ 表示的是一种绝对水平，受灾相对水平 $RLHS_{ik}^T$、成灾相对水平 $RLDS_{ik}^T$、绝收相对水平 $RLFS_{ik}^T$ 表示的是一种相对水平，但其表示的风险内涵是一致的。在定义风险指数时，采用绝对水平或相对水平皆可。

定义 1：$DRI_{ik}^T = f(RAHS_{ik}^T, RADS_{ik}^T, RAFS_{ik}^T, PHS_{ik}^T, PDS_{ik}^T, PFS_{ik}^T)$

$$\qquad (4-19)$$

定义 2：$DRI_{ik}^T = f(PHS_{ik}^T, PDS_{ik}^T, PFS_{ik}^T, RLHS_{ik}^T, RLDS_{ik}^T, RLFS_{ik}^T)$

$$(4-20)$$

其中，i 表示区域，k 表示灾害类，f 表示一种函数关系，比较简易的一种函数关系是定义成加权和，即分别赋予平均受灾强度 $RAHS_{ik}^T$、平均成灾强度 $RADS_{ik}^T$、平均绝收强度 $RAFS_{ik}^T$、受灾概率 PHS_{ik}^T、成灾概率 PDS_{ik}^T、绝收概率 PFS_{ik}^T、受灾相对水平 $RLHS_{ik}^T$、成灾相对水平 $RLDS_{ik}^T$、绝收相对水平 $RLFS_{ik}^T$ 相应的权重，计算其加权累计，然后进行 [0，1] 的标准化缩放，再乘以 100 作为风险指数。具体如何设定权重，请参阅第六章第三节第二小节灾害风险指标权重测算章节。

三、承灾载体类指标

承灾载体指的是承受灾害的载体，本书中指的是农作物本身。衡量农作物在经历了各种灾害（无论有无）之后的最终结果就是农作物的产量。由于保险机构关注的是农作物的产量，而农作物的历史单产及预期的单产水平对保险费率起到重要的参考作用，因此这里我们将重点放在对单产的各种测量指标，并由此形成基础指标、各类单产指标、种植密度和生产规模相对水平指标以及综合指标共四类指标。

（一）面积和产量

1. 种植面积（S）

种植面积（S）的大小可以在一定程度上反映农作物所遭受灾害的可能性。一般而言，种植面积越大，农作物可能遭受的灾害风险就越大。

种植面积指标来源于各类统计数据，使用符号 S_{ijt} 来进行表征，ijt 表示第 t 年第 j 种农作物在第 i 个区域的种植面积总和。

2. 产量（SY）

这里我们以农作物的产量（SY）为基础进行后续的指标建构。我们定义产量为 SY_{ijt}，数据来源于各类统计数据。该指标表示第 t 年第 j 种农作物在第 i 个区域的产量总和。产量 SY 用于联合种植面积 S 计算单位面积产量。

（二）实际单产指标

1. 单产（Y）

我们定义的单产（Y）为：

$$Y_{ijt} = SY_{ijt}/S_{ijt} \qquad (4-21)$$

式（4-21）表示第 t 年第 j 种农作物在第 i 个区域的单位面积产量，简称单产。单产 Y 数据主要来自各类统计数据，但部分单产数据是依据种植面积 S 和总产量 SY 计算所得。为保证计算的正确性，我们还将计算结果与直接从各类统计数据获得的单产数据进行核对和校对。

2. 平均单产相对水平（RLAY）

农作物生产，单产越高往往伴随的自然风险也越高。我们定义单产相对水平指标来反映遭受同等程度的自然灾害情形下单产下降的幅度大小和相对风险。我们定义：

$$RLY_{ij}^{T} = \overline{Y}_{ij}^{T}/\overline{Y}_{j}^{T} \qquad (4-22)$$

其中，i 表示第 i 个区域，j 表示第 j 种农作物，T 表示一共 T 年。$\overline{Y}_{ij}^{T}$ 表示 T 年内第 i 个区域第 j 种农作物的单产平均值，$\overline{Y}_{j}^{T}$ 表示 T 年内所有区域第 j 种农作物的单产平均值。$RLAY_{ij}^{T}<1$（或>1），表示与所有区域平均水平相比，第 i 个区域第 j 种农作物单产处于相对劣势（或相对优势），在遭受同等程度的自然灾害情形下单产下降的幅度会较小（或较大），风险相对较大（或较小）。为了简洁，对确定的农作物种类，采用省略 j 的方式来表述。

3. 单产下降期占比（RYDP）

农作物产量一般情况下与生产技术和生产率呈正相关关系，且年份之间是递增的，如果相对上年单产下降，且超过自然波动幅度阈值（如设定 5%），可以认为是遭受了自然灾害。因此我们定义单产下降期占比指标来反映发生自然灾害的可能性。我们定义：

$$RYDP_{ij}^{rT} = count(Y_{ij}^{t}/Y_{ij}^{t-1}<1-r\%)/T, \quad t=2, 3, \cdots, T \qquad (4-23)$$

其中，i 表示第 i 个区域，j 表示第 j 种农作物，T 表示一共 T 年，Y_{ij}^{t} 表示在 t 年第 i 个区域第 j 种农作物实际单产，Y_{ij}^{t-1} 表示第 i 个区域第 j 种农作物在 t 年的上一年度的实际单产，r 表示判定上下年之间单产下降的幅度阈值为 r%，r 值可依据实际需要设定不同的值，如 r＝5 表示自然波动幅度阈值设定为 5%。函数 count 表示计数，即当本年相对上年单产下降超过 r% 时计数为 1，否则计数为 0。$RYDP_{ij}^{rT}$ 的取值为 0～1，比重值越大，代表第 i 个区域发生自然灾害的可能性越大，自然风险也越大，但需要注意的是，这并不等于发生自然灾害的概率。

4. 单产减产率超阈值期占比（RRRYDP）

依据减产率定义，我们可以再定义减产率超过某个预定阈值（如 10%、20%、40%）的年份数量与年份总数的比值，称为单产减产率超阈值占比。我们定义：

$$RRRYDP_{ij}^{rT} = count(RRY_{ijt} < -r\%)/T, \quad t = 1, 2, \cdots, T \tag{4-24}$$

其中，i 表示第 i 个区域，j 表示第 j 种农作物，T 表示一共 T 年，RRY_{ijt} 表示第 t 期第 i 个区域第 j 种农作物单产减产率，r 表示判定单产减产率幅度阈值为 r%，r 值可依据实际需要设定不同的值，如 r＝10 表示减产率幅度阈值设定为 10%。函数 count 表示计数，即当减产率绝对值超过 r%（也即减产率小于 −r%）时计数为 1，否则计数为 0。$RRRYDP_{ij}^{rT}$ 的取值为 0～1，比重值越大，代表第 i 个区域自然风险也越大。

5. 单产下降概率（PYD）

某区域农作物生产，其单产下降的概率，可以反映该区域的自然风险。我们将上下年单产变化量 $\Delta Y_{ijt} = Y_{ijt} - Y_{ij(t-1)}$，t = 2, 3, ⋯, T 看作随机变量，并假设其服从正态分布，即 $\Delta Y_{ijt} \sim N(\mu, \sigma^2)$，其中 $\mu = \sum_{t=2}^{T} \Delta Y_{ijt} S_{ijt} \Big/ \sum_{t=1}^{T} S_{ijt}$，

$\sigma = \sqrt{\sum_{t=2}^{T} (\Delta Y_{ijt} - \mu)^2 S_{ijt} \Big/ \sum_{t=1}^{T} S_{ijt}}$，其中，$S_{ijt}$ 表示第 t 年第 j 种农作物在第 i 个区域的种植面积总和，Y_{ijt} 表示第 t 年第 j 种农作物在第 i 个区域的实际单产，$Y_{ij(t-1)}$ 表示第 j 种农作物第 i 个区域在 t 年的上一年度的实际单产。单产下降概率定义和计算如下：

$$PYD_{ij}^{T} = Pr(\Delta Y_{ijt} < 0) = Pr\left(\frac{\Delta Y_{ijt} - \mu}{\sigma} < \frac{-\mu}{\sigma}\right) = \Phi\left(\frac{-\mu}{\sigma}\right) \tag{4-25}$$

在上述表述和定义中，Pr 表示求满足条件的概率，Φ 是计算标准正态分布概率的函数。

6. 实际单产变异系数（CVR）

实际单产变异系数是基于实际单产和实际平均单产所定义的单产波动和变异系数指标。定义：

$$CVR_{ij}^{T} = \frac{\sqrt{\sum_{t=0}^{T-1}(Y_{ij} - \overline{Y}_{ij})^2 / (T-1)}}{\overline{Y}_{ij}} \qquad (4-26)$$

其中，Y 表示实际单产，$\overline{Y}$ 表示实际单产均值，T 表示期数，i 表示不同区域，j 表示不同作物种类。实际单产变异系数 CVR_i^T 实际上是按照实际单产数据的标准差除以均值计算所得。

（三）趋势单产指标

1. 趋势单产（$\hat{Y}$）

我们可将农作物生产的各种影响因素分成两大类：一类是生产技术和生产率因素，包括各种农业基础设施和农业生产技术等；另一类是自然风险因素，包括各种自然灾害。农作物单产时间序列按照这两种影响因素分解成两个部分：趋势单产和自然风险单产，即：$Y_{ijt} = \hat{Y}_{ijt} + e_{ijt}$，其中 Y_{ijt} 表示第 t 期第 i 个区域第 j 种农作物实际单位产量，$\hat{Y}_{ijt}$ 表示第 t 期第 i 个区域第 j 种农作物由生产率因素决定的趋势单位产量，e_{ijt} 表示第 t 期第 i 个区域第 j 种农作物由自然风险因素决定的自然风险单位产量。趋势单产 $\hat{Y}_{ijt}$ 如何通过实际单产序列 Y_{ijt} 来估计和预测，请参阅第六章农作物趋势单产和单产变异估计各章节内容。

2. 自然风险单产（eY）

农作物因自然风险而导致的产量波动，我们称之为自然风险单产 eY，依据实际单产和趋势单产之间的关系，我们知道自然风险单产可表示为：

$$eY_{ijt} = Y_{ijt} - \hat{Y}_{ijt} \qquad (4-27)$$

其中，Y_{ijt} 表示实际单产，$\hat{Y}_{ijt}$ 表示趋势单产。自然风险单产 eY_{ijt} 如何获得，请参阅第六章农作物趋势单产和单产变异各章节。

3. 单产减产率（RRY）

依据自然风险单产的定义式（4-27），两边都除以趋势单产 $\hat{Y}_{ijt}$，则可得：

$$\frac{eY_{ijt}}{\hat{Y}_{ijt}} = \frac{Y_{ijt}}{\hat{Y}_{ijt}} - 1 \tag{4-28}$$

其中，等式左边的含义为自然风险单产与趋势单产的相对比值，即相对自然风险单产，且不受各区域单产水平的影响，也不受不同时期农业生产技术水平的影响；等式右边表明了实际单产偏离趋势单产的波动幅度，表示的是减产率或增产率。我们研究的农作物保险风险区划，增产不作为风险比较和划分依据，因此，我们可定义减产率如下：

$$RRY_{ijt} = \begin{cases} Y_{ijt}/\hat{Y}_{ijt} - 1, & Y_{ijt} < \hat{Y}_{ijt} \\ 0, & Y_{ijt} \geqslant \hat{Y}_{ijt} \end{cases} \tag{4-29}$$

也即当实际单产小于趋势单产时，取其比值再减掉 1，当实际单产大于等于趋势单产时，取值为 0。在上述定义和描述中，Y_{ijt} 表示第 t 期第 i 个区域第 j 种农作物实际单位产量，$\hat{Y}_{ijt}$ 表示第 t 期第 i 个区域第 j 种农作物趋势单位产量，e_{ijt} 表示第 t 期第 i 个区域第 j 种农作物自然风险单位产量。

4. 加权平均单产减产率（WARRY）

依据单产减产率的定义，利用农作物种植面积作为权重，来定义加权平均单产减产率。定义：

$$WARRY_{ij}^{T} = \sum_{t=1}^{T} RRY_{ijt}S_{ijt} \Big/ \sum_{t=1}^{T} S_{ijt}, \ RRY_{ijt} \leqslant 0 \tag{4-30}$$

其中，RRY_{ijt} 表示第 t 期第 i 个区域第 j 种农作物单产减产率，S_{ijt} 表示第 t 期第 i 个区域第 j 种农作物种植面积。加权平均单产减产率指标反映 T 年内所有年份单产的平均减产水平，与 T 年内各年的单产变化都相关，同时反映了自然灾害风险对农作物单产的平均影响程度。$WARRY_{ij}^{T}$ 指标数值越小（或绝对值越大），反映区域 i 的自然灾害风险越大。

5. 单产减产率加权标准差（WADRRY）

为了反映区域之间的农作物生产的稳定性，以农作物种植面积作为方差权重，我们可定义单产减产率加权标准差，来反映各区域减产率的波动幅度。定义：

$$WADRRY_{ij}^T = \sqrt{\sum_{t=1}^{T} (RRY_{ijt} - \overline{RRY_{ij}^T})^2 S_{ijt} \Big/ \sum_{t=1}^{T} S_{ijt}} \qquad (4-31)$$

其中，RRY_{ijt} 表示第 t 期第 i 个区域第 j 种农作物单产减产率，$\overline{RRY_{ij}^T}$ 表示第 i 个区域第 j 种农作物在 T 期内的平均单产减产率，S_{ijt} 表示第 t 期第 i 个区域第 j 种农作物种植面积。

单产减产率标准差 $WADRRY_{ij}^T$ 代表减产率的波动程度，其数值越大，预示着该区域农作物生产单产水平大起大落较为频繁，重大自然灾害发生的可能性越大；其数值越小，预示着农作物生产相对平稳，重大自然灾害发生的可能性越小。

6. 趋势单产变异系数（CVT）

趋势单产变异系数是基于实际单产和趋势单产所定义的单产波动和变异系数指标，这是一个综合性指标。定义：

$$CVT_{ij}^T = \frac{\sqrt{\sum_{t=0}^{T-1} (Y_{ij} - \hat{Y}_{ij})^2 / (T-1)}}{\overline{Y}_{ij}} \qquad (4-32)$$

其中，Y 表示实际单产，$\overline{Y}$ 表示实际单产均值，$\hat{Y}$ 表示趋势单产，T 表示期数，i 表示不同区域，j 表示不同作物种类。趋势单产变异系数 CVT_i^T 与实际单产变异系数 CVR_i^T 所反映的风险不尽相同，趋势单产变异系数 CVT_i^T 更多地反映了自然风险导致的变异，而实际单产变异系数 CVR_i^T 更多的是体现波动。通过趋势单产估计获得趋势单产（参阅第六章农作物趋势单产和单产变异各章节），依据式（4-32）计算可得趋势单产变异系数 CVT。

（四）种植密度和生产规模

1. 种植密度（PDI）

农作物种植密度是在单位面积上按合理的种植方式种植的植株数量，种植密度的科学性和合理性对农作物单位产量水平和抵抗灾害侵袭能力有一定的影响。但目前尚难以定义合适的种植密度指数 PDI 值来横向比较区域之间的风险差异。

2. 生产规模相对水平（RLPS）

农作物生产规模是种植制度、资源禀赋和市场需求等因素相互作用的结果，在一定程度上可以反映一个区域易受灾害损失的程度。一个区域某种农作物种植面积比重越大，那么相对而言，该种农作物受自然灾害影响的程度也就越大。我们通过定义生产规模相对水平指标来进行区域之间的比较。我们定义：

$$RLPS_{ij}^{T} = \frac{\sum\limits_{t=1}^{T} S_{ijt} \Big/ \sum\limits_{t=1}^{T} S_{it}}{\sum\limits_{t=1}^{T} S_{jt} \Big/ \sum\limits_{t=1}^{T} S_{t}} \tag{4-33}$$

其中，S_{ijt} 表示第 t 期第 i 个区域第 j 种农作物种植面积，S_{it} 表示第 t 期第 i 个区域所有农作物种植面积，分子表示 T 年内第 i 个区域第 j 种农作物种植面积总和与所有农作物种植面积总和之比；S_{jt} 表示第 t 期所有区域第 j 种农作物种植面积，S_{t} 表示第 t 期所有区域所有农作物种植面积，分母表示 T 年内所有区域第 j 种农作物种植面积总和与所有农作物种植面积总和之比。$RLPS_{ij}^{T} > 1$（或 <1），表示与整体所有区域相比，第 i 个区域第 j 种农作物的生产规模较大（或较小），伴随着较大（或较小）的自然风险。

（五）综合指标

这里本书使用农作物风险指数 CRI。

我们利用加权平均单产减产率 WARRY、单产减产率加权标准差 WADRRY、平均单产相对水平 RLAY、单产下降期占比 RYDP、单产减产率超阈值期占比 RRRYDP、单产下降概率 PYD、实际单产变异系数 CVR、趋势单产变异系数 CVT、生产规模相对水平 RLPS 等指标来定义农作物承灾风险指数。我们的定义如下：

$$CRI_{ij}^{T} = f(CVT_{ij}^{T}, CVR_{ij}^{T}, WARRY_{ij}^{T}, WADRRY_{ij}^{T}, RALY_{ij}^{T}, RYDP_{ij}^{T},$$
$$RRRYDP_{ij}^{T}, PYD_{ij}^{T}, RLPS_{ij}^{T}) \tag{4-34}$$

其中，i 表示区域，j 表示农作物种类，f 表示一种函数关系，比较简易的一种函数关系是定义为加权和，即分别赋予各风险因子相应的权重，计算其加权累计，然后进行 [0，1] 的标准化缩放，再乘以 100 作为风险指数。具体如何设定权重，参阅第六章第三节第三小节农作物承灾风险指标权重测算章节。

四、非气象致灾因素类指标

农作物致灾因素，除了气象因素，还有病害、虫害、草害和鼠害等非气象致灾因素，我们通过这些非气象致灾因素引致的灾情后果，即实际损失来定义相关指标，以评估病虫草鼠害风险。

1. 实际损失（AL）

实际损失是指农作物遭受病虫草鼠害所引致的灾情后果。我们定义实际损失为 AL_{ijt}，数据来源于各类统计数据。该指标表示第 t 年第 j 种农作物在第 i 个区域遭受病虫草鼠害导致的实际损失量。

2. 单位面积损失（UL）

我们定义的单位面积损失（UL）为：

$$UL_{ijt} = AL_{ijt}/S_{ijt} \tag{4-35}$$

式（4-35）表示第 t 年第 j 种农作物在第 i 个区域的单位面积损失。单位面积损失 UL 是依据种植面积 S 和实际损失 AL 计算所得。

3. 损失比（RAL）

农作物遭受病虫草鼠害引致的损失相对该农作物的总产量的比重，在一定程度上可反映农作物病虫草鼠害风险的大小，比重值越大，则风险越大。我们定义：

$$RAL_{ijt} = AL_{ijt}/(SY_{ijt} + AL_{ijt}) \tag{4-36}$$

式（4-36）表示第 t 年第 j 种农作物在第 i 个区域的损失比。因实际产量不包括灾害所造成的损失，分母采用实际产量与损失之和。损失比的值介于 0~1，值越大，表示风险越大。同时，为了简便，我们用不带下标 t 的损失比指标 RAL_{ij} 代表观察期内的平均损失比，即：

$$RAL_{ij}^{T} = \sum_{t=1}^{T} AL_{ijt} \Big/ \sum_{t=1}^{T} S_{ijt} \tag{4-37}$$

4. 单位面积损失相对水平（RLUL）

我们将单位面积损失相对水平（RLUL）定义为：

$$RLUL_{ij}^T = \frac{\sum_{t=1}^{T} AL_{ijt} \bigg/ \sum_{t=1}^{T} S_{ijt}}{\sum_{t=1}^{T} AL_{jt} \bigg/ \sum_{t=1}^{T} S_{jt}} \tag{4-38}$$

其中，AL_{ijt} 表示第 t 期第 i 个区域第 j 种农作物实际损失，S_{ijt} 表示第 t 期第 i 个区域第 j 种农作物种植面积，分子表示 T 年内第 i 个区域第 j 种农作物实际损失总和与种植面积总和之比，也可以理解为平均单位面积损失；AL_{jt} 表示第 t 期所有区域第 j 种农作物实际损失，S_{jt} 表示第 t 期所有区域第 j 种农作物种植面积，分母表示 T 年内所有区域实际损失总和与种植面积总和之比。$|RLIS_{ij}^T| > 1$（或 <1），表示与整体所有区域相比，第 i 个区域的单位面积损失较高（或较低），具有着较高（或较低）的风险。

5. 病虫草鼠害风险指数（BRI）

我们利用平均损失比 RAL 和单位面积损失相对水平 RLUL 等指标，来定义病虫草鼠风险指数 BRI。定义如下：

$$BRI_{ij}^T = f(RAL_{ij}^T, RLUL_{ij}^T, WCS_{ij}^T) \tag{4-39}$$

其中，i 表示区域，j 表示农作物种类，f 表示一种函数关系，定义为采用作物种植结构比重作为权重的加权和，然后进行 [0，1] 的标准化缩放，再乘以 100 作为风险指数。其中作物结构比重的计算如下：

$$WCS_{ij}^T = \sum_{t=1}^{T} S_{ijt} \bigg/ \sum_{t=1}^{T} S_{it} \tag{4-40}$$

其中，S_{ijt} 表示第 t 期第 i 个区域第 j 种农作物种植面积，S_{jt} 表示第 t 期所有区域第 j 种农作物种植面积。

五、生产技术类指标

随着经济社会和科技的进步，农作物的生产技术和一些农机具的使用也获得了长足的进步。近年来随着节水农业技术的推广，中国多数省份的优化灌溉制度和灌溉方式日趋成熟。在灌溉制度方面，实行了调亏灌溉，大大减少了灌溉次数和灌溉量；在灌溉方式方面，低压管道和小畦灌溉，避免了大水漫灌和土垄沟的输水损失。此外，中国农业机械化在推广秸秆机械化还田、提高土壤肥力等方面取得了较大的进步，土壤肥力的提高对获得粮食高产和农业持续发展提供了保证[251-252]。

我们这里使用灌溉面积、除涝面积、农用化肥施用量、农用塑料薄膜使用量及其相对水平指标以反映生产技术给农作物产量带来的各种风险度量。

（一）基础指标

1. 有效灌溉面积（IS）

有效灌溉面积（IS）指标来源于各类统计数据。IS_{it} 表示第 t 年在第 i 个区域的有效灌溉面积总和。有效灌溉面积一般小于种植面积，有效灌溉面积与种植面积的比值越大，某种程度上表明该区域抗旱能力越好。

2. 除涝面积（QS）

除涝面积（QS）指标来源于各类统计数据。QS_{it} 表示第 t 年在第 i 个区域的除涝面积总和。除涝面积一般小于种植面积，除涝面积与种植面积的比值越大，某种程度上表明该区域抗洪涝能力越好。

3. 农业机械总动力（MP）

农业机械总动力（MP）指标有关数据来源于各类统计数据。MP_{it} 表示第 i 个区域在第 t 年拥有和使用的农业机械动力总和。农业机械总动力与种植面积的比值越大，表明该区域机械化耕作水平越高，生产技术更先进，抗风险能力更强。

4. 农用化肥施用量（CFQ）

农用化肥施用量（CFQ）指标来源于各类统计数据。CFQ_{it} 表示第 i 个区域在第 t 年施用的农用化肥数量总和。农用化肥施用量与种植面积的比值越大，某种程度上表明该区域作物保持稳定产量的可能性越高，因植物生长营养等方面带来的减产风险更少。

5. 农用塑料薄膜使用量（PFQ）

农用塑料薄膜使用量（PFQ）指标来源于各类统计数据。PFQ_{it} 表示第 i 个区域在第 t 年使用的农用塑料薄膜数量总和。农用塑料薄膜使用量与种植面积的比值越大，某种程度上表明该区域耕作的温室技术水平越高，抗冷冻和风雹能力越高。

（二）相对水平指标

1. 有效灌溉相对水平（RLIS）

我们将有效灌溉相对水平（RLIS）定义为：

$$RLIS_{ij}^{T} = -\frac{\sum_{t=1}^{T} IS_{it} \Big/ \sum_{t=1}^{T} S_{it}}{\sum_{t=1}^{T} IS_{t} \Big/ \sum_{t=1}^{T} S_{t}} \qquad (4-41)$$

其中，IS_{it} 表示第 t 期第 i 个区域有效灌溉面积，S_{it} 表示第 t 期第 i 个区域所有农作物种植面积，分子表示 T 年内第 i 个区域有效灌溉面积总和与所有农作物种植面积总和之比；IS_{t} 表示第 t 期所有区域有效灌溉面积，S_{t} 表示第 t 期所有区域所有农作物种植面积，分母表示 T 年内所有区域有效灌溉面积总和与所有农作物种植面积总和之比。$|RLIS_{ij}^{T}|>1$（或<1），表示与整体所有区域相比，第 i 个区域的有效灌溉率较高（或较低），具有着较高（或较低）的抗自然风险能力。反过来看，绝对值越小，表明风险越大，所以取负值作为风险区划指标。

2. 除涝相对水平（RLQS）

除涝相对水平（RLQS）是一个相对指标。我们将其定义为：

$$RLQS_{ij}^{T} = -\frac{\sum_{t=1}^{T} QS_{it} \Big/ \sum_{t=1}^{T} S_{it}}{\sum_{t=1}^{T} QS_{t} \Big/ \sum_{t=1}^{T} S_{t}} \qquad (4-42)$$

其中，QS_{it} 表示第 t 期第 i 个区域除涝面积，S_{it} 表示第 t 期第 i 个区域所有农作物种植面积，分子表示 T 年内第 i 个区域除涝面积总和与所有农作物种植面积总和之比；QS_{t} 表示第 t 期所有区域除涝面积，S_{t} 表示第 t 期所有区域所有农作物种植面积，分母表示 T 年内所有区域除涝面积总和与所有农作物种植面积总和之比。$|RLQS_{ij}^{T}|>1$（或<1），表示与整体所有区域相比，第 i 个区域的除涝面积较高（或较低），具有着较高（或较低）的抗自然风险能力。反过来看，绝对值越小，表明风险越大，所以取负值作为风险区划指标。

3. 农业机械动力相对水平（RLMP）

对于农业机械动力相对水平（RLMP），我们将其定义为：

$$RLMP_{ij}^{T} = -\frac{\sum\limits_{t=1}^{T} MP_{it} \Big/ \sum\limits_{t=1}^{T} S_{it}}{\sum\limits_{t=1}^{T} MP_{t} \Big/ \sum\limits_{t=1}^{T} S_{t}} \qquad (4-43)$$

其中，MP_{it} 表示第 t 期第 i 个区域农业机械总动力，S_{it} 表示第 t 期第 i 个区域所有农作物种植面积，分子表示 T 年内第 i 个区域农业机械总动力与所有农作物种植面积总和之比；MP_{t} 表示第 t 期所有区域农业机械总动力，S_{t} 表示第 t 期所有区域所有农作物种植面积，分母表示 T 年内所有区域农业机械总动力总和与所有农作物种植面积总和之比。$|RLMP_{ij}^{T}| > 1$（或 <1），表示与整体所有区域相比，第 i 个区域的农业机械总动力较高（或较低），具有着较高（或较低）的抗自然风险能力。反过来看，绝对值越小，表明风险越大，所以取负值作为风险区划指标。

4. 农用化肥施用相对水平（RLCFQ）

农用化肥施用相对水平（RLCFQ）的定义为：

$$RLCFQ_{ij}^{T} = -\frac{\sum\limits_{t=1}^{T} CFQ_{it} \Big/ \sum\limits_{t=1}^{T} S_{it}}{\sum\limits_{t=1}^{T} CFQ_{t} \Big/ \sum\limits_{t=1}^{T} S_{t}} \qquad (4-44)$$

其中，CFQ_{it} 表示第 t 期第 i 个区域农用化肥施用量，S_{it} 表示第 t 期第 i 个区域所有农作物种植面积，分子表示 T 年内第 i 个区域农用化肥施用量与所有农作物种植面积总和之比；CFQ_{t} 表示第 t 期所有区域农用化肥施用量，S_{t} 表示第 t 期所有区域所有农作物种植面积，分母表示 T 年内所有区域农用化肥施用量总和与所有农作物种植面积总和之比。$|RLCFQ_{ij}^{T}| > 1$（或 <1），表示与整体所有区域相比，第 i 个区域的农用化肥施用量较高（或较低），具有着较高（或较低）的抗自然风险能力。反过来看，绝对值越小表明风险越大，所以取负值作为风险区划指标。

5. 农用塑料薄膜使用相对水平（RLPFQ）

农用塑料薄膜使用相对水平（RLPFQ）的定义为：

$$RLPFQ_{ij}^T = - \frac{\displaystyle\sum_{t=1}^{T} CFQ_{it} \Big/ \sum_{t=1}^{T} S_{it}}{\displaystyle\sum_{t=1}^{T} CFQ_{t} \Big/ \sum_{t=1}^{T} S_{t}} \qquad (4-45)$$

其中，PFQ_{it} 表示第 t 期第 i 个区域农用化肥施用量，S_{it} 表示第 t 期第 i 个区域所有农作物种植面积，分子表示 T 年内第 i 个区域农用塑料薄膜使用量与所有农作物种植面积总和之比；PFQ_t 表示第 t 期所有区域农用塑料薄膜使用量，S_t 表示第 t 期所有区域所有农作物种植面积，分母表示 T 年内所有区域农用塑料薄膜使用量总和与所有农作物种植面积总和之比。$|RLPFQ_{ij}^T| > 1$（或 <1），表示与整体所有区域相比，第 i 个区域的农用塑料薄膜使用量较高（或较低），具有着较高（或较低）的抗自然风险能力；绝对值越小表明风险越大，故取负值作为指标。

（三）综合指标

这里本书使用生产技术风险指数 TRI。

我们利用有效灌溉相对水平 RLIS、除涝相对水平 RLQS、农业机械动力相对水平 RLMP、农用化肥施用相对水平 RLCFQ 和农用塑料薄膜使用相对水平 RLPFQ 等指标来定义生产技术风险指数 TRI。我们的定义如下：

$$TRI_i^T = f(RLIS_i^T, RLQS_i^T, RLMP_i^T, RLCFQ_i^T, RLPFQ_i^T) \qquad (4-46)$$

其中，i 表示区域，f 表示一种函数关系，比较简易的一种函数关系是定义为加权和，即分别赋予各风险因子相应的权重，计算其加权累计，然后进行 [0，1] 的标准化缩放，再乘以 100 作为风险指数。当我们认为各风险因子同等重要时，平均分配权重。

第三节 种植业保险风险区划层级指标体系

前文从孕灾环境、气象致灾因素、承灾载体、非气象类致灾因子和生产技术五个方面，构建一个庞大的、综合的种植业保险风险区划指标体系。根据前文的文献综述、各层面指标的定义以及笔者多年的实证研究经验，本书在总结第二节各层面指标的基础上，提出省、地市和县域三级的种植业保险风险区划层级指标体系如表4-1所示。该体系与第六章建立的种植业保险风险区划层级分类体系一起，共同构成种植业保险风险层级体系，并在第六章风险区划实证分析流程中得到应用和检验。

表4-1　种植业保险风险区划层级指标体系构成

大类	中类	指标	省	地市	县域
孕灾环境	气象要素	月均气温 MT、月气温波动系数 CVMT、平均气温波动系数 MCVMT、月均降水量 MR、月降水波动系数 CVMR、平均降水波动系数 MCVMR、日照、风速		√	√
	地理要素	地形起伏度、海拔、经纬度	√		
	综合指标	孕灾环境综合指数	√	√	√
气象致灾因素	灾损面积	受灾面积 HS、成灾面积 DS、绝收面积 FS	√		
	灾损强度	受灾强度 RHS、成灾强度 RDS、绝收强度 RFS、平均受灾强度 RAHS、平均成灾强度 RADS、平均绝收强度 RAFS	√		
	灾损概率	受灾概率 PHS、成灾概率 PDS、绝收概率 PFS	√		
	灾损相对水平	受灾相对水平 RLHS、成灾相对水平 RLDS、绝收相对水平 RLFS	√		
	综合指标	灾害风险指数 DRI	√		
承灾载体	面积和产量	种植面积 S、产量 SY	√	√	√
	实际单产指标	单产 Y、平均单产相对水平 RLAY、单产下降期占比 RYDP、单产减产率超阈值期占比 RRRYDP、单产下降概率 PYD、实际单产变异系数 CVR	√	√	√
	趋势单产指标	趋势单产 $\hat{Y}$、自然风险单产 eY、单产减产率 RRY、加权平均单产减产率 WARRY、单产减产率加权标准差 WADRRY、趋势单产变异系数 CVT	√	√	√
	密度和规模	种植密度 PDI、生产规模相对水平 RLPS	√	√	√
	综合指标	农作物风险指数 CRI	√	√	√
非气象致灾因素	基础指标	实际损失 AL	√		
		单位面积损失 UL	√		
	相对水平指标	损失比 RAL	√		
		单位面积损失相对水平 RLUL	√		
		病虫草鼠害风险指数 BRI	√		

续表

大类	中类	指标	省	地市	县域
生产技术因素	基础指标	有效灌溉面积 IS、除涝面积 QS、农业机械总动力 MP、农用化肥施用量 CFQ、农用塑料薄膜使用量 PFQ	√	√	√
	相对水平指标	有效灌溉相对水平 RLIS、除涝相对水平 RLQS、农业机械动力相对水平 RLMP、农用化肥施用相对水平 RLCFQ、农用塑料薄膜使用相对水平 RLPFQ	√	√	√
	综合指标	生产技术风险指数 TRI	√	√	√

注：表中的"√"表示建议采用的指标。

由表4-1可知，省级、地市级和县域级建议采用的指标不尽相同，主要从两个维度进行考虑。一是数据的可得性，二是地域的广阔性及其差异性。从数据的可得性来看，由于省级数据来源比较多且种类比较齐全，故省级所能采用的指标比较多；地市级和县域级的数据来源比较少且种类相对缺乏，故地市级和县域级所能采用的指标相对比较少。从地域的广阔性及其差异性来看，由于省级的地理范围大，且各省份省内的差异大，不宜使用环境指标，应该重点使用单产指标、技术类指标和灾害概率指标；由于县域级的地理范围较小，应该重点使用单产指标和孕灾环境这两类指标；而地级市介于省级和县域级之间，其地理范围较省级小，建议使用与县域级相同的指标。

需要说明的是，由于中国各省的地理范围差异也较大，例如像北京、天津、上海和重庆以及宁夏等省份之于西藏、新疆和内蒙古等省份相比，有的省的地理范围仅仅相当于其他省一个地级市的地理范围，其省内差异性相对较小，因此地级市层面的指标既可以使用省级的主要指标，也可以使用县域级的指标，需要根据各地级市的具体情况而定。

第四节　本章小结

本章第一节构建的种植业保险风险区划的风险构成系统（PIRZRCS），

以风险管理理论和灾害系统理论为基础，分析并归纳和总结国内外已有研究成果而形成。PIRZRCS 涵盖生长环境、气象灾害、非气象灾害、农作物本身以及人类的活动五大要素，也包括各要素风险的动态转换关系。PIRZRCS 充实和完善了本书研究的理论体系，也是对种植业保险风险区划研究理论体系的完善和补充。

基于 PIRZRCS，本章第二节通过分析种植业保险风险来源，拓展了国内已有研究的指标体系外延，将气象灾害导致的绝收风险和病虫草鼠害等非气象灾害风险及生产技术因素纳入风险体系，构建了完整的、综合的种植业保险风险区划指标体系。本章第三节进一步构建了风险区划层级指标体系。

种植业保险风险区划层级指标体系，是上述种植业保险风险区划完整指标体系的另一种表现形式，体现了指标在省、地市和县域风险区划层级体系中的不同层级的适用性和差异性。这三个层级采用的指标不尽相同，主要是基于数据的可得性、地域的广阔性及其差异性两个维度进行考虑。种植业保险风险区划层级指标体系与第六章建立的种植业保险风险区划层级分类体系一起，共同构成种植业保险风险区划层级体系，并在第六章风险区划实证分析流程中得到应用和检验。

第五章　关键指标计算算法

　　灾害风险概率和单产变异系数等指标是种植业保险风险区划的关键性指标。本章第一节引入基于信息扩散模型的正态信息扩散估计方法来估计灾害风险概率。本章第二节基于时序数据预测理论，引入基于小波变换的多项式估计方法来完成省级和县域级趋势单产的估计，进一步获得单产波动和单产变异系数。

　　本章第一节第三小节至第五小节获得的变量描述性统计数据和风险概率估计结果，在第六章第三节第一小节基于气象灾害致灾因子的风险区划和第六章第三节第四小节基于农作物的保险综合风险区划中，被纳入对应的计算概念模型用于计算对应的风险指数。本章第二节第二小节获得的省级趋势单产估计结果以及单产变异估计结果，在第六章第三节第三小节基于承灾体脆弱性的风险区划和第六章第三节第四小节基于农作物的保险综合风险区划中，被纳入对应的计算概念模型用于计算对应的风险指数。本章第二节第三小节获得的县域趋势单产估计结果以及单产变异估计结果，在第六章第四节以广西为例的县域级种植业保险风险区划中，被纳入计算概念模型用于计算对应的风险指数。

第一节　灾害风险概率估计

一、模型与方法

常见的灾害风险评估方法可分为两大类：参数估计和非参数估计。参数估计是先假设概率分布，例如正态分布、正态对数分布和 Weibull 分布等[72][253-254]，然后用样本数据来估计分布的参数。当系统复杂时，往往难以假设出合理的概率分布，且对于农作物自然灾害相关的概率分布，没有确切的证据表明哪种概率分布是合理的；此外，当样本量较少时，估计的准确性也较差。非参数估计方法有很多种，直方图是最简单的一种非参数估计方法，另外两种是核密度估计法和非参数信息扩散模型[70][199]。信息扩散模型是一种基于模糊数学的信息扩散模型，源自 Rogers 提出的创新扩散（Diffusion of Innovations）理论[236]，在国外较早得到了应用[181-182]。由于信息扩散模型可以将一个不完备的样本观测值变成一个模糊集，有助于弥补进行函数逼近时由于数据不足造成的缺陷，故其在自然灾害风险分析、保险和测绘等领域得到了广泛的应用。国内关于信息扩散模型的应用，参见第一章第三节的文献回顾，在此不再赘述。

（一）信息扩散原理与扩散估计

对于总体 Ω 和来自总体的样本 X，一般情形下，样本 X 并不能完全精确地认识总体，所以我们会用各种各样的计量方法来进行估计。虽然非完备样本 X 对总体 Ω 的认识不确切，但当增加样本点，在样本 X 逐步趋于完备的过程中，则样本 X 对总体 Ω 的认识和估计也越来越清晰。这是一种过渡趋势，表现在样本 X 上，就是每个样本点 x_i 都有发展成为多个样本点的趋势，充当"周围"没有出现的样本点的代表。这意味着样本点 x_i 除了提供它的观测值那一个点上的信息之外，还提供了关于"周围"点的情况的信息，自然，我们可以认为样本点上的信息量要大于"周围"点的信息量。样本 X 非完备，样本点 x_i 只是"周围"点的代表，"周围"点分享样本 x_i 点提供的信息，这与"属于 x_i 点周围的程度"有关。显然，离样本 x_i 点越近，"属于 x_i 点周围的程度"就越高，从而分享到的信息也就越多；相反，离样本 x_i 点越远，"属于 x_i 点周围的程度"就越低，从而分享到的信息也就越少。我们将"周围"点从 x_i 所分享到的这种信息称为从 x_i 扩散来的信息，将 x_i 点的信息被"周围"点分享的过程称为信息扩散过程，简称信息扩散。

我们假设观测样本集 $X = \{x_1, x_2, \cdots, x_n\}$ 是一个随机样本，独立同分布，观测样本可以是受灾强度、成灾强度、绝收强度等风险因素指标。设信息扩散所对应的风险因素指标基础论域为 $U = \{u_1, u_2, \cdots, u_m\}$，如果存在函数 μ，使得每个 x_i 点获得的信息可按函数 μ 扩散到所有 u_j，且扩散所得的信息分布能更好地反映样本 X 所在的总体 Ω 的规律，这一原理称为信息扩散原理。根据信息扩散原理对总体概率密度函数的估计称为扩散估计。

（二）扩散函数的形式

基于信息扩散原理的扩散估计，扩散函数 $\mu(x)$ 的具体形式非常关键，不同的扩散函数形式，可得到不同的扩散估计。我们考虑到信息扩散与物理学的分子扩散的相似性，采用数学方法来确定扩散函数的形式。

信息扩散是由于在基础论域 U 中的某些点没有直接从样本 X 获得信息而需要扩散，我们假定其扩散是沿着浓度减小的方向发生，类似于分子扩散。

假设扩散函数 $\mu(x)$ 在扩散过程中的时刻 t，对应 x 点的信息状态为 $\mu(x, t)$，则信息扩散状态 $\mu(x, t)$ 相当于分子扩散理论中的扩散物质每单位体积内的分子数，我们引进在 x 点的信息流密度 J 和信息分布梯度 $\partial \mu / \partial x$，由分子扩散理论中的扩散定律（菲克定律）可得：

$$J = -D \cdot \frac{\partial \mu}{\partial x} \tag{5-1}$$

其中，负号表示扩散沿浓度减小的方向进行，D 称为扩散系数。

考虑在一个截面积为 S、长度为 dx 的空间内，其粒子累积速率 CV 等于单位时间单位体积的粒子数增量与体积的乘积：

$$CV = \frac{\partial \mu}{\partial t} \cdot dV = \frac{\partial \mu}{\partial t} \cdot S \cdot dx \tag{5-2}$$

信息扩散是在封闭系统中进行，系统内外不存在信息交换，信息总量具有守恒性，在系统内的扩散不会增加也不会减少信息量的总值，可近似利用分子扩散的粒子数守恒定律，在体积为 dV 的空间内，粒子的累积速率等于入射通量和出射通量之差：

$$CV = JS - J'S = -(J' - J)S = -(dJ)S = -\frac{dJ}{dx}dx \cdot S = -\frac{\partial J}{\partial x} \cdot S \cdot dx \tag{5-3}$$

其中，第三个等号，利用了 $dJ = J' - J$，表示体积元两端流密度之差，最后一个等号，利用了数学微积分知识。

依据式（5-1）、式（5-2）和式（5-3），可得：

$$\frac{\partial \mu}{\partial t} = -\frac{\partial J}{\partial x} = D \cdot \frac{\partial^2 \mu}{\partial x^2} \tag{5-4}$$

式（5-4）为信息扩散函数 $\mu(x)$ 应该满足的近似偏微分方程。依据扩散函数的含义，在信息点 $x = 0$ 的时刻 $t = 0$ 时，必然有 $\mu(0, 0) = 1$；而在 $t = 0$ 时刻，尚未扩散，信息点的周围点 $x \neq 0$ 时，必然有 $\mu(x, 0) = 0$，以上即为偏微分方程式（5-4）的边界条件：

$$\mu(x, 0) = \begin{cases} 1, & x = 0 \\ 0, & x \neq 0 \end{cases} \tag{5-5}$$

为了求解式（5-4）的偏微分方程，我们利用傅里叶变换。为了表示方便，将 $\mu(x, t)$ 的傅里叶变换结果表示为 $\overline{\mu}(\lambda, t)$，即 $\overline{\mu}(\lambda, t) = F[\mu(x, t)]$。对方程式（5-4）两端进行傅里叶变换，并利用式（5-5）的初始边界条件，可得：

$$\begin{cases} \dfrac{d\overline{\mu}}{dt} + D\lambda^2 \overline{\mu} = 0 \\ \overline{\mu}(\lambda, 0) = 1 \end{cases} \tag{5-6}$$

利用一阶线性常微分方程求解方法，容易从式（5-6）求得 $\overline{\mu}(\lambda,\ t)$ 的解析式：

$$\overline{\mu}(\lambda,\ t) = \exp(-D\lambda^2 t) \tag{5-7}$$

利用傅里叶逆变换，于是有：

$$\mu(x,\ t) = F^{-1}[\overline{\mu}(\lambda,\ t)] = \frac{1}{2\pi}\int_{-\infty}^{+\infty}\overline{\mu}(\lambda,\ t)\exp(-i\lambda x)d\lambda$$

$$= \frac{1}{2\pi}\int_{-\infty}^{+\infty}\overline{\mu}(\lambda,\ t)(\cos\lambda x - i\sin\lambda x)d\lambda$$

$$= \frac{1}{2\pi}\int_{-\infty}^{+\infty}\exp(-D\lambda^2 t)\cos\lambda x d\lambda$$

$$= \frac{1}{2\sqrt{\pi Dt}}\exp\left(-\frac{x^2}{4Dt}\right) \tag{5-8}$$

式（5-8）为扩散函数 $\mu(x)$ 在扩散时刻 t 的信息状态为 $\mu(x,\ t)$ 的解析表达式。在我们对样本点进行信息扩散过程是一个抽象出来的时间过程，事实上可以假定扩散时间很短，甚至是一瞬间完成。在式（5-8）中的时间点取信息扩散完成的时刻点，并记 $h = \sqrt{2Dt}$，则信息扩散函数解析表达式可近似表示为：

$$\mu(x) = \frac{1}{h\sqrt{2\pi}}\exp\left(-\frac{x^2}{2h^2}\right) \tag{5-9}$$

从式（5-9）的形式来看，其函数与正态分布的密度函数形式完全一样，采用式（5-9）扩散函数的形式的总体概率密度函数估计也称为正态扩散估计，式（5-9）中的 h 称为正态扩散的扩散系数（或带宽、窗宽）。

（三）扩散估计的扩散系数

扩散估计有两个关键之处，一个是扩散函数的形式，另一个是扩散系数的选择。上一小节确定了扩散函数的形式为正态形式，本部分基于正态扩散估计来选择合适的扩散系数。

总体概率密度函数的正态扩散估计与观测值 x、样本容量 n 以及扩散系数 h 有关，依据观测样本 X，可知 x 和 n 是已知量，而扩散系数 h 未知。合适的扩散系数 h 是扩散估计的关键之一，我们根据正态扩散的两点择近原则，来选择合适的扩散系数 h。简单而言，正态扩散的两点择近原则是指从最近两个控制点扩散来的信息之和，应不小于从所有其他控制点扩散来的信息之和。设 $x \in X$，对任何一个 $u_j \in U$，如果存在 $x' \in X$ 和 $x'' \in X$，使得 $x' < x''$，如果 $x \neq x'$ 且 $x \neq x''$，则必有 $x \notin [x', x'']$，这时，我们称 x'，x'' 为 u_j 的最近邻信息输入点，此时正态扩散估计的带宽 h 应满足的两点择近原则表示为：

$$\exp\left(-\frac{(x' - u_j)^2}{2h^2}\right) + \exp\left(-\frac{(x'' - u_j)^2}{2h^2}\right) \geqslant \sum_{x \neq x', \ x''} \exp\left(-\frac{(x - u_j)^2}{2h^2}\right), \ x \in X$$

$$(5-10)$$

基于样本 X 的随机假设，考虑到式（5-10）的计算难度，我们引进平均距离概念，来寻找近似的合适解。不妨设 x_i，$i = 1, 2, \cdots, n$ 已经排序，记 $d_i = x_{i+1} - x_i$，$i = 1, 2, \cdots, n$，则平均距离的计算公式为：

$$d = \frac{1}{n-1} \sum_{i=1}^{n-1} d_i = \frac{\max\limits_{i=1, 2, \cdots, n} (x_i) - \min\limits_{i=1, 2, \cdots, n} (x_i)}{n-1}$$

$$(5-11)$$

参考王新洲和游扬声对两点择近窗宽的推导[255]，当 $n \geqslant 3$ 时，令 $n = 2k+3$，可证明如果满足式（5-12），则能满足式（5-10）的两点择近原则。

$$1 + \exp\left(-\frac{d^2}{2h^2}\right) = \exp\left(-\frac{d^2}{2h^2}\right) + 2\sum_{i=1}^{k} \exp\left(-\frac{d^2(i+1)^2}{2h^2}\right)$$

$$(5-12)$$

令 $y_n = \exp(-d^2/2h^2)$，则式（5-12）可表示为：

$$\sum_{i=1}^{k} y_n^{(i+1)^2} = \frac{1}{2}$$

$$(5-13)$$

利用 Matlab 求解式（5-13）所表示的非线性方程，可求得 y_n 的近似数值解，令 $\alpha_n = 1/\sqrt{-2\ln y_n}$，则带宽可表示为：

$$h = \alpha_n d = \alpha_n \frac{\max\limits_{i=1, 2, \cdots, n} (x_i) - \min\limits_{i=1, 2, \cdots, n} (x_x)}{n-1}$$

$$(5-14)$$

通过对式（5-14）基于不同 n 的求解，可得到扩散系数如下的经验数据：

$$h = \begin{cases} 1.6987(b-a)/(n-1)\,, & n \leqslant 5 \\ 1.4456(b-a)/(n-1)\,, & n=6,\ n=7 \\ 1.4230(b-a)/(n-1)\,, & n=8,\ n=9 \\ 1.4207(b-a)/(n-1)\,, & n \geqslant 10 \end{cases} \qquad (5-15)$$

其中，n 表示样本数量，$b = \max\limits_{i=1,2,\cdots,n}(x_i)$ 表示样本最大值，$a = \min\limits_{i=1,2,\cdots,n}$ (x_i) 表示样本最小值。与式（5-14）对应，式（5-15）中前面的数字系数值代表 α_n，后面的部分代表平均距离。

也有很多中外文献研究了扩散系数各种解，式（5-15）表示的基于两点择近原则的近似解，虽然不是均方误差最小意义下的最优解，但方便实用，精确度也够用，正如非参数核密度估计，常常使用基于样本标准差来计算的经验法则：拇指法则（$h=(4/3n)^{1/5}\hat{\sigma}$，n 是样本数量，$\hat{\sigma}$ 是样本标准差）一样，本书在正态扩散估计中，采用式（5-15）表示的扩散系数。

（四）基于信息扩散的风险估计

基于前述的正态扩散估计模型，我们假设观测样本集 $X = \{x_1,\ x_2,\ \cdots,\ x_n\}$ 是一个随机样本，独立同分布，观测样本可以是受灾强度、成灾强度、绝收强度等风险因素指标。设信息扩散所对应的风险因素指标论域为 $U = \{u_1,\ u_2,\ \cdots,\ u_m\}$，我们选择一个形式如式（5-9）的正态扩散函数进行扩散，形成一个扩散矩阵。扩散函数，将观测样本集 X 的每一个单值观测样本点 x_1 所携带的信息扩散到论域 U 中的所有点。为了理解方便，我们将扩散函数表示为：

$$f(x_i,\ u_j) = \frac{1}{\sqrt{2\pi}\cdot h}\exp\left[-\frac{(x_i-u_j)^2}{2h^2}\right],\ i=1,\ 2,\ \cdots,\ n;\ j=1,\ 2,\ \cdots,\ m$$

$$(5-16)$$

其中，h 表示扩散系数，按照式（5-15）利用样本最大最小值来计算的经验法则来取值。

基于扩散函数形成的扩散矩阵数据，我们进一步计算，形成样本点 x_i 的归一化信息分布矩阵，可表示为：

$$\mu(x_i, u_j) = \frac{f(x_i, u_j)}{\sum\limits_{j=1}^{m} f(x_i, u_j)}, \quad i = 1, 2, \cdots, n; \ j = 1, 2, \cdots, m$$

$$(5-17)$$

对式（5-17）的归一化信息进行处理，便可得到一种效果较好的风险评估结果。令：

$$q(u_j) = \sum_{i=1}^{n} \mu(x_i, u_j), \quad j = 1, 2, \cdots, m \qquad (5-18)$$

式（5-18）所代表的意义是：由样本 $X = \{x_1, x_2, \cdots, x_n\}$，经过信息扩散推断出，如果灾害观测值只能取论域 $U = \{u_1, u_2, \cdots, u_m\}$ 中的一个，在将 x_i 均看作是样本代表时，观测值为 u_j 的样本个数为 $q(u_j)$ 个。依据前述的扩散计算过程和归一化计算过程，易知 $q(u_j) \geqslant 0$。令：

$$Q = \sum_{j=1}^{m} q(u_j) \qquad (5-19)$$

从扩散变换和对式（5-18）的解释说明，易知 Q 事实上是论域 U 中各 u_j 点上样本点数的总和，必然有 $Q = n$。当然，数值计算过程中，可能存在四舍五入的误差，Q 和 n 之间可能有很细微的差别。易知样本点落在论域 U 中 u_j 点处的频率值可作为概率的估计值：

$$p(u_j) = q(u_j) / Q, \quad j = 1, 2, \cdots, m \qquad (5-20)$$

至此，我们已经通过样本 $X = \{x_1, x_2, \cdots, x_n\}$，采用信息扩散模型得到了基于论域 $U = \{u_1, u_2, \cdots, u_m\}$ 的概率分布估计 $P = \{p(u_j)\}$，$j = 1$，2，$\cdots$，m。我们做灾害风险估计常常将灾害风险指标描述为超过 r% 的风险概率，比如水灾受灾强度超过 20% 的概率，由此，我们将这些 r% 设为灾害指数论域，且对应论域中某个元素 u_j，则超越 u_j 的概率值易知是：

$$\Pr(X \geqslant u_j) = 1 - \Pr(X < u_j) = 1 - \sum_{k=1}^{j-1} p(u_j), \quad j = 1, 2, \cdots, m$$

$$(5-21)$$

$$\Pr(X \geqslant u_j) = \sum_{k=j}^{m} p(u_j), \quad j = 1, 2, \cdots, m \qquad (5-22)$$

式（5-21）和式（5-22）是同样的结果，只是离散型概率分布的概率计算方法的区别，采用式（5-21）或式（5-22），我们可得到想要的风险估计值。

在本书中，信息扩散估计模型用来估计农作物遭受各种灾害的受灾概率、成灾概率和绝收概率。

二、数据来源和变量描述

气象灾害受灾、成灾和绝收风险概率估计的农作物播种面积来自国家统计局1980~2018年各省份年度数据，受灾面积、成灾面积来自《中国农业年鉴》1980~2018年度数据（海南和重庆的数据除外，分别为1988~2018年和1997~2018年的数据），绝收面积来自《中国农业年鉴》1993~2018年度数据（重庆的数据除外，为1997~2018年的数据）。各气象灾害的受灾、成灾和绝收风险概率估计相关变量的设置和算法如表5-1所示。

表5-1　气象灾害受灾、成灾和绝收风险概率估计相关变量描述

变量	变量名称	单位	算法
S	农作物总播种面积	千公顷	统计数据
HS	受灾面积	千公顷	统计数据，包括旱灾、水灾、风雹灾、冷冻灾和综合气象灾害五种类型。其中综合气象灾害受灾面积=旱灾受灾面积+水灾受灾面积+风雹灾受灾面积+冷冻灾受灾面积
RHS	受灾强度	%	=受灾面积/农作物总播种面积×100%，包括旱灾、水灾、风雹灾、冷冻灾和综合气象灾害五种类型
RAHS	平均受灾强度	%	RHS多期平均值，包括旱灾、水灾、风雹灾、冷冻灾和综合气象灾害五种类型
PHS	受灾概率	—	估计结果，包括旱灾、水灾、风雹灾、冷冻灾和综合气象灾害五种类型
DS	成灾面积	千公顷	统计数据，包括旱灾、水灾、风雹灾、冷冻灾和综合气象灾害五种类型。其中综合气象灾害成灾面积=旱灾成灾面积+水灾成灾面积+风雹灾成灾面积+冷冻灾成灾面积
RDS	受灾强度	%	=成灾面积/农作物总播种面积×100%，包括旱灾、水灾、风雹灾、冷冻灾和综合气象灾害五种类型

变量	变量名称	单位	算法
RADS	平均受灾强度	%	RDS多期平均值，包括旱灾、水灾、风雹灾、冷冻灾和综合气象灾害五种类型
PDS	受灾概率	—	估计结果，包括旱灾、水灾、风雹灾、冷冻灾和综合气象灾害五种类型
FS	成灾面积	千公顷	统计数据，包括旱灾、水灾、风雹灾、冷冻灾和综合气象灾害五种类型。其中综合气象灾害绝收面积=旱灾绝收面积+水灾绝收面积+风雹灾绝收面积+冷冻灾绝收面积
RFS	受灾强度	%	=绝收面积/农作物总播种面积×100%，包括旱灾、水灾、风雹灾、冷冻灾和综合气象灾害五种类型
RAFS	平均受灾强度	%	RFS多期平均值，包括旱灾、水灾、风雹灾、冷冻灾和综合气象灾害五种类型
PFS	受灾概率	—	估计结果，包括旱灾、水灾、风雹灾、冷冻灾和综合气象灾害五种类型

三、气象灾害受灾风险概率估计

(一) 气象灾害受灾强度描述性统计

依据1980~2018年31个省份和全国的旱灾、水灾、风雹灾、冷冻灾和综合气象灾害受灾数据，经统计和测算，得到因各类气象灾害所致的受灾强度情况。

旱灾：全国39年中受灾强度最大值为77.01%（辽宁）；各省份平均值最大的是山西（33.69%），最小的是上海（1.65%），而全国总均值为14.79%；在全国31个省份中，内蒙古受灾强度大于等于20%的年份数最多，为30年；浙江、福建和江西的年份数最少，都为1年。

水灾：全国39年中受灾强度最大值为61.29%（安徽）；各省份平均值最大的是湖北（13.14%），最小的是宁夏（2.68%），而全国总均值为6.72%；在全国31个省份中，湖北受灾强度大于等于10%的年份数最多，为22年；宁夏和新疆的年份数最少，为0年。

风雹灾：全国39年中受灾强度最大值为27.10%（海南）；各省份平均值最大的是青海（9.00%），最小的是广西（1.39%），而全国总均值为

3.45%；在全国 31 个省份中，青海受灾强度大于等于 5% 的年份数最多，为 27 年；安徽、湖南、湖北、重庆和云南的年份数最少，都为 1 年。

冷冻灾：全国 39 年中受灾强度最大值为 55.75%（海南）；各省份平均值最大的是海南（7.89%），最小的是北京（0.25%），而全国总均值为 2.56%；在全国 31 个省份中，海南受灾强度大于等于 5% 的年份数最多，为 13 年；北京和河北的年份数最少，都为 0 年。

综合气象灾害：全国 39 年中综合受灾强度最大值为 93.59%（海南）；各省份平均值最大的是山西（45.70%），最小的是上海（9.81%），而全国总均值为 27.53%；在全国 31 个省份中，山西综合受灾强度大于等于 40% 的年份数最多，为 24 年；浙江和四川的年份数最少，都为 0 年。

（二）气象灾害受灾风险概率估计结果

依据本章第一节第一小节的信息扩散模型和估计方法，分别对旱灾、水灾、风雹灾、冷冻灾和综合气象灾害进行了受灾风险概率估计，得到各类灾害所致的受灾风险概率估计结果。依据上述结果，得到两年一遇（概率大于 50%）、三年一遇（概率大于 33%）、五年一遇（概率大于 20%）和概率大于 75%（可以理解为几乎每年都发生）的旱灾、水灾、风雹灾、冷冻灾和综合气象灾害受灾风险概率如图 5-1 至图 5-5 所示。

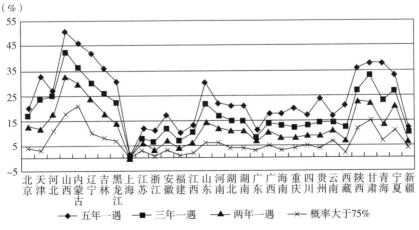

图 5-1 各种情形下的旱灾受灾风险概率

由图 5-1 可知，两年一遇的旱灾受灾强度最高约为 33%（山西），三年一遇的旱灾受灾强度最高约为 43%，也是山西；五年一遇的旱灾受灾强度最高约为 50%，也同样是山西，但概率大于 75% 的旱灾受灾强度最高约为 20%（内蒙古）。总体来看，山西、内蒙古、陕西、甘肃和宁夏的旱灾受灾风险较高。

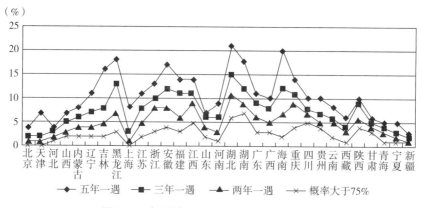

图 5-2　各种情形下的水灾受灾风险概率

由图 5-2 可知，两年一遇的水灾受灾强度最高约为 10%（湖北），三年一遇的水灾受灾强度最高约为 15%，也是湖北；五年一遇的水灾受灾强

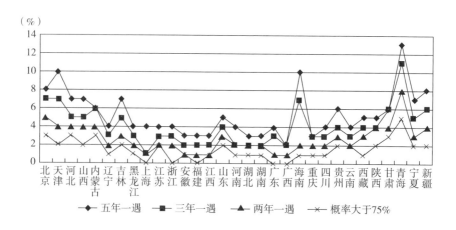

图 5-3　各种情形下的风雹灾受灾风险概率

度最高约为 20%，也是湖北，但概率大于 75% 的水灾受灾强度最高约为
7%（湖南）。总体来看，黑龙江、安徽、湖北、湖南、海南的水灾受灾风
险较高。

由图 5-3 可知，两年一遇、三年一遇、五年一遇和概率大于 75% 的风
雹灾受灾强度，最高值都集中在青海，分别约为 8%、11%、13% 和 5%。
总体来看，青海和海南的风雹灾受灾风险较高。

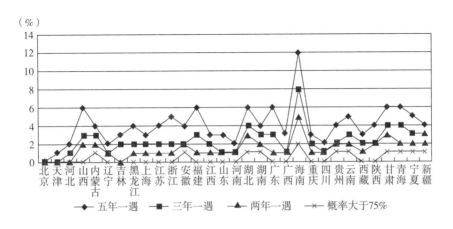

图 5-4　各种情形下的冷冻灾受灾风险概率

由图 5-4 可知，两年一遇、三年一遇、五年一遇和概率大于 75% 的冷
冻灾受灾强度，最高值都集中在海南，分别约为 5%、8%、12% 和 2%。
总体来看，海南的冷冻灾受灾风险最为突出，而其他省份相对较低。

由图 5-5 可知，两年一遇、三年一遇和五年一遇的综合气象灾害受灾
强度最高值都集中在山西，分别约为 45%、55% 和 61%，概率大于 75% 的
综合气象灾害受灾强度最高的为内蒙古（约 33%）。总体来看，以山西和
内蒙古为首的综合气象灾害受灾风险最为突出，其次为黑吉辽和陕甘宁，
而其他省份相对较低。

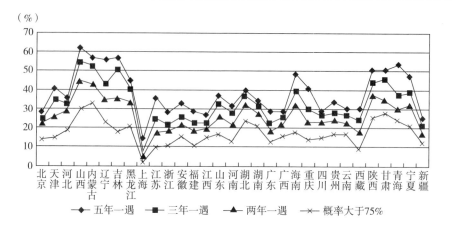

图 5-5　各种情形下的综合气象灾害受灾风险概率

（三）气象灾害受灾风险比较分析

为了进一步分析省际的受灾风险差异，我们将大于等于某些受灾风险强度（如 5%、10% 和 20%）下的受灾风险概率进行对比，得到图 5-6 的结果。

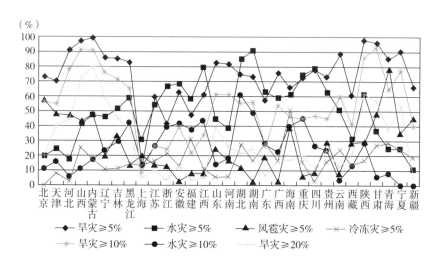

图 5-6　气象灾害受灾风险概率比较

由图 5-6 可知，当旱灾受灾强度大于等于 5% 时，内蒙古和陕西的受灾风险概率几乎接近于 100%，其次为山西、甘肃、河北、宁夏、云南、青海、辽宁、吉林、黑龙江、山东和河南等省份（概率在 80%～100%），再次为北京、天津、江苏、安徽、湖北、湖南、广西、海南、重庆、四川、贵州、西藏和新疆等省份（概率在 60%～80%）。当水灾受灾强度大于等于 5% 时，湖南的受灾风险最大（概率在 90% 以上），其次为湖北和江西（概率在 80% 及以上），再次为四川、重庆、安徽、浙江、广东、海南、广西和福建等省份（概率在 60%～80%）。当风雹灾受灾强度大于等于 5% 时，青海的受灾风险最大（概率在 80% 左右），其次是北京（概率在 60% 左右），再次为天津、河北、内蒙古、甘肃和新疆等省份（概率在 40%～60%）。当冷冻灾受灾强度大于等于 5% 时，海南的受灾风险最大（概率为 50% 左右），其他省份的概率值都比较小，在 25% 以下。

当旱灾受灾强度大于等于 10% 时，甘肃、山西和内蒙古的受灾风险非常大（概率在 90%～100%），陕西的受灾风险概率接近 90%，河北、宁夏、辽宁、吉林、黑龙江、青海、山东、河南和云南等省份的受灾风险概率在 60%～80%。当水灾受灾强度大于等于 10% 时，湖北的受灾风险比较大（概率为 60%），湖南、重庆、江西、黑龙江、安徽、浙江和海南等省份的受灾风险概率在 40%～50%。当旱灾受灾强度大于等于 20% 时，内蒙古的受灾风险最大（概率为 80%），陕西和山西的受灾风险概率在 60%～80%。

通过对比分析发现，在同样的受灾强度大于等于 5% 时，旱灾受灾的发生概率比其他类型要高，其次为水灾受灾的发生概率，而风雹和冰冻的受灾概率都较小。还发现，即使都处于同一种气象灾害类型，同一个省份在不同的气象灾害受灾强度情形下，其受灾风险概率是不同的，且呈现受灾强度越大受灾风险概率越小的规律。以对北京旱灾受灾风险概率的分析为例，在受灾强度分别大于等于 5%、10% 和 20% 时，其受灾风险概率分别约为 72%、55% 和 20%。

（四）风险区划受灾概率指标的选定

基于全国旱灾、水灾、风雹灾、冷冻灾和综合气象灾害受灾强度平均值分别为 14.79%、6.72%、3.45%、2.56% 和 27.53%，我们对应选定旱灾、水灾、风雹灾、冷冻灾和综合气象灾害受灾强度大于等于 14%、6%、4%、3% 和 25% 的概率值作为后续灾害风险区划的受灾概率指标。在选定的受灾概率中，旱灾的全国的平均概率为 43%，内蒙古的最高（90%），上海的最低（6%）；水灾的全国的平均概率为 43%，湖南的最高（85%），新疆的最低（4%）；风雹灾的全国的平均概率为 37%，青海的最高（86%），安徽和广西的最低（7%）；冷冻灾的全国的平均概率为 31%，海南的最高（69%），北京的最低（3%）；综合气象灾害的全国的平均概率为 51%，山西的最高（89%），上海的最低（9%）。

四、气象灾害成灾风险概率估计

（一）气象灾害成灾强度描述性统计

依据 1980~2018 年 31 个省份和全国旱灾、水灾、风雹灾、冷冻灾和综合气象灾害成灾数据，经统计和测算，得到因各类气象灾害所致的成灾强度情况。

旱灾：全国 39 年中成灾强度最大值为 56.53%（青海）；各省份平均值最大的是内蒙古（19%），最小的是上海（0.17%），而全国总均值为 7.59%；在全国 31 个省份中，内蒙古成灾强度大于等于 10% 的年份数最多，为 30 年；上海的年份数最少，为 0 年。

水灾：全国 39 年中成灾强度最大值为 53.24%（安徽）；各省份平均值最大的是湖南（6.8%），最小的是新疆（0.97%），而全国总均值为 3.59%；在全国 31 个省份中，湖南成灾强度大于等于 5% 的年份数最多，为 20 年；新疆的年份数最少，为 0 年。

风雹灾：全国 39 年中成灾强度最大值为 43.02%（天津）；各省份平均值最大的是青海（5.73%），最小的是上海（0.28%），而全国总均值为 1.85%；在全国 31 个省份中，青海成灾强度大于等于 5% 的年份数最多，为 18 年；黑龙江、上海、安徽、江西、河南、湖南、四川、云南和陕西的年份数最少，为 0 年。

冷冻灾：全国 39 年中成灾强度最大值为 30.93%（湖南）；各省份平均值最大的是海南（3.67%），最小的是北京（0.13%），而全国总均值为 1.21%；在全国 31 个省份中，海南成灾强度大于等于 5% 的年份数最多，为 8 年；北京、天津、河北、山东、河南和四川的年份数最少，为 0 年。

综合气象灾害：全国 39 年中综合成灾强度最大值为 62.31%（青海）；各省平均值最大的是内蒙古（27.32%），最小的是上海（2.11%），而全国总均值为 14.24%；在全国 31 个省份中，内蒙古综合成灾强度大于等于 20% 的年份数最多，为 25 年；上海、浙江和四川的年份数最少，为 0 年。

（二）气象灾害成灾风险概率估计结果

依据本章第一节第一小节的信息扩散模型和估计方法，分别对旱灾、水灾、风雹灾、冷冻灾和综合气象灾害进行了成灾风险概率估计，得到各类灾害所致的成灾风险概率估计结果。依据上述结果，得到两年一遇（概率大于 50%）、三年一遇（概率大于 33%）、五年一遇（概率大于 20%）和概率大于 75%（可以理解为几乎每年都发生）的旱灾、水灾、风雹灾、冷冻灾和综合气象灾害成灾风险概率如图 5-7 至图 5-11 所示。

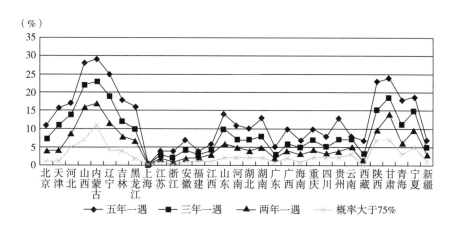

图 5-7 各种情形下的旱灾成灾风险概率

由图 5-7 可知，两年一遇、三年一遇、五年一遇和概率大于 75% 的旱

灾成灾强度都是内蒙古的最高，分别为 16%、24%、28% 和 11%；山西的
这四个值居于次高位置，随后是甘肃和陕西等省份。

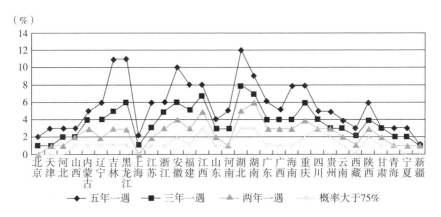

图 5-8 各种情形下的水灾成灾风险概率

由图 5-8 可知，两年一遇的水灾成灾强度最高约为 6%（湖南），三年
一遇的水灾成灾强度最高约为 8%（湖北）；五年一遇的水灾成灾强度最高
约为 12%，也同样是湖北，但概率大于 75% 的水灾成灾强度最高为江西、
湖南、湖北和四川，成灾概率都约为 3%。总体来看，湖北、湖南、安徽、
江西和重庆的水灾成灾风险较高。

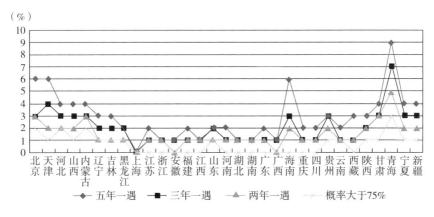

图 5-9 各种情形下的风雹灾成灾风险概率

由图 5-9 可知,两年一遇、三年一遇、五年一遇和概率大于 75% 的风雹灾成灾强度,最高值都集中在青海,成灾概率分别为 5%、7%、9% 和 3%。在其他的省份中,青海、海南和北京的风雹灾成灾风险较高。

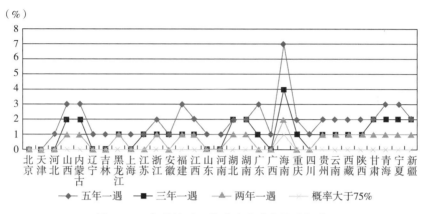

图 5-10　各种情形下的冷冻灾成灾风险概率

由图 5-10 可知,两年一遇、三年一遇、五年一遇和概率大于 75% 的冷冻灾成灾强度,最高值都集中在海南,成灾概率分别为 2%、4%、7% 和 1%,其他的省份成灾风险相对较低。

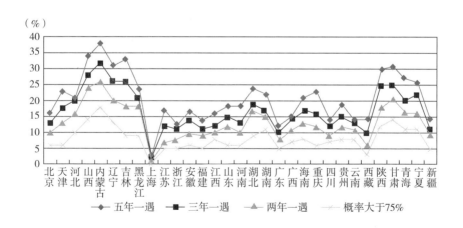

图 5-11　各种情形下的综合气象灾害成灾风险概率

由图 5-11 可知，两年一遇、三年一遇、五年一遇、概率大于 75% 的综合气象灾害成灾强度，最高值都集中在内蒙古，成灾概率分别为 26%、32%、37% 和 18%。其他的省份中，山西、辽宁、吉林、湖北、陕西、甘肃等省份成灾风险较高；而上海的成灾风险最低，四个项目的值都没有超过 5%。

（三）气象灾害成灾风险比较分析

我们将大于等于某些成灾风险强度（4% 和 10%）下的成灾风险概率进行对比，目的是进一步分析省际的成灾风险差异，得到图 5-12 的结果。

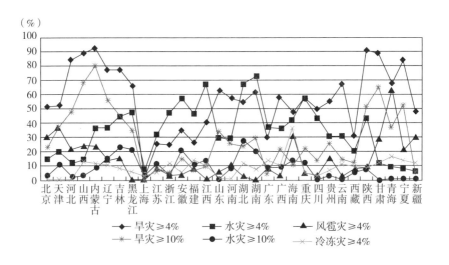

图 5-12　气象灾害成灾风险概率比较

由图 5-12 可知，当旱灾成灾强度大于等于 4% 时，内蒙古的成灾风险概率最大（约为 93%），陕西、山西和甘肃作为一个梯队，其概率在 90%~93%。河北和宁夏概率在 80%~90% 之间，而吉林、辽宁、云南、青海、黑龙江、山东和湖南等省份概率值在 60%~80%。当水灾成灾强度大于等于 4% 时，湖南的成灾风险概率最大（73%），其次为湖北和江西（概率在 60%~70%）。当风雹灾成灾强度大于等于 4% 时，青海的成灾风险概率最大（63%），其次是天津、北京、海南和新疆（概率在 30% ~ 40%）。当冷冻灾成灾强度大于等于 4% 时，海南的成灾风险概率最大（37%），其他省份的概率值都较小，在 20% 以下。

当旱灾成灾强度大于等于 10% 时，甘肃、山西和内蒙古的成灾风险非常大（概率在 90% ~ 100%），陕西的成灾风险概率接近 90%，河北、宁夏、辽宁、吉林、黑龙江、青海、山东、河南和云南等省份的成灾风险概率在 60% ~ 80%。当水灾成灾强度大于等于 10% 时，湖北的成灾风险比较大（概率为 60%），湖南、重庆、江西、黑龙江、安徽、浙江和海南等省份的成灾风险概率在 40% ~ 50%。当旱灾成灾强度大于等于 20% 时，内蒙古的成灾风险最大（概率为 80%），陕西和山西的成灾风险概率在 60% ~ 80%。

通过对比发现，在同样的成灾强度大于等于 4% 时，旱灾成灾的发生概率普遍比其他类型的要高，其次为水灾成灾的发生概率，而风雹和冰冻的成灾概率都比较小。我们还发现，即使都处于同一种气象灾害类型，同一个省份在不同的气象灾害成灾强度情形下，其成灾风险概率是不同的，且呈现成灾强度越大成灾风险概率越小的规律。以对北京旱灾成灾风险概率的分析为例，在成灾强度分别大于等于 4% 和 10% 时，其成灾风险概率分别约为 51% 和 23%。

（四）风险区划成灾概率指标的选定

基于全国旱灾、水灾、风雹灾、冷冻灾和综合气象灾害成灾强度平均值分别为 7.59%、3.59%、1.85%、1.21% 和 14.24%，我们对应选定旱灾、水灾、风雹灾、冷冻灾和综合气象灾害成灾强度大于等于 8%、3%、2%、2% 和 15% 的概率值作为后续灾害风险区划的成灾概率指标。在选定的成灾概率中，旱灾的全国的平均概率为 35%，内蒙古的最高（85%），上海的最低（0%）；水灾的全国的平均概率为 46%，湖南的最高（83%），新疆的最低（11%）；风雹灾的全国的平均概率为 41%，青海的最高（90%），上海的最低（6%）；冷冻灾的全国的平均概率为 24%，海南的最高（60%），北京和天津的最低（均为 3%）；综合气象灾害的全国的平均概率为 40%，内蒙古的最高（88%），上海的最低（3%）。

五、气象灾害绝收风险概率估计

（一）气象灾害绝收强度描述性统计

依据 1993~2018 年 31 个省份和全国的旱灾、水灾、风雹灾、冷冻灾和综合气象灾害绝收数据，经统计和测算，得到因各类气象灾害所致的绝收强度情况。

旱灾：全国 26 年中绝收强度最大值为 32.85%（辽宁）；各省份平均值最大的是内蒙古（5.37%），最小的是上海（0.02%），而全国总均值为 1.60%；在 31 个省份中，内蒙古绝收强度大于等于 2% 的年份数最多，为 17 年；上海、广东和广西的年份数最少，为 0 年。

水灾：全国 26 年中绝收强度最大值为 15.13%（江西）；各省份平均值最大的是江西（2.46%），最小的是上海（0.19%），而全国总均值为 1.03%；在 31 个省份中，江西和湖南绝收强度大于等于 2% 的年份数最多，为 11 年；北京、上海、四川、云南、甘肃、宁夏和新疆的年份数最少，为 0 年。

风雹灾：全国 26 年中绝收强度最大值为 4.23%（浙江）；各省份平均值最大的是青海（1.39%），最小的是上海（0.03%），而全国总均值为 0.44%；在 31 个省份中，江西和湖南绝收强度大于等于 2% 的年份数最多，为 11 年；北京、上海、四川、云南、甘肃、宁夏和新疆的年份数最少，为 0 年。

冷冻灾：全国 26 年中绝收强度最大值为 12.91%（海南）；各省份平均值最大的是海南（1.58%），最小的是天津（0.01%），而全国总均值为 0.38%；在 31 个省份中，浙江和海南绝收强度大于等于 2% 的年份数最多，为 4 年；北京、天津、河北、山西、辽宁、黑龙江、上海、江苏、安徽、山东、重庆、四川、云南和青海的年份数最少，为 0 年。

综合气象灾害：全国 26 年中绝收强度最大值为 33.13%（辽宁）；各

省份平均值最大的是内蒙古（8.26%），最小的是上海（0.33%），而全国总均值为3.46%；在31个省份中，内蒙古绝收强度大于等于5%的年份数最多，为17年；上海这一数值为0年。

（二）气象灾害绝收风险概率估计结果

依据本章第一节第一小节的信息扩散模型和估计方法，分别对旱灾、水灾、风雹灾、冷冻灾和综合气象灾害进行了绝收风险概率估计，得到各类灾害所致的绝收风险概率估计结果。依据上述结果，得到两年一遇（概率大于50%）、三年一遇（概率大于33%）、五年一遇（概率大于20%）和概率大于75%（可以理解为几乎每年都发生）的旱灾、水灾、风雹灾、冷冻灾和综合气象灾害绝收风险情况如图5-13至图5-17所示。

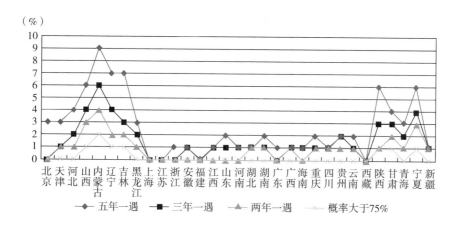

图5-13 各种情形下的旱灾绝收风险概率

由图5-13可知，两年一遇、三年一遇、五年一遇和概率大于75%的旱灾绝收强度都是内蒙古的最高，分别为4%、6%、9%和2%；辽宁、吉林、山西、陕西和宁夏这五个省份的值也相对比较高。

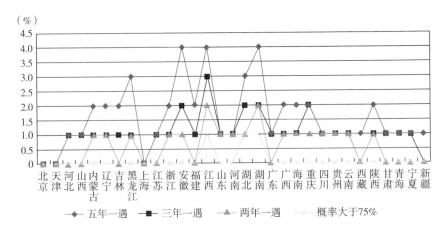

图 5-14 各种情形下的水灾绝收风险概率

由图 5-14 可知，两年一遇的水灾绝收强度最高约为 2%（江西和湖南），三年一遇的水灾绝收强度最高约为 3%（江西）；安徽、江西和湖南在五年一遇的水灾绝收强度方面都达到了最高值，约为 4%；概率大于 75% 的水灾绝收强度最高为江西、湖南和湖北，绝收概率约为 1%。总体来看，安徽、江西、湖北和湖南的水灾绝收风险较高。

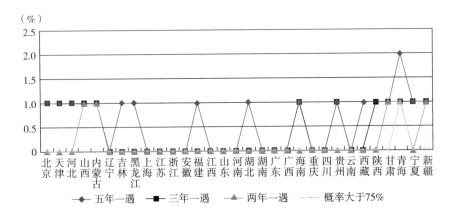

图 5-15 各种情形下的风雹灾绝收风险概率

由图 5-15 可知，两年一遇的风雹灾绝收强度最高只有 1%（山西、内蒙古、甘肃、青海和新疆），三年一遇的风雹灾绝收强度最高约为 1%，分别是北京、天津、河北、山西、内蒙古、海南、贵州、陕西、甘肃、青海、宁夏和新疆；青海在五年一遇的风雹灾绝收强度方面达到了最高值，约为 2%；概率大于 75% 的风雹灾绝收强度最高为青海，绝收概率约为 1%。总体来看，青海的风雹灾绝收风险较其他省份高。

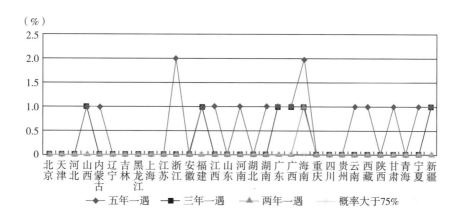

图 5-16　各种情形下的冷冻灾绝收风险概率

由图 5-16 可知，两年一遇的冷冻灾绝收强度最高的是海南，约为 1%；三年一遇的冷冻灾绝收强度最高的有山西、福建、广东、广西、海南和新疆，约为 1%；浙江和海南在五年一遇的冷冻灾绝收强度方面位于高位，约为 2%；概率大于 75% 的冷冻灾绝收强度没有明显的最高值，31 个省份的该数值几乎都为 0%。总体来看，海南的冷冻灾绝收风险较其他省份略高一些。

由图 5-17 可知，上述四种情形下的综合气象灾害绝收强度最高的是内蒙古，分别为 7%、9%、12% 和 5%。总体来看，内蒙古的综合气象灾害绝收风险较其他省份要明显高很多，而山西、吉林、陕西和宁夏较其他省份略高一些。

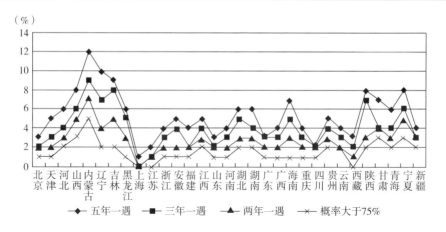

图 5-17 各种情形下的综合气象灾害绝收风险概率

（三）气象灾害绝收风险比较分析

我们将大于等于某些绝收风险强度（1%和2%）下的绝收风险概率进行对比，以进一步分析省际的绝收风险差异，得到图 5-18 的结果。

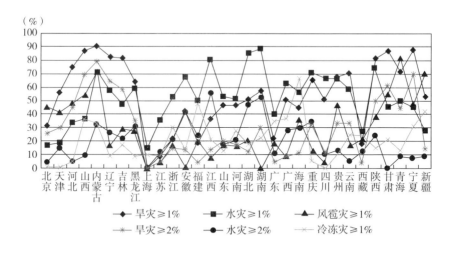

图 5-18 气象灾害绝收风险比较

由图 5-18 可知，当旱灾绝收强度大于等于1%时，内蒙古的绝收风险概率最大（约为91%），宁夏、山西、甘肃、辽宁、吉林和陕西的概率在80%~90%，河北、青海、云南、贵州、重庆和黑龙江的概率在60%~70%。当水灾绝收强度大于等于1%时，湖南的绝收风险概率最大（88%），其次为湖北和江西（概率值在80%~85%），再次为陕西、内蒙古、重庆、安徽、四川、贵州和广西，这些省份的概率值在60%~80%。当风雹灾绝收强度大于等于1%时，青海的绝收风险概率最大（82%），其次是内蒙古和新疆（概率值在70%~80%）。当冷冻灾绝收强度大于等于1%时，海南的绝收风险概率最大（66%），其他省市的概率值相对都比较小，在50%以下。

当旱灾绝收强度大于等于2%时，内蒙古和宁夏的绝收风险较大（概率在70%~80%），山西、辽宁和甘肃的绝收风险概率在60%~70%。当水灾绝收强度大于等于2%时，江西和湖南的绝收风险概率比较大（概率为50%~60%），湖北和安徽绝收风险概率在40%~50%。

通过对比发现，在同样的绝收强度大于等于1%时，旱灾绝收的发生概率比其他类型的要高，其次为水灾绝收的发生概率，而风雹和冰冻的绝收概率都比较小。我们还发现，即使都处于同一种气象灾害类型，同一个省份在不同的气象灾害绝收强度情形下，其绝收风险概率也是不同的，且呈现绝收强度越大，绝收风险概率越小的规律。以内蒙古的旱灾绝收风险概率分析为例，在绝收强度分别大于等于1%和2%时，其绝收风险概率分别约为91%和79%。

（四）风险区划绝收概率指标的选定

基于全国旱灾、水灾、风雹灾、冷冻灾和综合气象灾害绝收强度平均值分别为1.6%、1.03%、0.44%、0.38%和3.46%，我们对应选定旱灾、水灾、风雹灾、冷冻灾和综合气象灾害绝收强度大于等于2%、1%、1%、1%和4%的概率值作为后续灾害风险区划的绝收概率指标。在选定的绝收概率中，旱灾的全国平均概率为29%，内蒙古的最高（79%），而上海的最低（0%）；水灾的全国的平均概率为52%，湖南的最高（88%），上海的最低（14%）；风雹灾的全国的平均概率为29%，青海的最高（82%），上海、安徽和湖南的最低（0%）；冷冻灾的全国的平均概率为21%，海南的最高（66%），北京、天津和四川的最低（0%）；综合气象灾害的全国的平均概率为36%，内蒙古的最高（85%），上海的最低（0%）。

第二节　趋势单产和单产变异估计

一、模型与方法

（一）时间序列数据的趋势识别

本节涉及的模型和方法，是基于前人的研究（参见第一章第三节文献综述中关于技术方法以及关于趋势单产估计的文献回顾），重点参考 Bartosz 并进行拓展[78]。农作物的时间序列产量数据，可以分为"趋势产量"和"变异产量"两个部分。其中，"趋势产量"与农作物生长的土地类型、土地质量、肥沃程度、农田水利设施、机械化耕作水平以及农业生产技术等因素相关。"变异产量"主要是由非系统性的洪涝、干旱、风雹、冷冻等与天气和气候相关的自然灾害所引起的产量波动。在种植业保险风险区划中，一个重要的考量因素就是农作物产量的"变异系数"，为此，需要对农作物产量的时间序列数据进行趋势识别，并去除趋势，以获得产量的"变异系数"，进而为风险区划提供合适的划分依据。在农作物产量的时间趋势识别中，我们是指识别出与农作物生长环境和农业技术相关的常规"趋势产量"。为了更好地做到农作物产量的趋势识别，我们考虑采用趋势的四个特征来计算和评估趋势估计的合理性及其质量高低，这四个特征分别是拟合度、平滑度、弯曲度和相对误差分布特征。

对农作物产量时间序列数据的趋势识别和趋势去除，常见的方法有线性拟合估计、二次多项式或三次多项式估计等，近年来也有部分学者尝试采用小波分析的方法进行农作物产量趋势估计。

1. 趋势估计的拟合度特征

拟合度是计量分析中最古老也是最重要的特征之一。在农作物时间序列产量的趋势估计中，拟合度是一个非常重要的考量因素。在计量分析中，有很多种指标可以用来描述和表示曲线拟合程度的好坏，比如误差平方和 SSE、可决系数 R^2、均方根误差 RMSE、平均绝对误差 MAE 和平均绝对百分比误差 MAPE 等。为了更好地对多个区域的拟合结果进行综合评估，本书另外定义 mSSE、dSSE 和 wSSE 三个统计指标来进行评价，相关定义如下：

$$mSSE = \frac{SSE}{T \cdot \bar{x}} \tag{5-23}$$

$$dSSE = \frac{SSE}{T \cdot \sigma} \tag{5-24}$$

$$wSSE = \sum_{t=0}^{T-1} \frac{(x_t - \hat{x}_t)^2}{x_t} \tag{5-25}$$

其中，T 表示时间序列的期数，$\hat{x}_t$ 表示拟合值，$\bar{x}$ 表示均值，σ 表示标准差。mSSE、dSSE 和 wSSE 分别是以均值、标准差和原始数据作为权重的加权误差平方和。这样定义和处理的目的是尽量去除区域差异的原始数据影响，相当于去量纲处理，这样，不同区域之间的结果可以直接进行对比，而不受原始数据的影响，即可以通过多个区域的综合统计数据，来比较和分析不同趋势估计方法的差异，进而从中选择较优的方法。

2. 趋势估计的平滑度特征

农作物时间序列产量的趋势识别，需要考虑的重要特征是平滑程度。从原理上来说，既然是估计趋势，自然是越平滑越好，趋势曲线越平滑，代表局部的变动越小。但是，平滑与拟合的有效性往往是矛盾的。也就是说，有时候估计出来的趋势曲线很平滑，但其对原始数据的拟合效果并不十分理想；而有时估计出来的趋势曲线不太平滑，但其对原始数据的拟合效果却非常好。为了行文的需要，这里只将其视为一个概念而进一步介绍。

我们采用数学的建模方式，来定义时间序列数据或拟合后的趋势数据在某个时期的平滑系数 s_t：

$$s_t = \left| \left| x_t - \frac{x_{t-1}+x_{t+1}}{2} \right| - \left| x_{t-1} - \frac{x_{t-2}+x_t}{2} \right| \right|, \quad t=3, 4, \cdots, T-1 \quad (5-26)$$

以上定义的平滑系数，因当前时点用到了前两年和后一年的数据点，因此，在数据序列中，只能计算第 3 年到第 T-1 年共 T-3 年的平滑系数。我们也从以上定义容易得知，趋势线如果是直线、多项式函数曲线或其他一般意义上的平滑函数曲线，则平滑系数等于 0；而既不是直线也不是多项式函数曲线等一般意义上的曲线的趋势估计，其平滑系数将不等于 0。平滑系数越接近于 0，则表示越平滑，平滑系数越远离 0，则表示越不平滑。

基于以上定义的平滑系数 s_t，我们进一步定义平均平滑系数 SMI：

$$SMI = \text{average}(s_t) = \sum_{t=3}^{T-1} \frac{s_t}{T-3} \quad (5-27)$$

从平滑度特征来看，线性拟合和多项式拟合都能达到农作物产量趋势估计的平滑度特征要求。

3. 趋势估计的弯曲度特征

在农作物产量的趋势估计中，对拟合结果的考量仅仅考虑平滑度还不够。在我们对广西各县数据进行实证分析时得知，如果采用立方体样条插值估计平桂区的单产趋势，其拟合曲线能达到 100% 拟合，同时其平滑度为 0。但是从图 5-19 容易看出，这样的估计并不能代表产量的趋势线，曲线的弯曲度和波动度很大，某个区域（例如从时间 t 等于 7~20 的区域）的单产波动频繁。基于此，我们还必须考虑其拟合曲线的弯曲程度。

同样，我们采用数学的建模方式，来定义时间序列数据或拟合后的趋势数据在某个时期的弯曲系数 c_t：

$$c_t = \left| x_{t+1} - 2x_t + x_{t-1} \right| \Big/ \left[1 + \left(\frac{x_{t+1}-x_{t-1}}{2} \right)^2 \right]^{2/3}, \quad t=2, 3, \cdots, T-1 \quad (5-28)$$

以上定义的弯曲系数，是以时间为横轴（整数间隔），将连续三个时间点拟合成二次多项式，在中间时间点上采用曲率计算公式推导而来。而

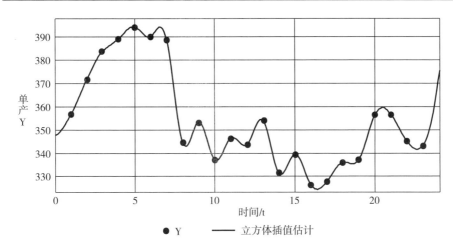

图 5-19 平桂区单产立方体样条插值估计

且，因当前时点用到了前一年和后一年的数据点，因此，在数据序列中，只能计算第 2 年到第 T-1 年共 T-2 年的弯曲系数。显然，直线的弯曲系数为 0，多项式函数曲线的弯曲系数与多项式的系数及多项式的阶数相关。弯曲系数越接近于 0，则表示越平直，弯曲系数越大，则表示越弯曲。

基于以上定义的弯曲系数 c_t，我们进一步定义平均弯曲系数 CMI：

$$\text{CMI} = \text{average}(c_t) = \sum_{t=2}^{T-1} \frac{c_t}{T - 2} \qquad (5-29)$$

从弯曲度和曲线的波动来看，对于农作物单产趋势的估计，采用线性回归趋势估计、二次多项式拟合趋势估计以及掐头（或回溯 1~2 年）的对数趋势估计、指数趋势估计和幂趋势估计等方法，都比较容易满足弯曲度特征要求。对于三次多项式估计的结果，在整个期间其波动和弯曲只有两个拐点，在拟合结果平缓的情况下，弯曲度也较小，可以考虑酌情采用该方法。然而四次及以上的多项式，往往带有更多的拐点和波动，其弯曲度往往较大，作为农作物单产趋势的估计方法，建议慎用。

4. 趋势估计的相对误差分布特征

一般来说，农作物时间序列产量数据的趋势估计结果与原始数据或多或少都存在一定的偏离，这种偏离可以理解为非系统趋势对农作物产量的影响。从农作物生产和生长的规律来看，绝大多数情况下都会存在非系统趋势的偏离，这种偏离主要来自洪涝、干旱、风雹和冷冻等天气因素引起的气象灾害以及病虫草鼠害等非气象灾害的冲击和影响。为了评估其影响程度，我们定义相对误差 eS_t 和 eE_t，并从其分布来评估和分析趋势估计拟合结果是否符合要求。

$$eS_t = \frac{x_t - \hat{x}_t}{x_t}, \quad t = 1, 2, \cdots, T \tag{5-30}$$

$$eE_t = \frac{x_t - \hat{x}_t}{\hat{x}_t}, \quad t = 1, 2, \cdots, T \tag{5-31}$$

式（5-30）和式（5-31）分别定义了误差相对于原始数据和预测数据的比值，我们都称之为相对误差，或者称 eS_t 为相对于原始值的相对误差，称 eE_t 为相对于预测值的相对误差。这两个相对误差的值可以是正数，也可以是负数。当 $eS_t < 0$ 时，表示相对趋势而言实际上是减产；当 $eS_t > 0$ 时，表示相对趋势而言实际上是增产；当 $eS_t = 0$ 时，表示天气等外部因素对趋势产量没有影响。eE_t 的值也表达了同样的含义。

对于比较合适的趋势估计方法，其相对误差的分布应该是比较接近于 0 的多，且沿正无穷大和负无穷大方向的数量减少，呈现出集中于 0 的特征。峰度越高，相对来说其预测愈加准确。

（二）趋势估计实例——以广西武鸣区为例

时间序列数据的趋势估计和去除趋势分析，常见的是线性估计和多项式估计。根据数据的可得性，我们以广西 110 个县域 1995～2017 年粮食作物单产序列数据为例，采用多种方法（线性估计、多项式估计、小波变换以及基于小波变换的多项式估计（WTDS）系列改进方法）进行趋势单产估计，并进行比较分析，从而找到最合适的单产时序数据的趋势单产估计方法。我们这里先以广西武鸣区为例，展示采用线性估计、多项式估计、小波变换和基于小波变换的多项式估计共四种方法进行趋势单产估计的步骤和流程。选择武鸣区为例的另一个原因，是因为传统方法难以完成武鸣区这样的历史单产数据序列的趋势单产估计。

1. 数据来源和变量描述

本书之所以选择广西的数据对于各种趋势单产估计模型和方法进行比较分析，除了数据的可得性以外，主要是因为当前很多对中国农作物趋势单产估计的研究多集中在几大产粮区，如东北三省和华北平原等[256-258]，较少关注到作为农业大省同时又肩负巩固脱贫攻坚成果的广西。而一种较好的具有普适性的估计方法应该是对于任何一个地区都适用的，故本书选择广西的数据进行分析和讨论。

对于各种趋势单产估计模型和方法的比较分析，我们采用的基础数据主要来源于1996~2018年的《广西统计年鉴》，其中部分数据的补充和校对，来源于广西各地市如南宁、玉林等地方统计年鉴。因1995~2018年广西县级的行政区域划分存在多次调整的情形，我们依据各统计年鉴数据以及各县域行政区划的历史沿革，按照县域划分之后的最近四年的农作物总播种面积在各县域的结构比重，将县域划分之前的上一级区域数据进行拆分，整理形成合理的数据序列。广西各县域趋势单产估计的相关变量情况如表5-2所示。

表5-2　广西各县域趋势单产估计的相关变量描述

变量	变量名称	单位	算法
S	粮食作物播种面积	千公顷	统计数据
SY	粮食作物产量	千吨	统计数据
Y	粮食单产	公斤/亩	=粮食作物产量/粮食作物播种面积
$\hat{Y}$	粮食趋势单产	公斤/亩	趋势估计所得

2. 多项式趋势估计

常规的线性估计和多项式估计，是在趋势产量估计中应用最普遍的方法。如果我们将多项式的"多"允许包括一阶，就是线性回归估计。如无引起歧义之处，下文提到的多项式估计相关内容的表述都可以理解为包括线性估计。

通过统计分析，以武鸣区为例进行的线性估计、二次多项式估计和三次多项式估计结果如图 5-20 所示。

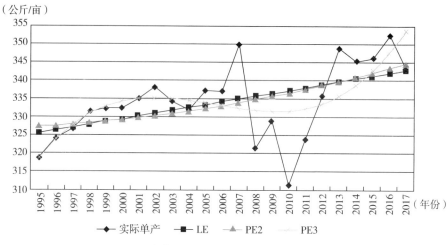

图 5-20 武鸣区单产趋势线性估计和多项式估计

图 5-20 中纵坐标表示单产（公斤/亩），横坐标代表时间序列，LE 是线性趋势估计，PE2 是二次多项式趋势估计，PE3 是三次多项式趋势估计。通过统计分析，得到三种方法的估计方程如下：

$$LE：y_t = 324.84 + 0.7810\ t, \quad t = 1, 2, \cdots, T \tag{5-32}$$

$$PE2：y_t = 327.43 + 0.1597\ t + 0.0259\ t^2, \quad t = 1, 2, \cdots, T \tag{5-33}$$

$$PE3：y_t = 312.28 + 7.0152\ t - 0.6733\ t^2 + 0.0194\ t^3, \quad t = 1, 2, \cdots, T$$

$$\tag{5-34}$$

三种估计方法的趋势识别特征相关评价指标如表 5-3 所示。

表 5-3 武鸣区线性估计和多项式估计趋势识别特征指标

估计方法	趋势识别特征指标								
	wSSE	mSSE	dSSE	RMSE	R^2	MAE	MAPE	SMI	CMI
LE	5.524	0.234	7.470	8.850	0.255	6.584	1.988	0.000	0.000
PE2	5.445	0.231	7.371	8.791	0.265	6.725	2.031	0.000	0.038
PE3	4.009	0.173	5.519	7.607	0.450	5.168	1.546	0.056	0.252

从武鸣区线性估计和多项式估计的趋势识别特征分析可知，拟合优度（wSSE、mSSE 和 dSSE 三个统计指标）从好到差排序依次是 PE3>PE2>LE，且可以看出 PE2 和 LE 区别并不大，但三种方法的可决系数 R^2 都很低（最大的 PE3 也只有 0.450）。从平滑度（SMI）来看，LE 和 PE2 估计的曲线比 PE3 的曲线更平滑，更接近于 0。从弯曲度（CMI）来看，PE3 的弯曲度为 0.252，并不理想。结合图形分析，武鸣区在 2007 年和 2010 年实际单产一高一低，起伏非常大，这种异常的波动，如果剔除在趋势之外，则可以认为 PE3 趋势估计结果不宜作为武鸣区的单产趋势。相比之下，虽然 LE 的拟合结果较差，但其反而更能代表武鸣区的趋势特征。因此综合地看，对武鸣区而言，三种趋势估计方法都不够理想。

3. 小波变换趋势估计

前文揭示传统的线性估计和多项式估计方法并不能很好地解决某个区域的农作物单产趋势，那么是否有一种更好的估计方法来解决这个问题呢？

在农作物单产趋势估计中，有部分学者尝试采用小波变换作为趋势估计的方法。小波分析的基本方法是将时间序列数据分解成趋势项和波动项（其中趋势项是时序数据的主体部分），然后通过重构趋势项，得到不同层次的趋势分析结果。当前 Matlab 的 Wavelet 应用程序包提供了多种小波分析的方法，包括 Harr 小波、Daubechies 小波、Biorthogonal 小波、Coiflets 小波、Morlet 小波、Mexcian Hat 小波、Meyer 小波、Gaus 小波、Dmeyer 小波、ReverseBior 小波、Cgau 小波、Cmor 小波、Fbsp 小波、Shan 小波和 Symlets 小波等。其中近似对称的双正交紧支撑小波变换函数 Symlets，由于其同时支持连续型小波变换和离散型小波变换，从而分析相关参数和功能特征，比较适合做作物产量时序数据的拟合。

数学软件 Matlab 的小波（wavelet）分析工具中的 Symlets 支持 1~4 层的分解和重构，1~4 层的结果趋向于更平滑。利用小波函数 Symlets 对粮食单产数据序列的分解和重构原理，如图 5-21 所示。

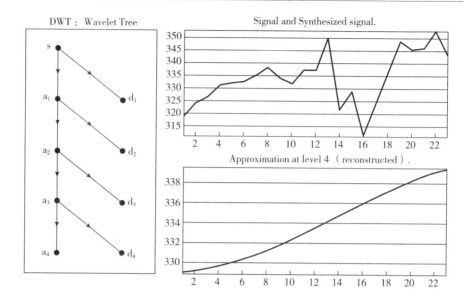

图 5-21　小波变换趋势估计原理

由图 5-21 可知，图中左半部分，s 表示原始数据序列，a 表示数据主体趋势部分，d 表示其分解出来的波动项部分。Symlets 将原始数据序列（见图 5-21 中 Signal and Synthesized signal 部分）通过逐层分解，最后重构成第 4 层的估计结果。经过层层分解和重构，可得到不同层次和精度的趋势估计结果，其分解规则如下：

1 层分解：$s = a_1 + d_1$　　　　　　　　　　　　　　　　　（5-35）

2 层分解：$a_1 = a_2 + d_2 \Rightarrow s = a_2 + d_1 + d_2$　　　　　　　　（5-36）

3 层分解：$a_2 = a_3 + d_3 \Rightarrow s = a_3 + d_1 + d_2 + d_3$　　　　　　（5-37）

4 层分解：$a_3 = a_4 + d_4 \Rightarrow s = a_4 + d_1 + d_2 + d_3 + d_4$　　　（5-38）

基于广西武鸣区 1995~2017 年粮食作物单产序列数据进行 Symlets 小波变换，其各层分解和重构结果如图 5-22 所示。

由图 5-22 可知，a1~a4 所代表的趋势项曲线越来越平滑。各层次小波趋势估计的拟合结果如图 5-23 所示。

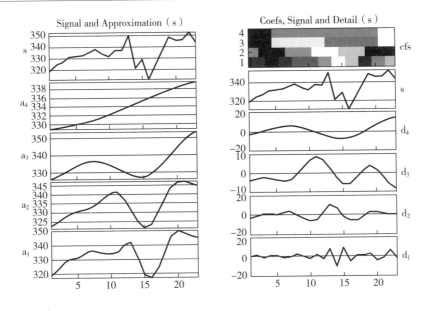

图 5-22　武鸣区粮食单产的小波变换分解和重构结果

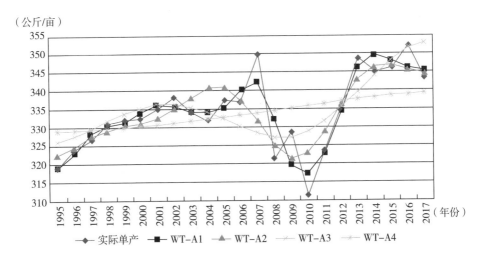

图 5-23　武鸣区粮食单产小波分析趋势估计

　　图 5-23 中纵坐标表示单产（公斤/亩），横坐标代表时间序列。小波分析作为趋势估计工具，没有像线性估计和多项式估计那样的估计方程，

而是通过分解原始信号，重构成各个层级的高频近似信号，并以此作为趋势估计的结果。在图5-23中WT-A1、WT-A2、WT-A3、WT-A4分别表示小波变换的最高层次，比如WT-A3表示进行三层分解和重构，其结果满足：$s = a_3 + d_1 + d_2 + d_3$。

武鸣区粮食单产小波分析趋势估计的趋势识别特征指标如表5-4所示。

表5-4 武鸣区粮食单产小波分析趋势识别特征指标

估计方法	趋势识别特征指标								
	wSSE	mSSE	dSSE	RMSE	R^2	MAE	MAPE	SMI	CMI
WT-A1	1.219	0.053	1.679	4.196	0.833	3.062	0.916	1.718	0.893
WT-A2	2.386	0.105	3.331	5.910	0.668	4.149	1.241	0.631	0.590
WT-A3	3.662	0.159	5.074	7.294	0.494	5.013	1.506	0.161	0.324
WT-A4	5.827	0.249	7.944	9.127	0.208	7.110	2.139	0.004	0.032

采用小波分析对武鸣区粮食作物进行趋势单产估计，从拟合度特征来看，从好到差依次为WT-A1、WT-A2、WT-A3和WT-A4。但从光滑度和弯曲度特征来看，WT-A1和WT-A2都不够光滑，也不够平直，不宜用于武鸣区单产趋势估计。结合实际单产序列数据进行分析，武鸣区在2007年和2010年，高低起伏非常大的这种异常波动，如果剔除在趋势之外，则可以认为WT-A3趋势估计结果也不宜代表武鸣区的单产趋势。相比之下，虽然WT-A4拟合效果最差，却似乎更能代表武鸣区的趋势特征，但其可决系数R^2又太低，仅仅为0.208。总之，对武鸣区而言，小波分析四个层次的近似数据序列都不能较好地解决粮食单产的趋势估计问题。

4. 基于小波变换的多项式估计（WTDS）

迄今为止，传统的线性估计和多项式估计方法，以及学者们最近使用的小波分析方法仍不能解决像武鸣区这种某个区域的农作物单产趋势估计问题。

多项式趋势估计和小波变换趋势估计，都是基于原始农作物单产时间序列数据进行预测估计，而从前面两个小节的例子分析中可以看出，对于有较大波动或极端值的单产数据序列，单一的多项式估计或者小波变换估计，都难以达到理想的效果。因此，我们这里尝试将这两种方法结合起来进行估计和分析，期望能解决上述尚未解决的问题。

从农作物单产序列数据的实质来看，产量的波动往往是由于各种气象因素或非气象因素导致的，因此我们做单产趋势估计的本质也就是要将这些风险因素所产生的波动分离出来。由于各种风险因素相互影响，往往导致农作物单产序列数据波动起伏较大，有时甚至出现异常极端的结果，借用信号处理的术语，我们可以称这些过于异常的波动为"噪声"。

上一小节我们介绍了将小波变换直接产生的高频近似信号作为趋势分析，但这么处理得到的分析结果却不够理想。我们重温小波分析的三个步骤：信号分解、信号分析处理和信号重构。其中在第二个环节中，一个重要的处理过程就是"噪声"的识别以及"去噪"的处理。我们设想，如果我们将小波变换的"去噪"优势与多项式估计的优势结合起来，形成一种新的方法，或许能解决前文提出的单产趋势估计问题。我们称这种新的方法为"基于小波变换的多项式估计"，我们使用"WTDS-"前缀作为此类方法的标识，依据多项式的阶数形成基于小波变换的线性估计、二次多项式估计和三次多项式估计等，分别记为 WTDS-LE、WTDS-PE2 和 WTDS-PE3 等。

小波变换"去噪"一般有三种处理方法：强制去噪、给定阈值去噪和系统默认去噪。从去噪效果来看，强制去噪处理往往能得到比较光滑的信号，但也可能丢失信号中的很多有用成分。给定阈值去噪往往需要人为的干预，针对特定信号，在有比较充分依据的前提下，可以得到合理的阈值，进而取得比较理想的结果。系统默认去噪一般是依据原始数据信号进行分析，得出默认的去噪阈值，然后依据其分析所得的默认阈值，选择小波变换基函数和分解层次，形成去噪后的高频系数和低频系数，再通过重构，形成新的去噪后的数据序列，并以此新的数据序列替代原始的数据序列，再进行线性估计、二次多项式估计或三次多项式估计。这就是"基于小波变换的多项式估计"的基本流程。我们采用 Matlab 的 Wavelet 工具来实现实际单产数据序列的小波变换和去噪及后续的多项式拟合过程。

这里我们依然采用武鸣区的粮食作物单产数据作为例子，来表述基于小波变换的多项式估计过程和结果。原始实际单产数据序列及其经过小波变换和去噪重构后形成的去噪数据序列 WTDS-Y 的对比如图 5-24 所示。

在图 5-24 中，WTDS-Y 表示去噪后形成的新数据序列。在实际单产数据序列中，2007 年的向上异常大幅波动和 2010 年的向下异常大幅波动，经过去噪处理之后已经变得平滑。我们采用 Matlab 工具，对武鸣区实际单产数据分析后得到的默认去噪阈值是 10.46。当然，去噪的过程并非是简单地将波动的高点和低点数据进行删除，而是要基于数据序列，进行分析和变换。小波变换之所以可行，是因为其变换的过程可以通过逆变换还原成原始数据序列。通过对比图 5-24 中的两条数据线，我们有理由认为新的去噪数据序列 WTDS-Y 更能体现武鸣区的粮食单产趋势信息，也就是说，基于 WTDS-Y 序列进行趋势估计，对武鸣区粮食单产的"真实"趋势不会失真，反而比原始的实际单产数据序列更加准确和科学。

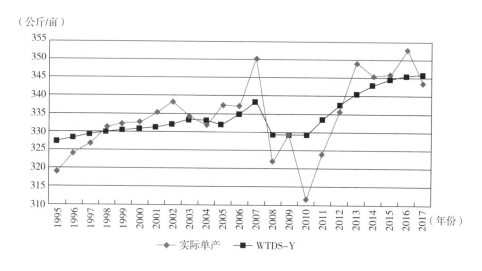

图 5-24 武鸣区粮食单产小波变换去噪处理

我们进一步采用 WTDS-Y 序列进行多项式估计，得到的结果如图 5-25 所示。

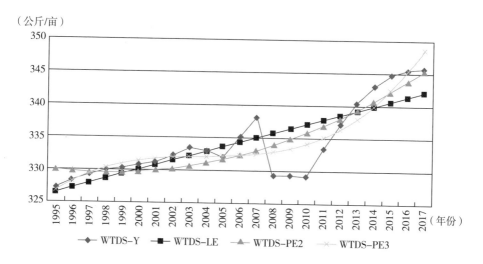

图 5-25　武鸣区基于小波变换的多项式估计

在图 5-25 中，新的去噪数据序列 WTDS-Y 曲线较原始数据序列趋势特征得到了更大的改善，然而相比之下，WTDS-PE2 和 WTDS-PE3 的数据序列较 WTDS-LE 的数据序列更能拟合 WTDS-Y 数据。从 WTDS-PE2 和 WTDS-PE3 的比较来看，似乎 WTDS-PE3 比 WTDS-PE2 更优一些，因为在时序为 3~9 时，WTDS-PE3 的线比 WTDS-PE2 的线更为上凸，更贴近 WTDS-Y 数据序列；而在时序为 14~18 时，WTDS-PE3 的线比 WTDS-PE2 的线更为下凹，也更贴近 WTDS-Y 数据序列。

通过统计分析，我们得到基于小波变换的多项式估计的估计方程如下：

WTDS-LE：$y_t = 325.78 + 0.7057 \, t$, $t = 1$, 2, $\cdots$, T　　　　(5-39)

WTDS-PE2：$y_t = 330.26 - 0.3696 \, t + 0.0448 \, t^2$, $t = 1$, 2, $\cdots$, T

(5-40)

WTDS-PE3：$y_t = 324.92 + 2.0468\,t - 0.2016\,t^2 + 0.0068\,t^3$，$t = 1, 2, \cdots, T$

$$(5-41)$$

出于比较的需要，我们同样列出了 WTDS-LE、WTDS-PE2 和 WTDS-PE3 这三种估计方法的趋势识别特征相关评价指标如表 5-5 所示。

表 5-5　基于 WTDS-LE、WTDS-PE2 和 WTDS-PE3 估计方法的趋势识别特征

估计方法	趋势识别特征指标								
	wSSE	mSSE	dSSE	RMSE	R^2	MAE	MAPE	SMI	CMI
WTDS-LE	0.795	1.922	1.922	3.366	0.659	2.521	0.753	0.000	0.000
WTDS-PE2	0.578	1.397	1.397	2.870	0.752	2.252	0.676	0.000	0.067
WTDS-PE3	0.401	0.988	0.988	2.414	0.825	1.757	0.524	0.020	0.125

对比表 5-5 和表 5-3 可以发现，相对基于原始数据的多项式估计，表 5-5 中的三种方法趋势识别的拟合度特征指标得到了明显改善。此外，从表 5-5 可以看出，武鸣区的粮食单产估计，三种 WTDS-系列方法的拟合度从好到差依次是 WTDS-PE3、WTDS-PE2 和 WTDS-LE。从表 5-5 还可以看出，WTDS-PE3 的已接近光滑（光滑度为 0.02），且已相对平直（弯曲度为 0.125），因此，相比较而言，我们有理由将 WTDS-PE3 方法作为武鸣区粮食单产趋势估计的最优方法。

作为农作物单产的趋势估计，其本意就是要去除各类风险因素的影响以得到"真实"的非风险单产趋势，因此在较短的一段时期内应该体现为比较平稳且平直的趋势。当然，如果是较长时期或超长时期，则应考虑周期识别和波动因素。接下来我们进一步审查基于小波变换的多项式估计和单纯的多项式估计的拟合改善情况。我们分别对比 LE 和 WTDS-LE、PE2 和 WTDS-PE2、PE3 和 WTDS-PE3 的拟合情况，得到如图 5-26 中（a）、（b）和（c）所示的结果。

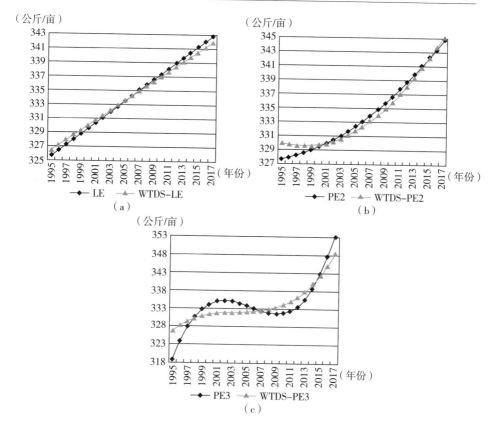

图 5-26 算法 LE 和 WTDS-LE、PE2 和 WTDS-PE2、PE3 和 WTDS-PE3 的结果对比

从图 5-26 中（a）、（b）和（c）三个对比图可以看出，相对于不采用小波变换的单纯多项式估计，WTDS-系列方法确实使估计结果更加平直，尤其从图 5-26（c）PE3 和 WTDS-PE3 的对比结果来看，采用小波变换后能将比较弯曲的 PE3 拟合结果，改善为相对平直的 WTDS-PE3 拟合结果。

单纯的多项式估计和基于小波变换的多项式估计结果的差异，除了可以通过上面的图形进行直观的对比以外，还可以通过估计方程的系数进行比较，也能得到同样的结论。例如，LE 的一次项系数为 0.7810（式（5-32）），而 WTDS-LE 的一次项系数略微减小到 0.7057（式（5-39）），后者相对平缓。需要说明的是，这里基于武鸣区的原始数据，平缓是一种改善，而对于其他县域，则有可能变得更陡峭，相对于同一县域的原始数据来说，这种"更陡峭"也是一种改善。同理，通过对比 PE3（式（5-34））和 WTDS-PE3（式（5-39））估计方程的系数，可以看到后者方程中的一次项、二次项和三次项绝对值减小的幅度都比较大，且其系数符号的方向没有改变，更能说明后者的改善程度更大，这一点从图 5-26（c）中看得更清楚。

（三）趋势估计实例的进一步比较分析——以广西 110 个县为例

本章第一节的第一部分描述了趋势单产识别的特征，第二部分以广西武鸣区为例，对多项式估计、小波变换估计以及基于小波变换的多项式估计三类不同模型和方法进行了实证说明。通过上文对武鸣区实例的分析，似乎印证了基于小波变换的多项式估计是对多项式估计的一种改进，但这只是一个县域的例子，也许恰好只有武鸣区表现出这一结果，而其他的县域都并非如此呢？

为了回答上述问题，我们以广西 110 个县域（包括武鸣区）1995～2017 年的粮食单产数据分别采用多项式估计、小波变换估计和基于小波变换的多项式估计逐一进行分析，得到了数量庞大的统计结果，验证了 WDTS-系列方法确实是一种改进。出于比较的需要，我们提取了趋势识别的拟合度特征、光滑度特征、弯曲度特征以及预测误差分布特征进行分析说明，得到如表 5-6 所示的结果。

表 5-6　广西 110 个县域趋势估计识别特征比较

指标	方法	WT-A1	WT-A2	WT-A3	WT-A4	LR	PE2	PE3	WTDS-LR	WTDS-PE2	WTDS-PE3
dSSE	MAX	12.92	14.55	30.02	39.42	39.98	39.93	26.34	20.71	20.69	14.27
	MIN	0.17	0.78	1.14	2.82	1.36	1.23	1.06	0.02	0.00	0.00
	AVG	2.09	4.09	6.23	9.18	9.20	7.54	5.99	3.02	2.06	1.27
	SD	2.24	3.09	4.62	5.84	6.45	5.49	4.44	3.67	3.01	2.33

续表

指标	方法	WT-A1	WT-A2	WT-A3	WT-A4	LR	PE2	PE3	WTDS-LR	WTDS-PE2	WTDS-PE3
mSSE	MAX	1.20	1.44	3.85	5.06	5.13	5.13	3.38	20.71	20.69	14.27
	MIN	0.01	0.06	0.10	0.15	0.09	0.08	0.08	0.02	0.00	0.00
	AVG	0.17	0.33	0.51	0.79	0.78	0.63	0.49	3.02	2.06	1.27
	SD	0.20	0.30	0.50	0.69	0.73	0.60	0.46	3.67	3.01	2.33
wSSE	MAX	23.78	34.08	92.62	113.70	114.95	114.78	79.76	37.10	37.07	26.88
	MIN	0.29	1.27	2.36	3.66	2.11	1.92	1.74	0.02	0.00	0.00
	AVG	3.89	7.74	12.11	18.42	18.39	14.70	11.37	5.06	3.16	1.82
	SD	4.33	6.73	11.95	16.18	16.56	13.63	10.66	6.86	4.83	3.68
RMSE	MAX	17.89	22.39	37.31	42.76	43.06	43.03	34.95	24.67	24.66	20.48
	MIN	1.86	3.84	5.16	6.41	4.91	4.70	4.49	0.45	0.13	0.06
	AVG	6.39	9.31	11.55	14.43	14.25	12.83	11.28	6.63	5.12	3.64
	SD	3.19	4.00	4.99	5.73	6.16	5.64	4.86	4.42	4.00	3.35
MAE	MAX	11.60	16.39	27.19	31.37	31.76	32.37	27.02	18.43	18.57	16.56
	MIN	1.12	2.51	4.04	4.54	3.97	3.59	3.35	0.39	0.12	0.04
	AVG	4.53	6.88	8.79	11.23	11.20	9.96	8.74	5.29	3.97	2.64
	SD	2.14	2.70	3.68	4.34	4.87	4.40	3.78	3.46	3.03	2.40
MAPE	MAX	4.00	4.96	7.69	8.60	8.70	8.87	7.59	7.67	5.02	4.56
	MIN	0.41	0.93	1.25	1.80	1.38	1.36	1.25	0.12	0.03	0.01
	AVG	1.53	2.31	2.99	3.80	3.81	3.35	2.94	1.86	1.36	0.90
	SD	0.71	0.86	1.17	1.40	1.61	1.34	1.17	1.31	1.03	0.79
SMI	MAX	12.92	2.75	0.52	0.07	0.00	0.00	0.33	0.00	0.00	0.18
	MIN	0.98	0.05	0.02	0.00	0.00	0.00	0.00	0.00	0.00	0.00
	AVG	3.10	0.65	0.15	0.02	0.00	0.00	0.07	0.00	0.00	0.04
	SD	2.07	0.42	0.09	0.01	0.00	0.00	0.06	0.00	0.00	0.04
CMI	MAX	2.89	1.21	0.45	0.14	0.00	0.21	0.46	0.00	0.20	0.44
	MIN	0.48	0.08	0.07	0.02	0.00	0.00	0.01	0.00	0.00	0.02
	AVG	1.35	0.51	0.21	0.07	0.00	0.08	0.22	0.00	0.06	0.17
	SD	0.50	0.21	0.09	0.03	0.00	0.07	0.12	0.00	0.05	0.12

表 5-6 中的第一行表示 10 种估计方法，第一大列（特征/指标）分为两小列，第一小列是 8 种特征/指标名称，第二小列是各种特征/指标的情况，例如 dSSE 指标栏的 MAX、MIN、AVG 和 SD 分别表示 110 个县 dSSE 的最大值、最小值、平均值和标准差。

通过比较 dSSE、mSSE、wSSE、RMSE、MAE 和 MAPE 等拟合度特征指标，总体来看拟合效果从好到差依次排序为：WTDS-PE3、WTDS-PE2、WT-A1、WTDS-LE、WT-A2、PE3、WT-A3、PE2、LE 和 WT-A4，也即总体而言基于小波变换的多项估计在这 10 种估计方法中较优。

需要指出的是，虽然各种方法的综合统计结果显示了以上特点，但并不表示所有区域都是同样的结果。从广西 110 个县域以各种方法估计的结果（篇幅所限，在此未将详细结果一一列出）来看，并非所有县域的 WTDS-PE3 和 WTDS-PE2 都优于 WT-A1。我们按照 dSSE、mSSE、wSSE、RMSE、MAE 和 MAPE 特征指标进行比较，得到 WT-A1 优于 WTDS-PE3 的县域个数分别为 18、12、14、12、18 和 17，WT-A1 优于 WTDS-PE2 的县域个数分别为 45、37、37、37、43、42，也就是说有超过 10% 的县域 WT-A1 优于 WTDS-PE3，超过 30% 的县域 WT-A1 优于 WTDS-PE2；另外，还有超过 45% 的县域 WTDS-LE 优于 WT-A1，有超过 28% 的县域 WT-A2 优于 WTDS-LE，有超过 36% 的县域 WT-A3 优于 PE3；WT-A2 优于 WTDS-PE2、PE3 优于 WTDS-LE 以及 WT-A3 优于 WTDS-PE 的县域都占 10% 左右。

进一步地，如果从小波分析、多项式估计、基于小波的多项式估计三个大类来分析，我们可以得知小波分析类方法 WT-A1、WT-A2、WT-A3 和 WT-A4，其拟合优度随着层级数量的增长而下降，但变得更为光滑和更加平直；多项式估计 LE、PE2 和 PE3 的拟合优度随多项式的阶数增长而上升，但可能变得有点弯曲；基于小波变换的多项式估计 WTDS-LE、WTDS-PE2 和 WTDS-PE3，呈现出与多项式估计 LE、PE2 和 PE3 相同的特征。

上述分析结果是前文以武鸣区为实例来展示各种估计方法及其分析结

果的强有力支撑。现在我们进一步考察基于小波变换的多项式估计 WTDS-类方法与单纯的多项式估计方法之间的差异。广西 110 个县域的实证结果都能支撑表 5-6 的平均结果，即 WTDS-PE3 优于 PE3、WTDS-PE3 优于 PE2、WTDS-LE 优于 LE，这充分表明，在农作物单产趋势估计中，采用小波变换的去噪处理再结合多项式拟合的"基于小波变换的多项式估计"方法确实是对单纯的多项式估计方法的改进。

我们再从光滑度和弯曲度特征来进行分析，小波分析方法 WT-系列中，WT-A1 和 WT-A2 的光滑度系数分别为 3.15 和 0.65，弯曲度系数分别为 1.35 和 0.51，虽然 WT-A1 和 WT-A2 的拟合度特征较优，但过于粗糙和弯曲，不宜作为区域单产趋势估计的方法。WT-A3 相对比较光滑（0.15），也比较平直（0.21），但 PE3 拟合的光滑度更好（0.07），且 PE3 拟合优度还略优于 WT-A3（0.22）；另外从 110 个县域的估计结果来看，PE3 和 WT-A3 的拟合曲线形状比较相似，因此相比之下 PE3 方法比 WT-A3 方法更优。对于 WT-A4 方法，虽然其足够光滑且平直，但其拟合效果比较差，甚至略逊于直接的线性估计 LE，因此相比较而言，WT-A4 不适合作为农作物趋势的估计方法。多项式估计 LE、PE2 和基于小波变换的多项式估计 WTDS-LE 和 WTDS-PE2，从光滑度和弯曲度特征来考虑，已经接近光滑和平直，都可以用于农作物单产趋势估计，而 PE3 和 WTDS-PE3 也已经接近光滑（光滑系数分别为 0.07 和 0.04），但略有弯曲（弯曲系数分别为 0.22 和 0.17），也适合于农作物单产趋势估计。

在本节第一小节中提到，时间趋势数据的趋势识别除了需要从拟合度、平滑度和弯曲度特征进行考量以外，还需要从预测相对误差的分布特征进行分析。由于前文已经证实小波分析 WT-系列方法在农作物单产趋势估计方面不够理想，这里我们不再分析其分布特征。图 5-27 中的（a）和（b）分别展示了广西 110 个县域趋势估计相对于原始值以及预测值的相对误差分布情况。

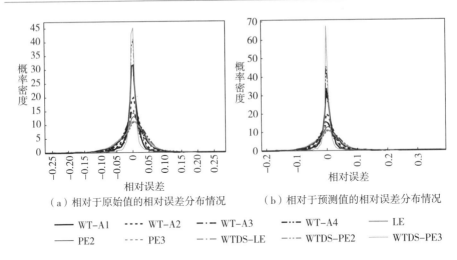

（a）相对于原始值的相对误差分布情况　　（b）相对于预测值的相对误差分布情况

—— WT-A1　⋯⋯ WT-A2　—·— WT-A3　—··— WT-A4　—— LE

—— PE2　---- PE3　—·— WTDS-LE　—··— WTDS-PE2　—— WTDS-PE3

图 5-27　广西 110 个县域趋势估计相对于原始值、预测值的相对误差分布情况

从图 5-27 的（a）和（b）两个相对误差分布图可以看出，相对于原始值的相对误差分布更分散一些，而相对于预测值的相对误差分布更集中一些。我们还可以看到，无论是相对于原始值还是预测值的相对误差，其分布都呈现趋向 0 集中的分布趋势，其中 WTDS-PE3、WTDS-PE2 和 WTDS-LE 都比 PE3、PE2 和 LE 更集中，且其峰度更高。因此从相对误差的分布特征来看，基于小波变换的多项式估计确实是对直接多项式估计的一种改进。如果仅从分布特征来看，WTDS-PE3 要优于其他方法，WTDS-PE2 也优于 WTDS-LE，WT-A1 和 WT-A2 也是较优的方法，但这并不表示 WT-A1 和 WT-A2 适用于农作物单产趋势估计。

综上所述，我们可以得出如下结论：小波分析不宜直接作为趋势估计的方法，而基于小波变换的多项式估计是直接多项式估计的改进方法，在农作物单产趋势估计中，适合采用小波变换和多项式拟合相结合的基于小波变换的多项式估计 WTDS-系列方法：WTDS-LE、WTDS-PE2 和 WTDS-PE3。

虽然上述分析得出 WTDS-系列方法在农作物单产趋势估计中比较优，甚至从拟合度特征和相对误差分布特征方面来看，似乎可以得出 WTDS-

PE3 是最优的方法的结论，但是我们并不能简单地将这样的结论应用于实际研究当中。从广西 110 个县域的实证研究来看，所得出的合理结论是 WTDS-LE、WTDS-PE2 和 WTDS-PE3 三种方法都可以用于农作物单产趋势估计，至于哪种方法最优，不能武断地下完全一致的结论，需要结合具体区域（广西各县、其他省份各县）的实际单产数据序列，甚至结合该区域的相关灾情、经济和人文特征，来最终确定到底是采用基于小波变换的线性估计还是二次多项式或三次多项式估计。

（四）趋势估计的分析流程及方法选择准则

前文的实证分析证实在农作物单产趋势估计方面，比较合适的方法是采用基于小波变换的多项式估计 WTDS-系列改进方法（含线性估计）。其具体的分析流程如图 5-28 所示。

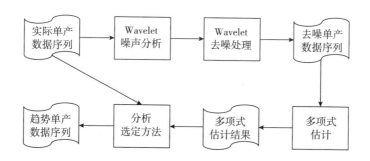

图 5-28　基于小波变换的多项式趋势估计流程框架

由图 5-28 可知，进行农作物单产趋势估计，我们首先要从林林总总的方法中选定几种常用的方法（例如线性估计、多项式估计和小波分析等），然后进行噪声分析和去噪处理，以得到去噪后的单产数据序列，再进行多项式估计以得到多项式的估计结果，随后通过比对和分析这些估计结果，从中选定最合适的分析方法，从而得到最佳的趋势单产数据序列。在这一估计流程中，有几个关键的步骤，包括噪声分析、去噪处理、多项式估计和分析并选定方法，在选定方法之后，依据选定的方法所得结果作为趋势单产。因此上述流程的重心是如何选定方法，这关系到趋势估计结果的准确性和适合度。由于经过小波变换的多项式估计方法具体有很多种，结合前文的分析结果，这里我们确定主要的方法选定准则如下：

准则一：做农作物单产趋势估计，采用基于小波变换的多项式估计更优，可选择以下三种方法：WTDS-LE、WTDS-PE1 和 WTDS-PE2。

准则二：在分析和选定方法时，要结合实际单产数据序列的数据特征进行分析，所有区域都采用同一种方法的做法需要慎重考虑。

准则三：优先选择估计结果与整体趋势相符的方法。当整体上升或整体下降、相对比较平稳时，优先选择线性估计 WTDS-LE；当整体呈现先升后降或先降后升时，优先选择二次多项式估计 WTDS-PE2；当整体呈现先升后降再升或先降后升再降，优先选择三次多项式估计 WTDS-PE3。

准则四：优先选择拟合优度（可决系数）R^2 达到 0.8 及以上的线性估计 WTDS-LE，不宜以提高拟合优度为目的而特意选择更高阶的方法。

准则五：对于一些有波动的数据序列，有两种情况：一种是小幅频繁波动的数据序列，另一种是单点大幅上跳（很可能是统计数据异常所致）或大幅下跳（很可能是受到灾害冲击）的数据序列，无论哪一种情况，都应优先考虑线性估计 WTDS-LE。

（五）农作物单产变异估计

在本章第一节第一小节中已经说明农作物的时间序列产量数据，可以分为"趋势产量"和"变异产量"两个部分，"变异产量"主要是由非系统性的洪涝、干旱、风雹、冷冻等与天气和气候相关的自然灾害所引起的产量波动，或者叫"自然风险单产"（参见第四章指标 eY 的定义式（4-27））。

农作物自然风险单产的估计，是以农作物趋势单产估计为前提，通过第四章自然风险单产的定义式（4-27），利用实际单产和趋势单产计算所得，在此不再赘述。同样地，利用趋势单产的估计结果，依据关键指标趋势单产变异系数 CVT 的定义式（4-32），可计算出单产变异估计结果。以农作物趋势单产和单产变异为基础，可计算农作物脆弱性风险的其他相关指标。

二、省级趋势单产和单产变异估计

（一）数据来源及变量描述

省级趋势单产估计的基础数据主要来源于中国国家统计局公布的历年数据。基于数据的可得性，谷物和豆类作物产量数据采用1991~2020年的数据，小麦、玉米、薯类和油料作物产量数据采用1980~2020年的数据。相关变量的描述如表5-7所示。

表5-7 省级趋势单产估计相关变量描述

变量	变量名称	单位	算法
S	播种面积	千公顷	统计数据
SY	产量	万吨	统计数据
Y	单产	公斤/亩	=产量/播种面积
Ŷ	趋势单产	公斤/亩	趋势估计所得
eY	自然风险单产	公斤/亩	=单产−趋势单产

注：该表只是一个汇总表，实际使用的播种面积、产量、单产和趋势单产数据都包含了谷物、小麦、玉米、豆类、薯类和油料六种作物类型的数据。

（二）实际单产和去噪单产统计信息

按照本章第二节第一小节确定的方法，我们首先需要对各省份的实际单产进行去噪处理，具体情况如下：

谷物：去噪阈值相对谷物实际单产均值之比平均为9.46%，其中超过10%的有13个省份，特别是辽宁和山西分别超过了27%和22%。去噪处理后的单产数据序列，其最大值相对于谷物实际单产的最大值平均下降了3.56%，其中下降幅度较大的有广东和辽宁两个省份，分别下降了8.28%和7.85%。去噪处理后的单产数据序列最小值相对于谷物实际单产最小值平均上涨了10.77%，上涨幅度最高的安徽超过了30%，另有辽宁、内蒙古和山西上涨幅度都超过了20%。去噪处理后的单产数据序列标准差相对于谷物实际单产标准差平均下降了16.61%，广东下降幅度最高，下降了

54%，贵州和辽宁的下降幅度都超过了40%。

小麦：去噪阈值相对小麦实际单产均值之比平均为15.37%，其中超过20%的有7个省份，特别是山西和辽宁分别超过了33%和28%。去噪处理后的单产数据序列，最大值相对于小麦实际单产的最大值平均下降了5.56%，下降超过10%的有6个省份，下降幅度最高的是贵州和上海，下降幅度都超过了17%。平均而言，去噪处理后的单产数据序列最小值相对于小麦实际单产最小值上涨了30.58%，其中有8个省份下降超过40%，而广东的上涨幅度高达96%。去噪处理后的单产数据序列标准差相对小麦实际单产标准差平均下降了12.8%，下降幅度最高的是上海（下降了40.76%），此外，云南、山东和湖北的下降幅度都超过了20%。

玉米：去噪阈值相对于玉米实际单产均值之比平均为16.08%，其中超过20%的有6个省份，尤其是辽宁和吉林分别超过了35%和31%。去噪处理后的单产数据序列，其最大值相对于玉米实际单产最大值而言，平均下降了4.84%；此外，辽宁和青海下降幅度超过11%，北京的下降幅度接近10%。去噪处理后的单产数据序列最小值相对于玉米实际单产最小值来说，平均上涨了24%，其中有9个省份下降幅度超过30%，西藏、广西和吉林的上涨幅度都超过50%。去噪处理后的单产数据序列标准差相对玉米实际单产标准差而言，平均的下降幅度接近17%，下降超过30%的有6个省份，其中下降幅度最高的是青海，下降了70%，此外，辽宁的下降幅度超过了50%。

豆类：去噪阈值相对于豆类实际单产均值之比平均为18.61%，其中超过20%的有11个省份，而宁夏和山西的更高，分别超过了68%和43%。去噪处理后的单产数据序列，其最大值相对于豆类实际单产最大值而言平均下降了10.86%，宁夏下降幅度最大，超过了30%，且黑龙江、山西甘肃和北京的下降幅度都超过了20%。去噪处理后的单产数据序列的最小值相对于豆类实际单产最小值平均上涨了33.64%，有8个省份的下降幅度超过40%，其中西藏和海南的上涨幅度都超过了100%，调整后的最小值达到了实际单产最小值的2倍多。去噪处理后的单产数据序列标准差相对于豆类实际单产标准差而言，平均下降幅度接近 31.36%，有将近一半的省份下降幅度超过 30%，青海的下降幅度超过 60%，为最高。

薯类：去噪阈值相对薯类实际单产均值之比平均为 20.49%，有 9 个省份接近或超过 30%，其中上海和西藏分别超过了 50% 和 37%。去噪处理后的单产数据序列，其最大值相对于薯类实际单产最大值平均下降了 9.79%，其中上海和西藏下降幅度超过 27%，辽宁和内蒙古的下降幅度也都超过了 20%。去噪处理后的单产数据序列最小值相对于薯类实际单产最小值平均上涨了 33.63%，其中有 9 个省份下降幅度超过 30%，上海的最小值则上涨到原来实际单产最小值的 3 倍多，宁夏的上涨幅度也超过 100%，新疆的上涨幅度也较大，超过 60%。去噪处理后的单产数据序列标准差相对于薯类实际单产标准差，平均下降幅度接近 18.39%，其中山西和黑龙江下降幅度超过 60%，重庆市和天津市的下降幅度也都超过 30%。

油料：去噪阈值相对油料实际单产均值之比平均为 15.91%，有 6 个省份接近或超过 20%，其中吉林和山西分别超过了 35% 和 33%。去噪处理后的单产数据序列，其最大值相对于油料实际单产的最大值平均下降了 4.56%，其中北京、上海、黑龙江和西藏的下降幅度都超过了 10%。去噪处理后的单产数据序列最小值相对于油料实际单产最小值而言，平均上涨了 30.97%，其中有 8 个省份下降幅度超过 50%，而辽宁最小值上涨幅度最高，达 108% 以上，内蒙古的上涨幅度超过 73%，上海的上涨幅度接近 70%。去噪处理后的单产数据序列标准差相对于油料实际单产标准差来说，平均下降幅度接近 10.78%，下降超过 20% 的有 5 个省份，其中上海和山西分别下降 61.04% 和 42.37%。

我们逐一将实际单产的统计信息和去噪后单产的统计信息进行了对比分析。我们在分析的过程中发现，谷物、小麦、玉米、豆类、薯类和油料作物的实际单产数据，存在诸多极端或异常的波动数据点，包括单点陡坡式上涨、断崖式下降以及异常波动或跳动等情况，且每种作物的实际单产数据都存在或轻或重的数据异常现象。为了进一步揭示这些典型的数据异常现象产生的原因，下面按照不同的数据异常情况，逐一对不同的作物类型进行分析。

我们先来看看数据上涨异常的情形。在谷物单产方面，吉林1998年相比之前的谷物单产历史最高点，一下猛增了40%。在小麦单产方面，辽宁2018年相比上一年猛增了63.51%，比历史的最高点还高出12.45%，即使我们将2017年理解为受灾年份，2018年相比上年可以有大幅的增长，但灾年之后即刻远远超过历史最高点的产量，也不太符合实际；上海的小麦单产，2017年达到历史高点，但2018年又在2017年的基础上上涨超过25%。在玉米单产方面，北京1990～1994年连续增长，累计涨幅超过40%，比其他几十年的历史高点还高出10%，但1996年以后又恢复到平均水平，这一过程不符合农作物的生产实际；其他部分省份的玉米单产也有与北京相似的异常特征，极有可能是统计口径的差异所致。在豆类单产方面，吉林2002年相对于上年上涨了将近53%，相对于2012年以前的历史高点上涨了将近34%，但在2003年略微下降，且在2004～2005年连续下降，之后到2006年又猛增，与2002年相比还上涨了18%，相对于2002年之前的历史高点，其涨幅更是高达57%；黑龙江的情况是1997年相对于前后两年的跳跃幅度超过23%，且高出整个期间其他高点的20%以上；上海的豆类单产在2003年单点跳跃幅度更有甚之，跳跃幅度超过38%；西藏在2017年的豆类单产单点跳跃得更厉害，翻了一番还多。此外，豆类单产单点跳跃现象比较多，这里不再一一枚举，换言之，豆类单产的数据质量相对而言稍微差一些。在薯类单产方面，上海2014年相对于前后两年以及历史高点，涨幅都超过50%，而且单产的绝对水平远远超过当前的薯类单产水平；西藏的情况是从2006年之前的几年开始连续上涨，并在2006年大幅度猛增，相对于连续增长之前的历史高点翻了一番还多，达到难以企及的单产绝对水平。总体而言，薯类单产的数据异常也比较多，但略优于豆类单产数据。在油料单产方面，北京2008年的数据相对前后年来说，单点跳跃增幅超过100%，即使相对于后续所有年度的最高点，也远超40%；西藏的油料单产在2010年较前后年单点跳跃增幅超过

40%，相对于整个考察期间的高点超出 25%；新疆的情况是 2013 年单点跳跃增幅将近 100%，完全背离整体平稳增长的长期趋势。上述列举的数据增幅异常情况以及限于篇幅尚未列举出来的其他比较特殊的数据上涨情况，部分原因是数据统计方面造成的，部分原因可能是前一年瞒报而后一年正常上报造成的，有的甚至是我们想象不到的但符合实际的真实单产。但无论是哪种情况，单点幅度较大的跳跃，都不能代表整个期间的产量趋势，因此需要进行去噪或平滑处理。

至于断崖式下降的异常数据，大部分情形可能是因灾情所致的单产下降，也有部分情形可能是数据统计误差或失误所致。我们进行农作物单产趋势估计的目的，就是要剔除风险所致的产量波动部分，因此如果是灾情风险所致的真实数据，我们应该进行去噪或平滑处理。如果是数据统计造成的数据异常或错误，更应该将其视为噪声，纳入去噪处理过程。

总的来说，省级单产趋势估计所涉及的谷物、小麦、玉米、豆类、薯类和油料共六种作物类别的实际单产数据，或多或少都存在一定的"噪声"，从整体数据质量来看，谷物和油料作物数据质量高一些，豆类和薯类的数据异常多一些。通过对数据的分析，我们还发现，部分省份数据质量较好，而有些省份的数据质量较差。另外，某些数据异常产生的原因可能并不是简单的统计错误，而是统计单位精度导致的数据误差和数据波动，从统计口径来看，播种面积的单位是千公顷，产量的单位是万吨，对于某些区域某种农作物，如果种植面积较小，总产量自然也会较小，数据统计过程中的四舍五入也可能引起很大的误差。举个简单的例子，面积和产量都是 0.5，这个数字 0.5 极可能是 0.504，也可能是 0.495，极端情况下可产生 4% 的差异，如果这一数字是 0.05，则可能产生超过 40% 的差异。如果在省市级以下的区域，采用这样的面积单位和产量单位，极有可能造成数据失常。另外，还有一个现象就是同一种农作物在不同省份，其绝对单产水平差异悬殊，不过只要在省市范围内统计口径是一致的，不影响趋势估计和后续的风险区划，因为趋势估计是按区域进行的，风险区划采用的是相对指标。

综上所述，不同省份不同作物的数据或多或少都存在一些极端值或异常波动的情况，这些极端值或者异常波动由各种各样的原因产生，其中有些是合理的，有些是不合理的，无论其原因是哪一种，都应该进行去噪，从而使部分极端值被平滑处理，同时又使原始单产数据序列的主要趋势信息得以保留，这样更利于趋势产量的估计。因此对于省级单产趋势估计来说，噪声分析和去噪处理，既是必要的也是有效的处理过程。

（三）省级趋势单产估计结果

通过前文对小波分析、多项式估计以及基于小波变换的多项式估计三种分析方法的讨论，我们认为基于小波变换的多项式估计 WTDS - 系列方法比较准确与合理。基于此，下面我们使用 WTDS - LE、WTDS - PE2 和 WTDS - PE3 方法对全国 31 个省份分谷物、小麦、玉米、豆类、薯类和油料六类作物进行单产趋势估计，并结合各省份自身数据特征，选定最佳的估计结果。

1. 谷物趋势估计结果

基于三种方法的估计结果，结合谷物实际单产数据，经过分析比对，最终确定为 28 个省份选用 WTDS - LE 方法，2 个省份（北京和天津）选用 WTDS - PE2 方法，另有 1 个省份（广东）选用 WTDS - PE3 方法。得到这 31 个省份相应的估计方程、拟合优度（R2）和百分比误差（MAPE）。

从谷物单产的趋势估计结果来看，整体拟合效果比较好，除了有三个省份（北京、天津和广东）的拟合优度在 0.6 ~ 0.8 以外，其余省份的拟合优度皆在 0.9 以上。

此外，从估计方程的回归系数来看，绝大部分省份符合整体线性平稳上升的趋势。广东的拟合优度相对比较低（0.6339），主要是因为 2009 年前后实际单产曲线的倒 "V" 形大幅度跳涨的数据异常，如果不考虑这一因素的话，拟合结果是比较符合整体趋势的。北京的谷物单产，起始阶段的略微上扬和结尾阶段的略微下降，与 2 次多项式拟合效果有点不符，更像一个 4 次多项式趋势，但也基本吻合，我们依然选用 WTDS - PE2。从绝对百分比误差 MAPE 指标来看，西藏最高也小于 4%，平均值为 1.64%，因此整体拟合效果比较理想，同时也说明谷物数据序列质量尚佳。

整体来看，全国的谷物单产，没有省份处于整体下降的趋势，这表明谷物作为中国主要的粮食作物种类，其生产是安全稳健的。值得引起关注的是北京和天津，结尾阶段似乎有单产下降的趋势。

2. 小麦趋势估计结果

在小麦单产估计方面也按照同样的做法，基于三种方法的估计结果，结合小麦的实际单产数据，经过比较分析，最终确定 22 个省份选用 WTDS-LE 方法，6 个省份（内蒙古、江苏、福建、湖南、云南和青海）选用 WTDS-PE2 方法，另有 2 个省份（北京和天津）选用 WTDS-PE3 方法。

小麦的趋势估计结果效果尚好，大部分省份的拟合优度达到 0.85 以上，且除了西藏和新疆的增长趋势曲线值得斟酌以外，绝大多数省份符合整体线性平稳上升的特征。我们在对比多种方法时发现，上海小麦 2 次拟合优度达到了 0.86、3 次拟合优度可达 0.91，但通过仔细分析其实际单产序列，尤其是 2017 年和 2018 年的两个极端数据，我们认为虽其拟合优度只有 0.46，但使用线性拟合效果更佳，故我们还是选用 WTDS-LE。

从趋势分布来看，部分省份呈现尾部下降的趋势。在这方面，需要引起关注和重视的省份包括福建、内蒙古、云南和青海。其中，福建从 1999 年以后呈现缓慢下降趋势，至今仍没有恢复增长趋势的迹象；内蒙古从 2009 年以后一直到 2017 年都呈现下降的趋势；云南和青海也有尾部下降的迹象。此外，也有中期曾经处于下降趋势，但尾部已恢复增长势头的省份，例如北京和天津。北京在 1995 年之后的 10 多年里，小麦单产处于长期下降趋势，但可喜的是自 2010 年以后开始恢复平稳增长的趋势。天津的情况比较类似，20 世纪 80 年代处于快速增长期，90 年代平稳增长，90 年代中后期略微下降，而到 21 世纪开始恢复平稳增长态势。从绝对百分比误差 MAPE 指标来看，平均值为 4.13%，西藏和安徽的超过 7%，新疆、辽宁、贵州和福建的超过 6%。

相比较而言，整体来看小麦的拟合效果要略次于谷物。此外，不同于谷物全部处于上升趋势的是小麦同样作为中国主要的粮食作物之一，存在单产趋势下降的情况，因此可以断言，中国小麦的生产相对安全，但不如谷物稳健。小麦的平均绝对百分比误差较谷物的偏高，这表明小麦单产的数据质量要次于谷物，但也都在合理的可接受范围之内。

3. 玉米趋势估计结果

同样基于 WTDS-系列方法的估计结果，结合玉米的实际单产数据，经过比较分析，最终确定 26 个省份选用 WTDS-LE 方法，3 个省份选用 WTDS-PE2 方法，另有 2 个省份选用 WTDS-PE3 方法。

从玉米单产的趋势估计结果的拟合优度来看，除了 4 个省份的拟合优度低于 0.8 以外，绝大多数省份的拟合优度在 0.8 以上，且拟合优度在 0.9 以上的省份数量还不少，说明整体效果比较好。从回归系数来看，绝大部分省份符合整体线性平稳上升的趋势。北京 1990~1995 年的数据大幅上扬，影响了拟合优度 R^2 值。西藏玉米单产整体趋势比较符合线性增长趋势，但 2009~2013 年倒 "V" 形单产跳涨，可能存在数据统计异常的情况，同时受 1982 年和 1984 年单点上跳浮动的影响，拟合优度较低。青海由于 2010 年以前的数据大幅度波动，严重影响了拟合优度 R^2 值，但整体呈下降趋势是确定的，尤其是 2010 年以后一直没有恢复的迹象，这一点值得引起关注和重视。

从绝对百分比误差 MAPE 指标来看，平均值为 4.69%，黑龙江、广东、宁夏、湖南和西藏 MAPE 值超过 7%，海南和内蒙古的 MAPE 值超过 6%，其他省份的都比较低。黑龙江因为 1993~1997 年实际单产曲线的倒 "V" 形较大幅度跳涨，可能是数据失常引起的，其整体趋势符合拟合结果，却导致 MAPE 值达到将近 20%。

整体来看，玉米单产趋势的拟合效果尚佳，但平均绝对百分比误差偏高，除黑龙江之外都在合理的可接受的范围之内。部分省份的玉米单产趋势呈下降趋势，需要引起关注。其中湖北从 2010 年以后呈现下降趋势，贵州在 21 世纪初期的单产达到高点，但于 2003 年开始了长期的下降，虽在 2016 年有所恢复，但之后表现出下降的迹象。青海的更严重，呈整体下降趋势。

4. 豆类趋势估计结果

在豆类单产趋势估计方面，我们也基于上述三种方法的估计结果，结合豆类作物的实际单产数据，经过分析比对，最终确定 19 个省份选用 WTDS-LE 方法，4 个省份选用 WTDS-PE2 方法，另有 8 个省份选用 WTDS-PE3 方法。

豆类作物单产的趋势估计整体效果不够理想，拟合优度低于 0.8 的省份有 12 个，其中低于 0.6 的有 6 个，分别是吉林、青海、安徽、贵州、上海和河南。

其中吉林的情况是 2002 年大幅跳涨，相对前期历史高点还高出 40%，2006 年再次跳涨，相对 2002 年的高点再次高出 20%，除此异常跳动之外，很长时期处于相对持平或略微下降的趋势，2012 年达到低点，之后逐步进入平稳上升阶段。黑龙江的情况跟吉林比较类似，只是时间点不太一样，2007 年以前整体略呈下降趋势，但之后进入平稳上升趋势。上海除了极端高点数据影响了拟合优度 R^2 值之外，整体呈下降趋势比较明显。上海、安徽和江苏这 3 个省份都有一个共同特征，就是在 2009~2012 年异常高于其他年份。贵州 2007~2009 年处于其他正常单产将近 2 倍的绝对水平，可能是数据异常造成的，但这也因此导致了拟合优度 R^2 很低，且 2010 年以后处于下降趋势。另外，北京整体呈下降趋势，天津 2006~2014 年保持在相对平稳但较低的单产水平，其他时期上下波动且幅度很大，整体趋势不够明朗。山西曾长时期以单产水平 70 为轴线做波浪起伏状，于 2009 年达到低点，之后步入平稳上升趋势。河南也存在大幅度的波动起伏，加上几个极高点的影响，拟合优度非常低。西藏受 2017 年极端高点异常数据的影响，拟合优度较低。

需要注意的是，有不少省份豆类单产有下降的趋势，这表明豆类生产不太稳定。其中北京和上海呈整体下降趋势，宁夏、湖北、贵州和陕西等省份都有尾部下降趋势。湖北 2010 年以前是相对平稳增长，但之后转入了单产下降趋势，且没有回转的迹象。陕西 2006~2012 年处于高点，相对其他年度高出 20% 以上，形成一个高高的拱门状曲线，2012 年以后处于单产下行趋势。

此外，从绝对百分比误差 MAPE 指标来看，平均值为 4.15%，陕西、贵州、安徽、西藏、天津和重庆的 MAPE 值都超过 6%，其中陕西和贵州分别超过了 15% 和 13%。整体来看，豆类的拟合效果不够理想，有 40% 的省份采用了 2 次和 3 次多项式估计，且拟合优度不高，大部分省份的 MAPE 值较低，但仍在合理的可接受范围之内。由此判断，豆类单产的数据质量相对较低。

5. 薯类趋势估计结果

类似地，我们基于三种方法的估计结果，结合薯类实际单产数据，通过比较分析，最终确定 22 个省份选用 WTDS-LE 方法，5 个省份选用 WTDS-PE2 方法，另有 4 个省份选用 WTDS-PE3 方法。

从薯类的单产趋势估计结果来看，部分省份的拟合效果较差，拟合优度低于 0.8 的省份有 5 个，其中山西和上海都低于 0.6，特别是上海，拟合优度极低。上海薯类单产水平高低相差过于悬殊，虽然其实际单产曲线呈现相对平且直的线性趋势，但其高低起伏的极值点（可能是统计数据有误）相对于均值来说差距过大，导致拟合优度极低。浙江与上海有类似情形，但没那么极端。部分省份尾部几年单产涨幅曲线比较陡峭，例如河北单产趋势估计的尾部 2015~2020 年处于高速增长，令人怀疑统计数据的准确性。河南的情况是前期平稳上升，2007 年以后有一段下降期，2016 年以后恢复上涨趋势，整体上可以看成线性上升趋势，但受尾部的数据影响，拟合优度不高。山西在 2011 年以前以均值为轴线上下波动，呈锯齿状缓慢下降趋势，并于 2011 年达到最低点，可喜的是从此进入了增长的通道。

在对薯类单产趋势的研究中，我们发现有较多在尾部近 10 年呈下降趋势的现象。例如，安徽 2008 年以前呈上升趋势，至 2004 年相对平稳，但 2014 年以后呈长期下降趋势。湖北的情况与安徽类似，先升后降，2002 年以后呈长期下降趋势。广东、广西、青海和西藏的主旋律是上升趋势，但其尾部几年反转成下降趋势。凡此种种，值得引起关注和重视。

从绝对百分比误差 MAPE 指标来看，平均值为 4.76%，西藏、广西、上海、吉林、江西、北京和河南的 MAPE 值超过 7%，其中西藏、广西和上海都超过了 10%。整体来看，薯类的拟合效果有点两极分化，呈现总体拟合优度较低的情况，但大部分省份的 MAPE 值在合理的可接受范围之内。薯类单产趋势估计呈现尾部下降趋势的较多，可能存在安全稳健生产隐患，值得有关部门注意。

6. 油料类趋势估计结果

在对油料类作物单产趋势估计上，我们仍然基于三种方法的估计结果，结合油料类作物实际的单产数据，通过比较分析，最终确定 26 个省份选用 WTDS-LE 方法，5 个省份选用 WTDS-PE2 方法。在对油料类作物单产趋势估计方面，没有选用 WTDS-PE3 方法的情况。

油料作物的趋势估计拟合效果非常理想，没有拟合优度低于 0.8 的省份。从绝对百分比误差 MAPE 指标来看，平均值为 3.87%，仅有甘肃、北京、天津、宁夏和安徽 5 个省份的 MAPE 值超过 6%，其中甘肃最高也才 7.21%。整体来看，除北京（先升后降，2008 年以后呈现下降趋势）外，其他所有省份都处于整体上升态势，只有几个省份在中期有过较为平缓的下降趋势。例如吉林中前期有一小段下降趋势，但整体保持单产上升的趋势。上海和黑龙江等省份也呈现中期有一段平缓下滑的时期。从以上的拟合结果及分析可知，油料作物单产的数据质量相对较高。

（四）省级单产变异估计结果

利用本章第二节第三小节各类作物的趋势单产估计结果，结合各类作物的实际单产数据，通过自然风险单产定义式（4-27）和趋势单产变异系数定义式（4-32），可获得各类作物的单产变异估计结果。省级趋势单产估计结果以及单产变异估计结果，将在第六章第三节第三小节基于承灾体脆弱性的风险区划和第六章第三节第四小节基于农作物的保险综合风险区划中，被纳入对应的计算概念模型用于计算对应的风险指数。

三、县域级趋势单产和单产变异估计

前文通过对省级数据进行去噪处理，并进行了相应的趋势单产估计，本小节中，我们沿用同样的思路和处理方法，以获得准确可靠的趋势单产估计结果。

由于广西属于经济欠发达地区，与其他省份相比，农业产业在地区生产总值中占据着比较重要的地位，因此本小节我们以广西的110个县域为例，来进行县级的趋势单产估计。需要说明的是，本书采用"县域"而非"县"的措辞，主要是基于本书的"县域"涵盖了"县""县级市"以及地级市中的"区"，如南宁市管辖的各个区；同时为了行文方便和简洁起见，将"融水苗族自治县"简称为"融水县"，将"三江侗族自治县"简称为"三江县"，将"恭城瑶族自治县"简称为"恭城县"，将"龙胜各族自治县"简称为"龙胜县"，将"富川瑶族自治县"简称为"富川县"，将"隆林各族自治县"简称为"隆林县"，将"罗城仫佬族自治县"简称为"罗城县"，将"环江毛南族自治县"简称为"环江县"，将"巴马瑶族自治县"简称为"巴马县"，将"都安瑶族自治县"简称为"都安县"，将"大化瑶族自治县"简称为"大化县"，将"金秀瑶族自治县"简称为"金秀县"。

（一）数据来源和变量描述

纳入我们分析框架的广西110个县域的相关数据来源和变量描述，在本章第一节中已经进行过介绍，在此不再赘述。需要说明的是，与本章第二节省级六种作物趋势单产估计不同的是，由于广西未公布谷物、玉米、油料等类别的播种面积，计算不了单产；且广西作为中国的产糖大省，也没有关于糖类的播种面积，也无法计算单产。而公布的不区分细类的粮食作物则具备了我们计算所需要的数据。因此本小节的趋势单产估计特指粮食作物的趋势单产估计。

（二）实际单产和去噪单产统计信息

我们按照本章第二节第一小节确定的基于小波变换的多项式趋势估计

方法，先对实际单产进行去噪处理。

广西 110 个县域粮食单产序列经过小波噪声分析，其去噪阈值相对于实际单产均值的百分比，平均为 6.34%，超过 10% 的有邕宁区、城中区、鱼峰区、柳南区、三江县、叠彩区、象山区、七星区、雁山区、万秀区、长洲区、龙圩区、平南县、金城江区和大化县 15 个县域。从整体来看，广西 110 个县域的数据相对平稳。通过去噪处理后形成的单产数据序列，最大值相对于粮食实际单产最大值平均下降了 2.9%，有 20 个县域去噪后最大值下降超过 5%，其中长洲区和龙圩区最大值下降超过 10%。从长洲区和龙圩区实际单产数据序列来看，2003~2004 年和 2006~2007 年的数据大幅跳涨，超过正常水平的 20%，极有可能是数据统计失常，而经过去噪平滑处理后能更加有效地保留其真实趋势。经过去噪处理后的粮食单产数据序列，最小值相对于粮食实际单产最小值平均上涨了 6.89%，上涨超过 10% 的有 18 个县域，其中金城江区、邕宁区和鱼峰区的最小值上涨分别超过 29%、21% 和 20%。金城江区 1995 年处于单产低点，低于第二低点 25%、低于第三低点 40%。邕宁区在 2001 年、鱼峰区在 1996 年和 2014 年的粮食单产数据单点断崖式下降，下降幅度约为 16%~18%。出现这种情况的原因极有可能是灾情所致的真实结果，也有可能来自数据误差，但无论出于何种原因，都不能代表真实的单产趋势，而通过去噪处理，能更有效地保证真实趋势的准确性。

通过小波变换和去噪处理，依据数据序列的特点，对极端值以及异常波动起到了平滑的作用，有效地降低了数据序列的标准差。经过处理后数据序列的标准差相对于粮食实际单产标准差，平均下降了 25.39%，下降超过 30% 的有 35 个县域，其中城中区、鱼峰区、三江县、全州县、兴安县、长洲区、钦南区、浦北县、平南县、博白县、金秀县 11 个县域的标准差相对下降得更大，超过 50%。去噪处理能比较有效地去掉一些噪声，使后续的趋势拟合更真实地反映趋势的本来面目。需要指出的是，尽管去噪处理能很好地去掉一些噪声，恢复趋势的真面目，但也存在极个别难以分辨和处理的情形，如上思县的粮食实际单产序列呈"W"形，不是单点式跳动，对于这种波动比较特别的情形，去噪处理就不是很理想。

整体来说，广西 110 个县域数据序列去噪处理是比较合理和成功的，为后续的趋势拟合奠定了良好的基础。但去噪处理不能解决所有的问题，在趋势拟合之后，依然需要结合原始数据序列进行仔细分析，以得到较为合理和准确的趋势估计结果。

（三）县域趋势单产估计结果

基于经小波变换去噪之后的单产，采用 WTDS－LE、WTDS－PE2 和 WTDS－PE3 三种方法进行估计，依据各县域的数据特征，并根据本章第一节确定的方法选定准则，选择较为合适的趋势估计结果。通过对三种方法估计结果的分析，结合实际的单产数据，在 110 个县域中，最终确定 79 个县域采用 WTDS－LE 方法，11 个县采用 WTDS－PE2 方法，20 个县域采用 WTDS－PE3 方法。

从广西 110 个县域的趋势估计结果来看，总体上拟合效果比较理想，其中可决系数 R^2 大于 0.8 的县域有 95 个，0.6～0.8 的有 8 个，但也有 3 个县域（陆川县、银海区和上思县）的可决系数小于 0.4。从 MAPE 指标来看，最大值为 7.67%，最小值为 0.12%，平均值为 1.55%，表明经过去噪的拟合，平均绝对百分比误差远远小于 10%，说明趋势估计的拟合方法得当。

通过对趋势估计结果的进一步分析发现，广西 110 个县域在 1995～2017 年粮食作物的单产趋势呈整体上升趋势的有 73 个县域，有 25 个县域开始先是呈现下降的趋势，但近几年开始转入上升通道，特别是其中以蒙山县、灵川县和陆川县为代表的 18 个历史上常年处于单产下降趋势的县域尤为如此。此外，曾经处于上升趋势但最近几年反转成下降态势，以及常年呈整体下降趋势的有 12 个县域，尤其是全州县、平乐县、藤县、平南县、北流市和平桂区这 6 个县域，整体呈单产下降的趋势，值得引起重视。

通过对广西 110 个县域的粮食单产趋势估计结果分析，我们还发现一个有趣的现象，县域的单产趋势呈现一定的更大区域的特征，也就是说，县域所属的上一级地级市内的所有县域都呈现出较高的相似单产趋势。无独有偶，县级实际的粮食单产水平也呈现出同样的特征，如河池市（地级市）下属各县域的粮食单产水平都普遍比较低，而玉林市（地级市）下属各县域的粮食单产水平就普遍比较高，几乎是河池市下属县域的两倍。其中的原因可能与不同区域的政策、经济以及人口流动等因素相关，也可能与数据统计质量相关。我们再回过头来分析几个拟合优度低于0.6的几个县域，认为其数据质量有待于做进一步的评估，如银海区、铁山港区和海城区在2010年的单产比临近年份的单产跳跃性地增加了30%，上思县和防城区2007年的单产数据出现单点跳跃性增长，上林县单产数据序列也呈现异常跳动现象。此外，玉州区、福绵区、容县、陆川县、博白县和兴业县等县域1996~2001年的单产水平跳跃性高于1995年，也普遍高于2002年以后的其他年份，这些都有待于商榷。

（四）县域单产变异估计结果

利用本章第三节第三小节的趋势单产估计结果，结合实际单产数据，通过自然风险单产定义式（4-27）和趋势单产变异系数定义式（4-32），可获得广西各县域粮食作物的单产变异估计结果。县域趋势单产估计结果以及单产变异估计结果，在第六章第四节以广西为例的县域级种植业保险风险区划中，被纳入计算概念模型用于计算对应的风险指数。

第三节　本章小结

种植业保险风险区划涉及气象灾害所致的受灾、成灾和绝收风险概率这类关键性指标。由于农作物自然灾害概率分布的合理性尚存在争议，故使用参数估计方法会遇到假设合理的概率分布函数瓶颈，且当样本量较少时其估计的准确性也较差。而非参数估计方法中的基于模糊数学的信息扩散模型，在将一个不完备的样本观测值变成一个模糊集，从而弥补在进行函数逼近时由于数据不足造成的缺陷方面具有独特的优势，进而得到更精确的估计结果。本章第一节第一小节介绍了信息扩散原理与扩散估计、扩散估计的扩散系数等概念和含义，推导出基于信息扩散的风险估计模型。本章第一节第二至第五小节分别依据农作物受灾、成灾和绝收三种灾损程度，估计了旱灾、水灾、风雹灾、冷冻灾和综合气象灾害的风险概率。具体的做法是：先由原始数据根据公式计算出各种灾害类型在不同灾损程度下的强度，再利用基于信息扩散原理的信息扩散估计得出对应灾害类型基于不同强度的风险概率，最后根据 31 个省份在各种灾害类型下受灾/成灾/绝收强度的平均值，选择受灾/成灾/绝收强度大于等于某个百分比对应列的风险概率值，作为后续灾害风险区划的受灾/成灾/绝收概率指标。

　　农作物趋势单产和单产变异是进行种植业保险风险评估的另一个重要指标，趋势单产估计是进行种植业保险风险区划的一项重要内容。而要进行趋势单产估计，必须先要对单产时间序列数据的趋势进行识别。对于时间序列数据的趋势识别，本章第二节提出了基于趋势估计拟合度、平滑度、弯曲度和相对误差分布共四个特征来进行识别，拟合度越高、估计曲线越是平滑、弯曲度越小、相对误差越小，趋势估计就越是准确。本章第二节以广西武鸣区为例的趋势估计实例中，本书采用线性估计、多项式估计、小波变换和基于小波变换的多项式估计（WDTS）共四种方法对武鸣区的粮食单产进行趋势预测，并对每一种方法得到的结果在拟合度、平滑度、弯曲度和相对误差分布方面进行详细的比较分析，得出在上述四种方法中，采用经过小波变换的多项式估计更优的结论，与其他学者认为混合模型较单一模型更有效的结论一致[259-261]，主要的原因是经过小波分析的噪声识别和去噪处理后估计的拟合度更高、曲线更平滑、弯曲度更小以及相对误差更小。随后进一步对包含武鸣区在内的广西境内 110 个县域的粮食单产进行了趋势预测分析，得到的结论也证实了作为一种对多项式估计的改进方法，经过小波变换的多项式估计（WDTS）系列方法更优的结论。然而本书也提到，经过小波变换的多项式估计（WDTS）方法也有很多种，究竟哪一种方法最优，不能武断地下结论，应该结合具体区域的实际单产数据序列，甚至结合该区域的相关灾情、经济和人文特征，来最终确定到底是采用基于小波变换的线性（WDTS-LE）还是二次（WDTS-PE2）或三次多项式（WDTS-PE3）估计等。在此基础上，本书提出了趋势估计的分析流程以及估计方法选择的准则。在趋势估计的分析流程方面，首先要从多种方法中选定几种常用的方法，进行噪声分析和去噪处理得到新的单产数据序列，其次进行多项式估计，通过比对和分析各种方法的估计结果，最后选定最合适的分析方法。在这一估计流程中，噪声分析、去噪处理和分析方法的选定是关键点。经过小波变换的多项式估计方法有多种，在具体的估计方法选择方面，本书提出六大准则：优先采用基于小波变换的多项式估计（WDTS）、结合实际单产数据序列的数据特征进行分析、优先选择估计结果与整体趋势相符的方法、优先选择拟合度较高的线性估计而非为了提高拟合优度而选择更高阶的方法、对于一些有波动的数据序列，无论是小幅频繁波动还是单点大幅上跳或下跳的数据序列，都优先考虑线性估计。本章第二节第二、第三小节分别就中国的省级和广西的县域级数据进行了相关的趋势单产估计，进一步获得了单产变异结果。

第二小节使用 1991~2020 年谷物和豆类作物的产量数据、1980~2020 年小麦、玉米、薯类和油料作物的产量数据，对中国 31 个省份共六种作物做出了趋势单产估计。通过去噪阈值、最大值、最小值、平均值和绝对百分比误差比等指标，将各类作物的实际数据序列和经过去噪处理后的数据序列进行比对，得出的结论为总体上看基于小波变换的多项式估计方法比较准确与合理。基于此，本小节还给出了基于小波变换的多项式估计 WTDS-系列方法，对全国 31 个省份分六类作物进行单产趋势估计的结果。

通过对省级六类作物的趋势单产估计分析，我们有如下发现：一是整体来看，通过使用基于小波变换的多项式方法进行估计，六种作物的趋势估计拟合效果非常理想。二是无论何种作物，绝大多数的省份数据序列适合选用 WTDS-LE 方法，而少部分省份适合选用 WTDS-PE2 或者 WTDS-PE3 方法。三是相比较而言，油料作物单产数据质量和拟合效果最佳，谷物的次之，小麦和玉米的相对差一些，而豆类和薯类的问题较多一些。四是从单产趋势来看，31 个省份的油料和谷物基本上保持单产稳健上升的势头，而小麦和玉米则表现出少部分省市出现单产下滑的趋势，豆类和薯类单产整体呈下降趋势或尾部呈下降趋势的较多一些。

此外，本书还发现某个县域的单产趋势与其同属一个地级市的其他县域的单产趋势呈现出较高的相似性，同时某个地级市下属各县域的单产趋势与该地级市的单产趋势高度相关，而不同地级市之间的单产趋势差别略大。可能的原因是不同区域的政策、经济发展环境及水平、人文因素等不仅相同，同时也有可能与数据的统计质量相关。无论出于哪一种原因，都预示着不同的地级市之间的单产趋势可能是不同的，因此引出很有必要进行地市级的单产趋势估计。

通过实证分析，我们认为，无论是在省级还是县域级的趋势单产估计中，统计数据的质量及其完备性相当重要。从统计数据的质量来看，在肯定相关数据统计质量总体水平较高的前提下，我们发现部分省市（或县域）部分年份的统计数据比较令人生疑。相对来看，省级的统计数据优于县域级的统计数据。从统计数据的完备性来看，我们在前文的分析中也提到，有的省份并没有公布各种作物乃至当地重要作物的相关指标，这给我们分析作物的趋势单产估计造成了较大的遗憾。虽然前文提到的基于小波变换的多项式估计方法在解决数据异常、平滑数据等方面起到了重要的作用，但我们反过来想象，如果我们获得的基础数据更加准确、更为完善，则我们的估计结果将会更合理、更精确。

第六章　种植业保险风险区划的
省级和县域级实证分析

　　我们在第二章梳理了理论分析体系，在第四章构建了完整的指标体系和风险区划层级指标体系，第五章通过关键技术我们获得了种植业保险区划的一些关键数据指标：风险概率、趋势单产和单产变异。本章将在前文的基础上，确定适用中国国情的风险区划层级分类体系和研究流程，并用实证的方式完成省级和县域级风险区划。本章第一节介绍风险区划所采用的聚类分析和 GIS 技术方法。第二节将基于地域分异理论和灾害系统理论，构建涵盖省、地市和县域三级的风险区划层级分类体系，并确定风险区划研究的基本流程和范式。第三节和第四节将以实证的方式分别例证中国省级风险区划和县域级风险区划的流程（指标选取、权重确定、指标计算和评估、风险评级和区划地图施划）。其中，第三节的省级风险区划包括四个大类（基于气象灾害、基于病虫草鼠害、基于农作物载体和综合类）共 46 种类型的风险区划，其中基于气象灾害类风险区划和综合类风险区划，将引用第五章第一节风险概率估计的估计结果，基于农作物载体类风险区划和综合类风险区划，将引用第五章第二节省级趋势单产估计结果。第四节以广西 110 个县域为例，通过引用第五章第二节县域级趋势单产估计结果，结合其他指标数据，以实证方式呈现粮食作物的脆弱性风险区划和综合风险区划。第三节和第四节将体现风险区划层级体系中不同层级区划的共同点和差异，特别指出，县域级风险区划考虑了农作物生长期相关风险指标。

第一节　种植业保险风险区划的模型和方法

一、聚类分析法

聚类分析法是研究分类的一种多元统计方法，是一种多变量统计技术，也称群分析或者点群分析。其基本依据是所研究的样本或指标变量之间存在不同程度的相似性，即亲疏关系，并以样本间的距离来衡量。对一批样本的多个观测指标变量，找出能够度量样本指标之间亲疏关系的距离统计量，并以这些距离统计量作为划分聚合类型的依据，也即把彼此之间较为亲近的具有较大相似程度的样本或指标变量聚合为一类，直到把所有的样本或指标变量聚合完毕。

在聚类分析中，其分类对象既可以是指标变量，也可以是样本，对指标变量进行分类处理称为 R 型聚类分析，对样本进行分类处理称为 Q 型聚类分析。对于观测指标数量较多，且各观测指标变量之间可能存在较大相关性的情形下，可依据指标变量的分类结果以及它们之间的关系，选择主要变量进行回归分析或 Q 型聚类分析。在农作物保险风险区划的实践中，可通过因子分析法，获得起主要作用的共同因子，作为主要变量，然后对样本进行 Q 型聚类分析。这样处理的 Q 型聚类分析具有较多的优点：一是聚类谱系图能非常清楚地表现其数值分类结果，简明而直观；二是可综合利用多个指标变量的信息对样本进行分类，而因子分析所得的多个共同因子能代表所有观测指标变量的大部分统计信息；三是相对于传统分类方法更全面、细致和合理。

在聚类分析方法中，其亲疏关系是通过样本或指标间的距离来度量，常见的样本或指标间距离定义的方法有：绝对值距离、欧氏距离、欧氏距离的平方、明科夫斯基距离、切比雪夫距离、曼哈顿距离和卡方距离等。常见的统计分析工具 STATA、SPSS 和 SAS 中都包含采用 k-均值、k-中心点等算法的聚类分析工具。本章所涉及的聚类分析，采用统计分析工具

STATA 提供的 cluster 相关软件命令来完成。

聚类分析的常规步骤包括：①定义问题并选择分类变量。②选择聚类方法。③明确群组数目。④聚类结果评估。一般而言，群组数目不宜过多，以 3~4 组较为常见，最多不宜超过 6 组。

二、地理信息系统技术

地理信息系统（Geography Information System，GIS）是集计算机科学、测绘学、地理学、空间科学、数学、统计学和管理学为一体的新兴科学，其以地理空间数据库为基础，在计算机软件和硬件支持下，对空间相关数据进行采集、输入、管理、编辑、查询、分析、模拟和显示，并采用空间模型分析方法，适时提供多种空间和动态信息，为地理研究和决策服务等而建立起来的计算机技术系统。目前 GIS 技术因其具有高效的数据管理能力、空间分析、多要素综合分析和动态监测能力，成为目前一种有效的管理决策工具，广泛应用于土地管理、城市规划、环境监测、防灾减灾、工程建设、房地产和商业等各个领域。

GIS 技术可以对空间信息进行分析和处理，然后把地图独特的视觉化效果和地理分析功能以及一般的数据统计分析集成在一起。因此本章将采用 GIS 技术，将农作物保险风险区划的结果采用地图方式展现出来，既形象直观又对比鲜明。本章是通过 GIS 系统软件 ArcGIS 获得地图信息和格式文件，然后利用统计工具软件 STATA 的外部软件包 spmap 进行区划地图的施划。

第二节　种植业保险风险区划层级
分类体系及规范流程

一、种植业保险风险区划层级分类体系

中国地域广博，行政管理层级多，作物种类多而全，气象灾害种类繁

多且复杂多变，从种植业保险角度所需要的种植业风险区划，不能单一化和简单化，需要有一个较为完整的体系框架。前文的文献回顾以及实证研究已经为本章内容打下了良好的基础。结合中国的实际情况，在充分考虑到了中国的行政管理体系、农作物风险中的致灾因素及农作物自身的承灾脆弱性风险等因素的基础上，通过归纳总结并进行分类处理，形成种植业保险风险区划的层级分类体系框架如图6-1所示。

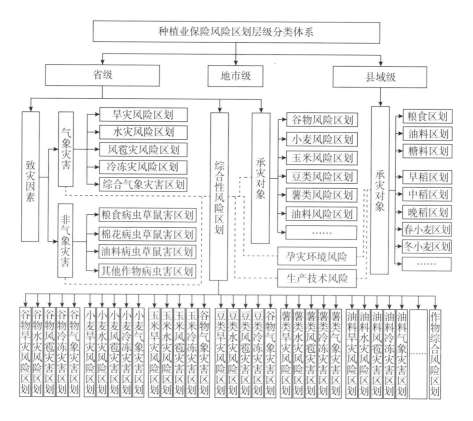

图6-1　种植业保险风险区划层级分类体系

由图6-1可知，种植业保险风险区划体系从行政管理体系或区域划分的大小来看，基于中国国情，可以分为三级：省级、地市级和县域级。根据前文对省级和县域级数据的实证分析过程，我们看到，真正存在显著差异的是省级和县域级，而在第五章本章小结提到，某个县域的单产趋势与其所属的上一级地级市的单产趋势高度相关，且不同地级市之间的单产趋势可能差别较大，因此在农作物保险风险区划体系时需要设置地市级一级，然而由于地市级的保险风险区划跟县域一级具有高度的同质性，故在实践中进行地市级的农作物保险风险区划时可以参照低一级的县域级的保险风险区划，或者由于不同的地市具有不同的异质性，也可以参照高一级的省级的保险风险区划，这里我们只重点说明省级和县域级农作物保险风险区划的内容。

省级的区域划分以中国 31 个省份为基本单位，其区划结果可供保险产品的设计、分区费率调整和保险补贴政策等做参考依据。保险产品所保障的风险和标的不一，可依据不同风险或标的进行不同维度的风险区划。农作物生产的风险因素众多，在第四章的指标体系已经说明，主要包括气象致灾因素、病虫草鼠害致灾因素、农作物自身的承灾脆弱性风险、农作物生长环境的孕灾风险以及农作物生产技术风险五个方面。省级风险区划可依据保险需要大体分三个维度进行细分，从而形成不同的风险区划结果。第一个维度是基于致灾因素来进行风险区划，可分为气象灾害和非气象灾害两类，其中气象灾害包括旱灾、水灾、风雹灾、冷冻灾和综合气象灾害等类别；非气象灾害包括各种作物的病虫草鼠害等，主要是为单一灾害或综合灾害类产品设计服务。第二个维度是针对承灾对象即农作物承灾的脆弱性来进行风险区划，以作物种类作为细类，本书主要分析了谷物、小麦、玉米、豆类、薯类和油料六类作物，在实践中根据实际需要也可以按照夏粮、秋粮或其他作物类型来进行风险区划，这类风险区划主要是用于评估作物自身风险，作为依据作物设计保险产品的参考依据之一。第三个维度是综合性风险区划，如图 6-1 所示，将致灾因素和承灾对象相结合，并将孕灾环境风险和生产技术风险因素加入进来，形成前两个维度的交叉综合性风险区划，比如在为某地域设计谷物生产的单一风雹灾产品，在费率厘定和费率分区调整机制上，可参考谷物—风雹灾风险区划结果，如果所保障的风险是组合风险或包括了所有的气象灾害，则需要参考谷物—综合气象灾害风险区划结果，以此类推。另外，诸如农业保险政策或农业补贴政策等，可能需要不区分灾害类型和作物种类的区域风险信息，则可以参考图6-1中所列的作物综合风险区划内容。

县域级风险区划以某个省份作为整体，其下属的县域作为区域划分的基本单位。县域级风险区划的主要目的是用于承保过程的风险控制，适用于将县域和作物种类作为费率厘定的因子之一纳入承保过程的费率调整机制，也可依据县域风险区划及趋势单产，确定承保标的也就是作物产量的可保范围等。县域级的风险区划建议以作物种类为基本分类依据，作物种类的选择需要依据地域的不同以及数据的可获得性，依据实际情况和实际需要来确定，既可以按农作物大类来进行风险区划，比如粮食、油料和糖料作物等；也可以按具体的作物种类来进行风险区划，比如早稻、中稻、晚稻或春小麦、冬小麦等。

下文的第三小节和第四小节依据上述风险区划层级分类体系结合第四章建立的风险区划层级指标体系，以中国31个省份和广西110个县域为例，基于实证数据建立各种类型的风险区划地图。

二、种植业保险风险区划的规范流程

为确保种植业保险风险区划工作的开展，需要经过合理的规划和严密的逻辑过程，以确保每一个过程都是恰当的和准确的，从而为下一个流程打下基础。图6-2展示了进行种植业保险风险区划的规范流程。

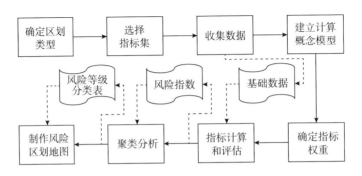

图6-2 农作物保险风险区划的规范流程

由图6-2可知,我们进行农作物保险风险区划,第一确定我们要做什么样的区划,并依据风险区划分类体系和第四章确定的风险区划层级指标体系,选定合适的指标集。第二依据我们所涉及的指标集,收集必要的原始数据,并加以整理形成基础数据。第三选择好区划类型和指标集之后,还需要依据文献研究结果并结合实际情况确定计算概念模型,进一步确定指标之间的重要程度、赋予合适的权重。第四依据整理后的基础数据计算各类指标值,并分析和评估计算结果。必要时需要修正计算概念模型和指标权重,甚至放弃某些指标或者重新加入新的指标。

首先,依据前面的计算结果和评估结果,形成各种风险指数,为下一步程序处理做准备。其次,基于各种风险指数采用聚类分析方法,对各区域进行风险等级的划分并形成风险等级表。最后,依据风险等级表制作风险区划地图。需要说明的是,制作好风险区划地图之后,我们仍需对区划结果的合理性、准确性等进行审视、分析和评估。

第三节 省级种植业保险风险区划

种植业保险风险区划,以省级行政单位作为区划的基本区域单位,我们称其为省级风险区划。第四章提到,农作物的生态环境和保险风险构成体系主要由五大因素组成:生长环境、气象灾害、非气象灾害、农作物本身以及人类活动,其中气象灾害和非气象灾害都属于致灾因子的范畴。考虑到各种要素的重要性,我们这里将省级风险区划区分为四种类型:基于致灾因子中气象类灾害的风险区划、基于致灾因子中非气象类灾害的风险区划、基于承灾载体的风险区划以及基于农作物生长环境和生产技术等要素的综合风险区划。下文将逐一展开详细的分析和讨论。

一、基于气象灾害致灾因子的风险区划

在保险产品的设计中，不考虑农作物种类，而是以单一气象灾害或综合气象灾害作为承保风险，适合使用基于气象灾害致灾因子的风险区划作为费率调整的依据。基于气象灾害致灾因子的风险区划，所选择的指标有两大类，一类是灾损的程度指标，包括平均受灾强度 RAHS、平均成灾强度 RADS、平均绝收强度 RAFS 等。另一类是根据三种灾损的程度（受灾、成灾和绝收）通过信息扩散估计得到的风险概率指标，包括受灾概率 PHS、成灾概率 PDS、绝收概率 PFS 等。

（一）数据来源和变量描述

原始数据中播种面积数据来自中国国家统计局 1988~2018 年的数据，旱灾、水灾、风雹灾、冰冻灾的受灾和成灾数据来自《中国农业年鉴》和中国国家统计局 1988~2018 年的数据，而绝收数据只有 1993 年及以后的数据。

平均受灾强度 RAHS、平均成灾强度 RADS、平均绝收强度 RAFS 参阅第五章第一节第二至第五小节变量描述性统计中的平均值列。

受灾概率 PHS、成灾概率 PDS 和绝收概率 PFS 等指标依据第五章第一节第二至第五小节灾害风险概率估计的结果，以全国平均受灾强度 RAHS、全国平均成灾强度 RADS、全国平均绝收强度 RAFS 为参照而选定的指标数据。为简化起见，这里根据第五章第一节第二至第五小节的分析结果，用表 6-1 将各类灾害风险概率指标选定的规则展现如下：

表 6-1　不同受灾程度下各类灾害风险概率指标的选定规则　　单位:%

气象灾害类型	受灾	成灾	绝收
旱灾	14	8	2
水灾	6	3	1
风雹灾	4	2	1
冷冻灾	3	2	1
综合气象灾害	25	15	4

注：根据第五章第一节第二至第五小节的分析结果整理得到。

以旱灾为例，表6-1可以解读为旱灾受灾概率PHS取值为当旱灾受灾强度大于等于14%的概率，旱灾成灾概率PDS取值为当旱灾成灾强度大于等于8%的概率，旱灾绝收概率PFS取值为当旱灾绝收大于等于2%的概率。水灾、风雹灾、冷冻灾和综合灾害受灾概率PHS取值以此类推。

（二）灾害风险指标权重的测算

自然灾害的危险性或者说灾害风险的表现形式有很多，主要因素包括灾害的种类、次均灾害的危害程度、灾害的频次、灾害发生的概率等。而灾害的危害程度从统计数据的角度可以表示为受灾总面积、成灾总面积和绝收总面积，其所表示的是年内一次或多次灾害的综合结果，因此灾害的频次不宜作为计算灾害风险指数的依据。因此我们可以建立灾害风险指数的计算概念模型：

$$DRI_k = f(灾害的危害程度，灾害发生的概率) \qquad (6-1)$$

$$DRI_k = f\begin{pmatrix} 受灾程度，成灾程度，绝收程度， \\ 受灾概率，成灾概率，绝收概率 \end{pmatrix} \qquad (6-2)$$

$$DRI_k = f(RAHS_k, RADS_k, RAFS_k, PHS_k, PDS_k, PFS_k) \qquad (6-3)$$

一种简单易行的计算方法是将相关风险因子标准化后的值累加，获得灾害风险指数DRI，这样的处理，其前提是所有风险因子的重要程度是一样的，而事实上，受灾、成灾和绝收所代表的风险程度不同，危害程度和发生概率代表的风险程度也有差异，因此我们有必要为不同的因子赋予不同的权重。

按照中华人民共和国民政部2013年12月26日印发的《自然灾害情况统计制度》有关规定，受灾是指减产一成以上，成灾是指减产三成以上，绝收是指减产八成以上，同时已知成灾面积中包括了绝收面积部分，受灾面积中包括了成灾面积部分。依据此统计规定，利用1980~2018年的全国各灾害类型的受灾、成灾和绝收统计数据，我们可以测算受灾、成灾和绝收对应的风险权重，其测算方式和结果如表6-2所示。

表 6-2 受灾、成灾和绝收权重测算

项目	旱灾	水灾	风雹灾	冷冻灾	综合灾害
绝收面积（百万公顷）	57.78	45.11	13.76	12.08	129.45
成灾面积（百万公顷）	428.59	228.16	86.69	59.47	815.24
受灾面积（百万公顷）	831.70	415.68	167.62	128.97	1579.30
减产30%~80%的面积（百万公顷）	370.81	183.05	72.93	47.39	685.79
减产10%~30%的面积（百万公顷）	403.12	187.51	80.94	69.48	764.05
绝收折合损失（百万公顷）	52.00	40.60	12.39	10.87	116.51
成灾折合损失（百万公顷）	255.94	141.28	52.50	36.94	493.69
受灾折合损失（百万公顷）	336.60	178.78	68.69	50.85	646.51
绝收折合损失比重（%）	90.00	90.00	90.00	90.00	90.00
成灾折合损失比重（%）	60.00	62.00	61.00	62.00	61.00
受灾折合损失比重（%）	40.00	43.00	41.00	39.00	41.00
绝收风险权重	0.47	0.46	0.47	0.47	0.47
成灾风险权重	0.31	0.32	0.32	0.32	0.32
受灾风险权重	0.21	0.22	0.21	0.21	0.21

注：绝收的面积以均值90%折合损失；减产30%~80%面积以均值55%折合损失；减产10%~30%面积以均值20%折合损失。例如旱灾成灾折合损失255.94 = 57.78×0.9+370.81×0.55。

从表6-2测算结果来看，旱灾、风雹灾、冷冻灾以及综合灾害的受灾、成灾、绝收的风险权重都分别为0.21、0.32和0.47，而水灾对应的风险权重略有不同，为0.22、0.32和0.46。考虑到差异较小，这里采用同一标准，按照0.21、0.32和0.47来设定受灾、成灾和绝收因子的风险权重。

在计算灾害风险指数的致灾因子中，一个维度是受灾、成灾和绝收，另一个维度是灾害程度和发生概率。对于灾害程度，我们采用平均灾害强度来衡量；而发生概率是在相当于全国平均灾害强度下发生的概率。我们认为在风险权重方面，两者相当，但考虑到平均灾害强度更容易受极大极小值的影响，可能影响结果的稳健性，因此我们赋予平均灾害强度0.4的权重，而赋予灾害发生概率0.6的权重。基于两个维度的权重，可以得出六个致灾因子的风险权重，如表6-3所示。

表6-3　灾害风险因子权重

平均受灾强度 RAHS	平均成灾强度 RADS	平均绝收强度 RAFS	受灾概率 PHS	成灾概率 PDS	绝收概率 PFS
0.084	0.128	0.188	0.126	0.192	0.282

由表6-3可知，在这六个灾害风险因子中，绝收概率PFS赋予的权重最大，为0.282，而平均受灾强度RAHS的权重最小，为0.084，其他四个灾害风险因子的权重都在0.1~0.2。从灾害风险因子权重测算结果来看，绝收风险的影响不可忽视，这也是本书第四章构建指标体系时，强调拓展风险指标的外延，纳入绝收风险指标的依据之一。从国内已有研究来看，较少考虑绝收风险因素，这可能是一种缺陷。

（三）灾害风险指数的计算

依据灾害风险指数的定义以及前文确定的各致灾因子的权重系数，我们将对应的致灾因子数据先进行标准化转换，然后乘以权重系数，再将结果累加并将计算结果标准化到 [0，1]，最后乘以100，得到各灾害（旱灾、水灾、风雹灾、冰冻灾和综合灾害）的灾害风险指数，如表6-4所示。

表6-4　中国31个省份各灾害类型灾害风险指数

省份	气象灾害类型					省份	气象灾害类型				
	旱灾	水灾	风雹灾	冷冻灾	综合		旱灾	水灾	风雹灾	冷冻灾	综合
北京	29.81	3.28	59.91	0.00	27.16	湖北	26.77	96.93	14.93	38.79	52.98
天津	41.03	12.55	52.84	1.48	41.44	湖南	32.12	100.00	3.21	37.64	52.65
河北	52.74	13.53	51.91	9.99	46.87	广东	9.24	39.67	21.38	43.41	23.28
山西	89.10	21.88	46.74	42.79	82.16	广西	21.77	53.87	3.82	30.62	30.55

省份	气象灾害类型					省份	气象灾害类型				
	旱灾	水灾	风雹灾	冷冻灾	综合		旱灾	水灾	风雹灾	冷冻灾	综合
内蒙古	100.00	56.91	63.41	40.50	100.00	海南	19.05	56.90	44.76	100.00	52.69
辽宁	76.88	56.80	19.30	14.62	73.35	重庆	31.15	59.85	12.65	15.03	35.92
吉林	67.81	59.99	34.07	19.78	70.88	四川	21.38	54.33	9.00	5.05	23.04
黑龙江	44.99	68.07	23.64	20.51	57.19	贵州	36.00	44.46	39.18	27.14	42.08
上海	0.00	0.00	0.00	14.71	0.00	云南	33.40	33.60	19.81	36.33	32.26
江苏	11.32	37.16	12.11	21.41	20.82	西藏	15.61	16.73	21.29	34.94	21.62
浙江	12.51	48.42	15.32	43.48	25.76	陕西	65.87	57.37	35.07	25.49	64.64
安徽	21.74	81.24	2.45	19.30	39.62	甘肃	72.48	24.27	51.72	42.96	68.80
福建	10.24	47.86	14.11	46.56	26.64	青海	50.62	21.22	100.00	33.46	61.45
江西	15.97	94.67	6.94	30.62	38.51	宁夏	71.63	15.87	47.59	47.09	66.12
山东	35.14	32.72	20.40	13.68	33.83	新疆	16.98	2.61	62.60	46.86	25.26
河南	28.31	40.71	17.97	20.30	33.22						

表6-4列出了各种灾害类型的相对风险指数，表明了在同一灾害类（列）中不同省份之间的相对风险大小。对于旱灾而言，内蒙古的风险指数最高，达最高值100.00；紧接着是山西（89.10）和辽宁（76.88），最低的是上海，为0.00。在水灾方面，湖南的风险指数最高，达最高值100.00；接下来是湖北（96.93）和江西（94.67），最低的是上海，为0.00。风暴灾方面的情况是：青海的风险指数最高，达最高值100.00；接下来是内蒙古（63.41）和新疆（62.60），最低的依然是上海，为0.00。冷冻灾方面的情况是海南的风险指数最高，达最高值100.00；接下来是宁夏（47.09）和新疆（46.86），最低的是北京，为0.00。至于最后一类综合灾害，内蒙古的风险指数最高，达最高值100.00；接下来是山西（82.16）和辽宁（73.35），最低的是上海，为0.00。

需要注意如下两点：第一，同一种灾害类型内（同一列）各省份的灾害指数是相对指数，可以直接比较大小，例如湖北的水灾指数为96.93，广西的为53.87，可以认为水灾对农作物造成的危害，湖北的要远高于广西的。但是，并不是说指数为0.00就是没有风险，而是表示相对而已，风险最低，指数为100.00也只是表示相对风险是最高的。第二，不同灾害类型之间的指数值不宜直接做比较，不同灾害类型的区域风险分布不同，同样的指数不代表同样的风险，比如云南水灾指数为33.60，旱灾指数为33.40，不能认为云南水灾和旱灾的风险几乎一样，实际上云南水灾指数排在第12位（将31个省份的水灾指数从低到高进行排序），而旱灾指数排在第19位（将31个省份的旱灾指数从低到高进行排序）。

（四）聚类分析过程

基于上一节所得的灾害风险指数DRI，我们可以对不同的灾害类型进行风险区划。

关于聚类方法的选择，常见的有层次聚类法（系统聚类法）和划分聚类法，其中层次聚类法包括最短距离法、最长距离法、中间距离法、类平均距离法、加权类平均距离法、重心法、Ward最小方差法等方法，划分聚类法常见的有k-均值法和k-中位数法。在很多有关聚类分析的文献中，多数学者采用k-均值法来进行聚类分析，且在与保险风险区划相关的文献中，这一应用也较为普遍。但经过研究和众多测试，我们发现如果在保险风险区划中采用k-均值法和k-中位数法来进行聚类分析并分组，其结果很不稳定，且出现一些明显的难以解决的问题，尤其是初始中心点的设定问题，不同的初始中心点的设定不同，会得出千差万别的结论。因此我们放弃划分聚类法中的k-均值和k-中位数法，转而采用层次聚类工具，通过STATA所提供不同的层次聚类法进行聚类分析，并依据多种方法的分组结果，综合形成聚类分析分组结论。

我们以加权类平均距离法作为示例说明层次聚类分析的过程。我们所使用的旱灾风险区划聚类分析的基础数据是上文计算得到的旱灾灾害风险指数。通过统计分析，得到旱灾风险加权类平均距离法聚类谱系如图6-3所示。

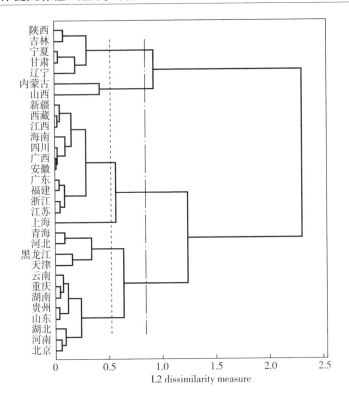

图6-3 旱灾风险加权类平均距离法聚类谱系图

在图6-3中，水平线的长度代表了各族类之间的差异程度，图中垂直的实线切断图谱，分成了四类：陕西、吉林、宁夏、甘肃和辽宁为一类，内蒙古和山西为一类，新疆、江西、海南、四川、广西、安徽、广东、福建、浙江、江苏和上海为一类，而剩下的省份为一类。垂直的虚线切断图谱，分成了六类，31个省份的划分类似于前文提到的四类的归类情况，在此不再赘述。我们看到，无论是分成四类还是六类，内蒙古和山西都归入同一类，贵州和山东也都归入同一类。但对于湖北和天津，当分成四类时这两个省市归入同一类，而分成六类时这两个省市归入了不同的类。

那么，到底应该将类别的数量定为四还是六，或者是其他呢？我们采用聚类停止法则——Duda/Hart法则来检测聚类分析的结果，以确定较优的类别数量。图6-4展示了这一法则的应用。

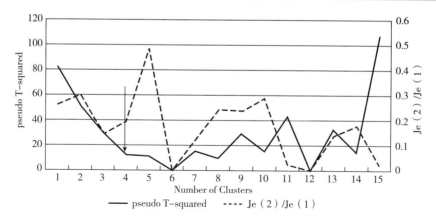

图 6-4 旱灾风险加权类平均距离法聚类 Duda/Hart 检验统计图

图 6-4 是加权类平均距离法进行聚类分析的 Duda/Hart 检验统计图。从原理来看，Je（2）/Je（1）值越大，代表组间区分效果越好；相反，pseudo T-squared 值越小则意味着组间区分效果越好。从图 6-4 来看，6 类和 12 类都不是合理的聚类类别数，分成 4 类和 8 类都是较优的选择，但 8 类的类别数量偏大。通过比较分析，我们选择图 6-4 中箭头所指向的点，相对而言，这时的 pseudo T-squared 值较小，而 Je（2）/Je（1）较大，因此分成 4 类是一种比较合理的聚类数量的选择。

需要指出的是，不同的层次聚类方法，由于类间连接的距离计算依据不同，聚类分析的结果可能会（实际上必定会）有所差异（见表 6-5），因而每一种方法得出的最优类别数量可能会存在一些差异。

表 6-5 中国 31 个省份基于多种聚类方法的旱灾风险聚类分析结果

省份	最短距离	最长距离	类平均	加权类平均	中间距离	重心法	Ward 最小方差	聚类结论	判别分析
北京	1	1	1	1	1	1	1	1	1
天津	2	1	1	1	1	1	1	1	1
河北	2	1	1	1	1	1	1	1	1

续表

省份	最短距离	最长距离	类平均	加权类平均	中间距离	重心法	Ward最小方差	聚类结论	判别分析
山西	2	1	1	1	1	1	1	1	1
内蒙古	2	2	2	2	2	2	3	2	2
辽宁	2	2	2	2	2	2	3	2	2
吉林	2	2	2	2	2	2	3	2	2
黑龙江	2	3	3	3	3	3	3	3	3
上海	1	1	1	1	1	1	1	1	1
江苏	2	2	2	2	2	2	2	2	2
浙江	2	2	2	2	2	2	2	2	2
安徽	3	3	3	3	3	3	3	3	3
福建	2	2	2	2	2	2	2	2	2
江西	4	4	4	4	4	4	4	4	4
山东	2	2	2	2	2	2	2	2	2
河南	2	2	2	2	2	2	2	2	2
湖北	4	4	4	4	4	4	4	4	4
湖南	4	4	4	4	4	4	4	4	4
广东	2	2	2	2	2	2	2	2	2
广西	2	2	2	2	2	2	3	2	2
海南	2	2	2	2	2	2	3	2	2
重庆	2	2	2	2	2	2	3	2	2
四川	2	2	2	2	2	2	3	2	2
贵州	2	2	2	2	2	2	2	2	2
云南	2	2	2	2	2	2	2	2	2
西藏	2	1	1	1	1	1	1	1	1
陕西	2	2	2	2	2	2	3	2	2
甘肃	2	1	1	1	1	1	1	1	1
青海	2	1	1	1	1	1	1	1	1
宁夏	2	1	1	1	1	1	1	1	1
新疆	1	1	1	1	1	1	1	1	1

表6-5中所采用的多种聚类方法中，相似度测度的距离定义有所不同：最短距离法、最长距离法、类平均法和加权类平均法采用欧氏距离，而中间距离法、重心法和 Ward 最小方差法采用欧氏距离的平方。由表6-5可知，若采用最短距离法，北京和天津及河北应该归为不同的类，而采用最长距离法，这三个省份应该归为相同的类。那么，对于各种方法的不同归类结果，我们该如何做出选择？目前学术界有几种对多种聚类方法结果的有效性进行判别和检验的方法，而常用的有聚类结论和判别分析法（见表6-5中最后两列）。其中聚类结论是根据各种聚类方法得出的类别标示出现的众数来作为最终的裁定结果，例如对天津进行旱灾风险聚类分析的7种方法中，有6种聚类分析的结果归属为"1"，而有1种聚类分析的结果归属为"2"，认为是"1"这个类别的次数最多（6次），因此得到的聚类结论为"1"而非"2"。其他省份聚类结论的得出以此类推。

我们采用 STATA-discrim 工具以 knn 的方式进行判别分析，对聚类分析的结论进行检验，并用＊号标注不同的结论。表6-5的结论没标注有＊号，说明聚类结论与判别分析法结论一致。

表6-5已经表明不同的层次聚类方法，由于类间连接的距离计算依据不同，聚类分析的结果很可能会（实际上是必然会）有所差异。但出于分析的需要，对于同一种风险区划的聚类分析，我们需要采用同样的类别数量，才可以进行彼此的相互验证和校正，并以此形成合理的风险水平等级。表6-5中各种聚类方法的结果表明聚类数量应该为4层。在进行后续的各种区划中，通过对每一类数据的多轮测试和验证，得出比较合理的聚类数量集中在3~5层的结论。与此同时，考虑到在省级风险区划的实践中，基本区域单位有31个，无论是为了作为厘定费率时进行费率调整的依据，还是在政策优惠方面的浮动参考，或者出于其他目的，将等级分为四个都是比较合理的。因此，我们统一采用四个等级作为聚类分析的分类数量。

为简洁起见，在下文中不再单独陈述病虫草鼠害等灾害类型的聚类分析 Duda/Hart 检验统计结果，也不再展现各类聚类分析法的结果，其分析过程都是类似的。需要说明的是，通过对比各种聚类分析法以及最后两列的聚类结论和判别分析结论，各灾种所选用的具体的聚类分析法会有所不同。

（五）气象灾害风险区划结果

依照本章第二节的风险区划流程，在对各灾种的风险指数进行聚类分析之后，下一步是制作风险等级表以及施画风险区划地图。

依据旱灾风险指数，以加权类平均法和中间距离法的聚类分析法作为主要参考依据；依据水灾风险指数，以 Ward-最小方差聚类分析法作为主要参考依据；依据风雹灾风险指数，以类平均距离法和 Ward-最小方差法聚类分析作为主要参考依据；依据冷冻灾风险指数，以 Ward-最小方差法聚类分析作为主要参考依据；依据综合气象灾害风险指数，以 Ward-最小方差法和重心法聚类分析作为主要参考依据，并综合各灾种风险指标数据的统计分布，得到中国 31 个省份各灾种低、中、较高和高四个风险等级的分布情况如表 6-6 所示。

表 6-6　中国 31 个省份各灾种风险等级

灾害	风险等级			
	低	中	较高	高
旱灾	上海、广东、福建、江苏、浙江、西藏、江西、新疆、海南、四川、安徽、广西（12）	湖北、河南、北京、重庆、湖南、云南、山东、贵州、天津、黑龙江、青海、河北（12）	陕西、吉林、宁夏、甘肃、辽宁（5）	山西、内蒙古（2）
水灾	上海、新疆、北京、天津、河北、宁夏、西藏、青海、山西、甘肃（10）	山东、云南、江苏、广东、河南、贵州、福建、浙江（8）	广西、四川、辽宁、海南、内蒙古、陕西、重庆、吉林、黑龙江（9）	安徽、江西、湖北、湖南（4）
风雹灾	上海、安徽、湖南、广西、江西、四川、江苏、重庆、福建、湖北、浙江、河南、辽宁、云南、山东、西藏、广东、黑龙江（18）	吉林、陕西、贵州（3）	海南、山西、宁夏、甘肃、河北、天津、北京、新疆、内蒙古（9）	青海（1）

续表

灾害	风险等级			
	低	中	较高	高
冷冻灾	北京、天津、四川、河北、山东、辽宁、上海、重庆、安徽、吉林、河南、黑龙江、江苏（13）	陕西、贵州、江西、广西、青海、西藏、云南、湖南、湖北、内蒙古（10）	山西、甘肃、广东、浙江、福建、新疆、宁夏（7）	海南（1）
综合灾害	上海、江苏、西藏、四川、广东、新疆、浙江、福建、北京（9）	广西、云南、河南、山东、重庆、江西、安徽、天津、贵州（9）	河北、湖南、海南、湖北、黑龙江、青海、陕西、宁夏（8）	甘肃、吉林、辽宁、山西、内蒙古（5）

注：表中括号内的数字为省份个数。

　　总体来看，几乎所有的灾害类型的风险等级都集中在"低"和"中"两级，且"低"等级的更多一些，属于"高"风险的省份极少，但相比之下，综合气象灾害和水灾风险等级为"高"的省份个数较多一些，分别为5个和4个；旱灾"高"风险的有两个，风雹灾和冷冻灾"高"风险的各有1个。这里需要注意的是，不同类型风险的"高"代表的意义不一定相同，比如，旱灾的较高风险产生的灾害损失，可能比水灾的高风险的损失还要大。

　　分灾种来看，旱灾的"高"风险主要集中在山西和内蒙古两个省份，旱灾的"较高"风险主要分布在陕西、吉林、宁夏、甘肃和辽宁5个省份。水灾的"高"风险主要集中在安徽、江西、湖北和湖南4个省份，水灾的"较高"风险主要分布在广西、四川、辽宁、海南、内蒙古、陕西、重庆、吉林和黑龙江9个省份。风雹灾的"高"风险主要集中在青海，风雹灾的"较高"风险主要分布在海南、山西、宁夏、甘肃、河北、天津、北京、新疆和内蒙古9个省份。我们在计算分析的过程中也注意到，在风雹灾方面，海南、山西和宁夏3个省份，归入"中"级或"较高"级都比较合理。此外，青海有将近40%的年份，风雹受灾强度超过10%，有12年风雹成灾强度超过8%，如1993年风雹受灾强度和成灾强度分别超过

20%和16%，1986年风雹受灾强度和成灾强度超过18%和13%，因此，青海处于风雹灾的最高等级。

冷冻灾的"高"风险主要集中在海南，冷冻灾的"较高"风险主要分布在山西、甘肃、广东、浙江、福建、新疆和宁夏7个省份。值得一提的是，海南2014年的冷冻受灾、成灾和绝收强度分别达36%、24%和13%，2016年这三个指标分别达56%、9%和3%，其极端的灾情远远高于其他省份和全国平均水平，因此，海南位居冷冻灾的最高等级。综合气象灾的"高"风险主要集中在甘肃、吉林、辽宁、山西和内蒙古5个省份，综合气象灾的"较高"风险主要分布在河北、湖南、海南、湖北、黑龙江、青海、陕西和宁夏共8个省。在全国31个省份中，上海是唯一在所有的灾害类型中都处于"低"等级的省份，从某种意义上还可以将其认为是"超低"风险等级的省份。而内蒙古因旱灾、风雹灾、水灾和冷冻灾的风险等级都比较高，可以认为其在31个省份中处于风险等级的最前列。

基于前文得到的31个省份各灾种的风险等级表，我们结合GIS技术进行风险区划地图的施画。

通过图可以直观地展现旱灾、水灾、风雹灾、冰冻灾和综合气象灾害共5种灾害类型的风险区划情况。限于篇幅，这里不展示图的具体情况，只进行结果的描述，需要者可以向本书作者索取。

总体来看，中国东南部和西北部旱灾的风险等级比较低，黑龙江、华北平原一带、中国中部和西南部省份旱灾风险等级中等，而吉林、辽宁、甘肃、陕西和山西5个省份旱灾的风险等级较高，内蒙古和山西的旱灾等级最高，这与第五章第一节风险概率的实证分析结果一致。从风险等级的分布形状来看，总体呈现带条状的分布特点，这与中国西高东低的阶梯状分布相吻合，东南沿海地势较低，向海洋倾斜，有利于海洋的湿润气流深入内地，形成降水，有效地缓解了旱情。而内蒙古跨经度比较广，东西距离长，从东到西距离海洋越来越远，地势也越来越高，导致来自海洋的湿润气流难以到达内蒙古的西南部，因此所导致的旱情比较严重。需要指出的是，新疆和西藏地处边疆内陆，降水较少，但其旱灾等级却为低风险，主要的原因是虽然新疆和西藏同属温带干旱和半干旱气候，但这两个省份主要部分以畜牧业为主，特别是西藏，农作物多种植在水源相对充足的地区，且随着干旱地区滴灌等技术的推广和发展，其受灾的程度较小。因此，气象学上的"干旱地区"和保险学里的"旱灾"不是同一个概念。

湖南、湖北和江西是水灾的重灾区，同时东北三省、四川、广西和海南的水灾风险等级也稍高。这与第五章第一节风险概率的实证分析结果基本一致。内蒙古在这里的风险等级为"高"而在上面分析中表现在旱灾的风险等级方面为"较高"，并没有矛盾。第五章第一节的数据显示，内蒙古水灾受灾的概率（0.38）略低于全国平均水平（0.43），但其水灾成灾和水灾绝收的概率分别为 0.52 和 0.71，分别高于相应的全国水平 0.46 和 0.52，因此综合来看，内蒙古水灾的风险等级为"高"符合逻辑。与旱灾等级分布呈带状分布不同的是，水灾等级分布更像是一种团状分布，风险等级较高的湖南、湖北、江西和安徽抱成一团；风险等级为"高"的团规模更大，除了广西和海南分别被贵州和广东隔断，从东北三省经内蒙古连到陕西、四川和重庆；风险等级中等的几乎是沿海一带的省份，外加贵州和云南；而风险等级低的若非被陕西阻断，蓝色区域也将连成一大团。从中国的气候特征分布来看，东南沿海一带更容易遭受雨水的袭击，但这些省份并没有形成较高的水灾风险等级，可能的原因是受地形地势的影响，东南沿海省份的雨水来得快，退得也快，并没有引起内涝等现象，而湖南、湖北等地不能及时地排水所致。

在风雹灾方面，风险等级大体呈南方轻而北方重的特征，而夹在南北之间的青海风险等级最高。在南方绝大多数省份风险等级中等偏低的情况下，海南省的风雹灾风险等级显得比较高，与第五章第一节风险概率的实证分析结果一致。在北方绝大多数省份风险等级偏高的情况下，东北三省的风险等级显得比较低，这一结果也与第五章第一节的实证分析结果相同。

与旱灾、水灾和风雹灾不同的是，冷冻灾的风险等级普遍较低，只有海南为风险"较高"级。我们发现冷冻灾风险稍高等级的省份主要呈西北—东南分布，这与冷冻灾害的成因高度相关：冷空气是低温冷冻灾害发生的主要原因，在春秋季节，北方的冷空气和南方的暖湿空气频繁交汇，常常造成低温连阴雨天气，而强冷空气，尤其是寒潮的爆发南下，使得温度急剧下降，造成"倒春寒"和霜冻等灾害。因此，尽管海南处于热带气候、气温相对比较高，但其冷冻灾的风险仍然很大，这与第五章第一节的实证分析结论一致。

在综合气象灾害风险分布方面，风险等级比较高的省份紧紧抱成了团，左边从青海开始，经陕甘宁，到山西、内蒙古、河北，一直到右边的东北三省，而以陕西为连接点，往南与湖北和湖南紧紧相随，呈现出"T"字形分布的规律。当然沿海一带综合气象灾害风险等级较低的大趋势下，海南的综合气象灾害风险等级显得有点高，与前文分析的海南风雹灾和冷冻灾风险等级较高息息相关。此外，各省份综合气象灾害风险等级的情况也与第五章第一节的分析结论一致。

二、基于病虫草鼠害致灾因子的风险区划

如前文所述，农作物种植的减产和波动，除了作物自身特征、生长环境和生产技术等方面的原因以外，其灾害的引致主要来自两个方面：气象灾害因素（如洪涝、干旱、风雹、冷冻、地震和台风等）和非气象灾害因素（类似于病虫草鼠害）。上一小节已经对来自气象灾害方面的各主要灾种进行了风险区划的分析，本小节的主要任务是基于中国 31 个省份历年病虫草鼠害统计数据的各统计口径（分粮食、棉花、油料和其他四个类别），利用数学模型建立合理的指标体系，进行省级的病虫草鼠害风险区划。需要说明的是，由于病害、虫害、草害和鼠害等类别统计数据缺失严重，不利于统计结果的稳定性，故采用以上几类灾害的综合统计量，并统称其为"病虫草鼠害"。

（一）数据来源和变量描述

病虫草鼠害的损失数据来自《中国农业年鉴》1989~2020 年的数据，在这期间有 6 个年份（1990 年、1991 年、1997 年、2001 年、2002 年和 2004 年）的数据缺失，另外 2012 年的数据异常，无从考证和校对，故这

7个年份不作为考察年份。在作物类型方面，根据统计数据的可及性，本小节选择粮食、棉花、油料和其他作物共四个类别进行分析。本小节使用的油料作物和其他作物的损失数据期间为1999~2020年，而种植面积和产量数据来自中国统计局1989~2020年的数据。本小节使用到的各相关变量/指标的算法等信息如表6-7所示，在此不再赘述。

表6-7　病虫草鼠害风险区划相关变量描述

变量	变量名称	单位	算法
S	播种面积	千公顷	来自统计数据，包括所有农作物、粮食、棉花和油料四个类型
S	其他作物播种面积	千公顷	=农作物总播种面积－（粮食作物播种面积+棉花播种面积+油料播种面积）
SY	产量	万吨	来自统计数据，包括粮食、棉花和油料三类
AL	实际损失	吨	来自统计数据，包括粮食、棉花、油料和其他四类
UL	单位面积损失	公斤/亩	=实际损失/播种面积，包括粮食、棉花、油料和其他四类
RAL	损失比	%	=实际损失/（产量+实际损失）×100%，包括粮食、棉花和油料三类
RLUL	单位面积损失相对水平	比值	=单位面积损失/（所有区域实际损失/所有区域播种面积），包括粮食、棉花、油料和其他四类
WCS	作物结构比重	%	粮食作物播种面积/农作物总播种面积×100%，包括粮食、棉花、油料和其他四类
BRI	病虫草鼠害风险指数	—	通过病虫草鼠害风险计算概念模型计算所得

（二）病虫草鼠害风险概念模型

病虫草鼠害带来的农作物生产风险，表现为病害、虫害、草害和鼠害覆盖的农作物区域范围及其损害程度，伴随而来的是农作物生产者及当地农业部门相关工作人员采取的防病治病、防虫除虫、防草治草和防鼠治鼠等措施，加上农作物自身的自生能力和修复能力，最终体现为病虫草鼠害所带来的农作物产量的损失量。基于此，我们可建立病虫草鼠害风险指数的概念模型：

$$BRI_{ij} = f(病虫草鼠害风险) \tag{6-4}$$

$$BRI_{ij} = f(病虫草鼠害引致损失，生产规模) \tag{6-5}$$

$$BRI_{ij} = f(RAL_{ij}，RLUL_{ij}) \tag{6-6}$$

其中，f 表示一种函数关系，我们定义为加权和之后进行标准化；i 表示 31 个省份区域；j 代表粮食、棉花、油料和其他四类作物种类。BRI_{ij} 表示 i 区域 j 种作物，基于作物损失比 RAL_{ij} 和作物单位面积损失相对水平 $RLUL_{ij}$ 的加权和，然后进行归一标准化乘以 100 所得的指数值。作物损失比和作物单位面积损失相对水平，可以认为同等重要，设定各自的权重为 50%。

基于病虫草鼠害引致的粮食、棉花、油料和其他作物四类损失，可得到病虫草鼠害综合损失风险，考虑到不同作物的种植结构比重不同，带来的风险程度也不尽相同，我们采用作物的种植结构比重作为其权重，从而得到病虫草鼠害综合风险指数的计算概念模型为：

$$BRI_i = f(RAL_{ij}，RLUL_{ij}，WCS_{ij})，j=粮食，棉花，油料，其他 \tag{6-7}$$

（三）灾害风险指数的计算

依据灾害风险指数的定义和式（6-7），以作物结构比重作为权重系数，计算得到各作物类型（粮食、棉花、油料作物、其他作物和病虫草鼠害综合类）的灾害风险指数，如表 6-8 所示。

表 6-8　中国 30 个省份不同作物类型下的病虫草鼠害风险指数

省份	粮食	棉花	油料	其他作物	综合类
北京	48.82	—	32.25	28.77	44.47
天津	94.62	100.00	9.09	100.00	100.00
河北	51.49	75.86	39.82	31.22	51.89
山西	26.05	41.52	24.80	80.78	31.76
内蒙古	48.42	—	76.25	15.71	49.92
辽宁	72.50	56.65	39.92	79.29	75.46
吉林	70.12	—	0.00	0.00	64.53
黑龙江	40.29	—	4.07	19.22	39.29

续表

省份	粮食	棉花	油料	其他作物	综合类
上海	21.74	—	79.35	90.35	56.63
江苏	52.72	9.62	46.05	8.12	44.41
浙江	49.91	6.77	31.12	19.96	39.98
安徽	75.86	15.73	55.63	15.91	67.43
福建	0.00	—	30.59	0.14	0.00
江西	54.72	47.68	5.61	38.88	46.45
山东	90.89	22.50	74.71	88.19	89.58
河南	54.11	39.66	58.27	14.49	50.35
湖北	77.74	57.63	41.72	7.41	59.60
湖南	43.91	48.98	29.18	5.07	33.72
广东	69.73	—	58.75	25.11	56.44
广西	31.85	—	23.80	17.71	26.37
海南	68.39	—	28.75	38.51	57.37
重庆	56.12	—	35.58	3.59	44.03
四川	2.70	12.19	21.05	1.35	3.31
贵州	39.07	—	32.45	0.15	28.86
云南	7.89	—	33.42	2.92	6.52
陕西	48.16	52.39	30.64	79.29	53.60
甘肃	25.79	0.00	18.53	6.24	21.47
青海	82.99	—	100.00	20.77	84.25
宁夏	100.00	—	39.57	19.53	83.73
新疆	26.74	0.92	27.44	13.82	16.21

注：西藏无相关数据；表中"—"为数据缺失或该省份没有该项目；大部分省份的粮食和棉花缺损数据始于1989年、油料和其他作物缺损数据始于1999年；个别省份个别年份存在数据缺失的情况。

需要说明的是，限于篇幅，本小节没有具体展示各省份各类作物的实际损失、单位面积损失、损失相对水平和损失比等数据，而是只提取了其最重要的风险指数指标。

除了西藏无相关的数据以外，我们得到其余30个省份不同作物类型下的病虫草鼠害的风险指数情况。由表6-8可知，在粮食方面，宁夏的病虫草鼠害风险指数最高（100.00），山东和天津的也比较高（在90以上），而福建的最低（0.00）。在棉花方面，天津的病虫草鼠害风险指数最高（100.00），河北的也比较高（75左右），而甘肃的最低（0.00）。其中在油料作物方面，上海的病虫草鼠害风险指数最高（79.35），山东和内蒙古的也比较高（75左右），而吉林的最低（0.00）。在其他作物方面，上海的病虫草鼠害风险指数最高（90.35），山东、山西、辽宁和陕西的也比较高（在80~90），而吉林的最低（0.00）。在综合类方面，山东的病虫草鼠害风险指数最高（89.58），宁夏和青海的也比较高（在84左右）而福建的最低（0.00）。

（四）病虫草鼠害风险区划结果

在计算出病虫草鼠害风险指数的基础上，粮食类参考类平均距离法、加权类平均距离法、中间距离法、重心法、Ward-最小方差法和最长距离法，棉花类参考类平均距离法、加权类平均距离法、中间距离法、重心法、Ward-最小方差法和最长距离法，油料类主要参考Ward-最小方差法和重心法，其他作物类参考Ward-最小方差法、最长距离法、类平均距离法和中间距离法，综合类参考类平均距离法、中间距离法、加权类平均距离法和重心法等聚类分析方法，并通过聚类结果和判别分析进行风险等级分类，得到表6-9的结果。

表6-9　中国30个省份病虫草鼠害风险等级

作物	风险等级			
	低	中	较高	高
粮食	福建、四川、云南（3）	上海、甘肃、山西、新疆、广西（5）	贵州、黑龙江、湖南、陕西、内蒙古、北京、浙江、河北、江苏、河南、江西、重庆（12）	宁夏、山东、天津、海南、广东、吉林、辽宁、安徽、湖北、青海（10）

续表

作物	风险等级			
	低	中	较高	高
棉花	甘肃、新疆、浙江、江苏、四川、安徽、山东、河南（8）	山西、江西、湖南、陕西、辽宁、湖北（6）	河北（1）	天津（1）
油料	吉林、黑龙江、江西、天津（4）	甘肃、四川、广西、山西、新疆、海南、湖南、福建、陕西、浙江、北京、贵州、云南、重庆（14）	宁夏、河北、辽宁、湖北、江苏、安徽、河南、广东（8）	山东、内蒙古、上海、青海（4）
其他作物	吉林、福建、贵州、四川、云南、重庆、湖南、甘肃、湖北、江苏（10）	新疆、河南、内蒙古、安徽、广西、黑龙江、宁夏、浙江、青海（9）	广东、北京、河北、海南、江西（5）	陕西、辽宁、山西、山东、上海、天津（6）
综合	福建、四川、云南（3）	新疆、甘肃、广西、贵州、山西、湖南（6）	黑龙江、浙江、重庆、江苏、北京、江西、内蒙古、河南、河北、陕西、广东、上海、海南、湖北、吉林、安徽、辽宁（17）	宁夏、青海、山东、天津（4）

注：西藏无病虫草鼠害数据；北京、内蒙古、吉林、黑龙江、上海、福建、广东、广西、海南、重庆、贵州、云南、青海和宁夏无棉花病虫草鼠害损失数据；表中括号内的数字为省份个数。

　　从等级划分来看，表6-9表明，棉花、油料和其他作物的病虫草鼠害风险等级集中在"低"和"中"两级，而粮食的病虫草鼠害风险等级集中在"较高"和"高"两级，从而造成了综合类的病虫草鼠害风险等级集中在"较高"等级的结果。当然，与前文在分析气象灾害区划结果时提到的注意事项一样，不同类型风险的"高"代表的意义不一定相同，不宜简单地做类别之间的比较，认为粮食的病虫草鼠害风险较其他作物类别的高。

　　分作物类型来看，粮食作物病虫草鼠害的"高"风险主要集中在宁夏、山东、天津、海南、广东、吉林、辽宁、安徽、湖北和青海共10个省份，棉花病虫草鼠害的"高"风险主要集中在天津，油料作物病虫草鼠害的"高"风险主要集中在山东、内蒙古、上海和青海4个省份，其他作物病虫草鼠害的"高"风险主要集中在陕西、辽宁、山西、山东、上海、天津6个省份，综合类病虫草鼠害的"高"风险主要集中在宁夏、青海、山东、天津4个省份。

基于表6-9的30个省份不同作物类型的病虫草鼠害风险等级表，结合GIS技术得到各风险区划地图。同样，限于篇幅，这里只对结果进行说明。

总体来看，如果以宁夏为中轴线，可以将全国分为粮食作物病虫草鼠害风险等级较高和较低两大区域，其中宁夏中轴线以东区域粮食作物的病虫草鼠害风险等级比较高，而宁夏中轴线以西区域的风险等级比较低，几乎一半对一半。此外，在粮食作物病虫草鼠害风险等级较高的区域中，吉林、辽宁、天津、山东、安徽、湖北、宁夏、广东和海南的风险等级更高一些，而福建的风险等级最低；而青海是粮食作物病虫草鼠害风险等级较低的区域中风险等级最高的。

受棉花作物种植区域性以及统计数据收集限制的影响，我们只展示了中国16个省份的棉花作物病虫草鼠害风险等级情况。结果揭示，除了天津和河北棉花作物病虫草鼠害风险等级比较高以外，其他省份的风险等级都比较低。而在风险等级都比较低的区域，几乎都表现出连成片的规律，如风险等级为"中"的省份除辽宁以外，山西、陕西、河南、湖北、湖南和江西连成了一大片，而风险等级为"低"的省份，新疆、甘肃和四川连成一片，山东、江苏、安徽和浙江又连成另一片。

油料作物的病虫草鼠害风险等级的分布则表现出一种包围圈状的分布特征。东北以黑龙江和吉林为代表的"低"风险等级，和中部、西部以新疆、甘肃、陕西、山西、四川、重庆、云南、贵州、湖南、广西和海南为代表的"中"风险等级，同时通过"低"风险等级的江西将"中"风险等级的浙江和福建紧紧地被以内蒙古、宁夏、辽宁、河北、山东、河南、湖北、安徽、江苏和上海为代表的风险等级较高（风险等级为"较高"和

"高")的区域包围着,从而形成一种包围圈的分布形状。当然,此中的青海、北京、天津和广东是特例。

在其他作物的病虫草鼠害风险等级分布方面,结果呈现出一种团块状的分布特征。风险等级较高(风险等级为"较高"和"高")的有辽宁、河北、北京、天津、山东、山西和陕西一大团、江西和广东为另一小团;风险等级为"中"的有黑龙江、内蒙古、宁夏、新疆和青海一大团、河南、安徽和浙江为另一小团;风险等级为"低"的有甘肃、四川、重庆、云南、贵州、湖北和湖南一大团。而吉林、广西和福建稍微有点特殊。

在综合类作物的病虫草鼠害风险等级分布方面,分析结果揭示中东部的风险等级较高(风险等级为"较高"和"高"),而西南、西北部的风险等级较低(风险等级为"中"和"低")。从东北三省开始,到华北地区的绝大多数省份,到华东各省份,再到中南和南部绝大多数省份,都属于风险等级较高的地区;而西南绝大多数省份的风险等级较低。当然,西北部的青海、华北地区的山西和东南沿海的福建是特例。

三、基于承灾载体脆弱性的风险区划

农作物是承受灾害的对象(简称承灾对象或承灾载体),承灾对象不同,加上区域生产的差异性,农作物的种植规模、种植密度以及单位面积产量水平等不尽相同,当遭受同等程度的灾害侵袭时,在不同的区域不同承灾对象所引致的减产幅度和减产程度不一,其绝对损失有很大差异,我们可以把这种差异性理解为承灾对象的脆弱性风险。基于此,在进行风险区划时,不宜将所有农作物当作同一种类进行处理,依据中国的主要农作物种类,我们选择谷物、小麦、玉米、豆类、薯类和油料六类农作物作为本小节的研究对象。当然,在实践中,可以依据实际应用的需要进行更细品种农作物的风险区划,也可以在进行适当的技术处理之后,将多种农作物合并成特定大类的农作物种类进行风险区划,如夏粮风险区划和秋粮风险区划等。

依据历年农作物单位面积产量数据,可以进行趋势单产估计。农作物

的实际单产和趋势单产之间的波动代表了一种风险，因此，我们使用如下指标反映和衡量这一风险：加权平均单产减产率 WARRY、单产减产率加权标准差 WADRRY、平均单产相对水平 RLAY、单产下降期占比 RYDP、单产减产率超阈值期占比 RRRYDP、单产下降概率 PYD、实际单产变异系数 CVR、趋势单产变异系数 CVT 和生产规模相对水平 RLPS 等基于单产历史数据以及趋势单产估计结果的相关指标。

（一）数据来源和变量描述

原始数据中各农作物的播种面积来自中国国家统计局和《中国农业年鉴》1980～2018 年的数据。历年实际单产通过原始数据计算所得，趋势单产数据在第五章第二节关于趋势单产估计的相关章节已经做过阐述，在此不再赘述。本节将引用第五章第二节省级趋势单产估计结果和单产变异估计结果。

（二）农作物承灾风险指标权重的设定

农作物作为承灾对象，其承灾风险可从农作物的暴露情况以及易损失性来考量，也就是说与种植规模、种植密度、单位面积产量水平及其波动相关，因此我们可以建立农作物承灾风险指数的计算概念模型：

$$CRI_j = f(种植规模，种植密度，单产水平及波动) \qquad (6-8)$$

在前文的指标体系章节提到，种植密度指标难以定义，因此无法纳入计量模型。对于种植规模，我们通过生产规模相对水平 $RLPS_{ij}$ 指标来刻画。单位面积产量水平及波动指标，更加直接地体现了农作物承灾风险的大小。利用农作物历史实际单产数据，我们通过不同考量层面定义了与单产水平和波动相关的指标，包括加权平均单产减产率 $WARRY_{ij}$、单产减产率加权标准差 $WADRRY_{ij}$、平均单产相对水平 $RLAY_{ij}$、单产下降期占比 $RYDP_{ij}$、单产减产率超阈值期占比 $RRRYDP_{ij}$、单产下降概率 PYD_{ij} 和实际单产变异系数 CVR_{ij}。此外，为了更精确地体现灾害对农作物（承灾对象）的风险影响，基于单产趋势估计结果，我们定义了趋势单产变异系数 CVT_{ij}。以上指标联合起来体现了农作物承灾风险的指数，即：

$$CRI_{ij}^{T}=f(CVT_{ij}^{T}, CVR_{ij}^{T}, WARRY_{ij}^{T}, WADRRY_{ij}^{T}, RALY_{ij}^{T}, RYDP_{ij}^{T},$$
$$RRRYDP_{ij}^{T}, PYD_{ij}^{T}, RLPS_{ij}^{T}) \tag{6-9}$$

一种简单易行的计算方法是将相关风险因子标准化后的值进行累加，从而获得灾害风险指数 CRI，这样的处理其前提是所有风险因子的重要程度是一样的。而事实上，各指标所体现的风险内涵各有侧重，主要是从三个维度来考量，一是依赖于趋势单产的变异系数指标，二是基于实际单产数据从各个侧重点换算所得的统计指标，三是体现暴露性的生产规模相对水平。这些维度和指标权重的测算和设定，目前尚没有科学、权威的方法，基于各维度所隐含的实际风险内涵，基于趋势测算的风险和基于实际单产的统计同等重要，但相比于生产规模相对水平应该有更大的权重，因此我们设定三个维度的权重分别为 40%、40% 和 20%。对于基于实际单产数据从各个侧重方向计算所得的各统计指标，相互之间可能各有不同，但难以找到科学的方法来测算，权且当作同等重要，都设定 1/7 的权重，共同构成整体的 40% 权重部分。基于以上的分析和设定，得到下面的权重设定情况如表 6-10 所示。

表 6-10　农作物承灾风险因子权重

风险因子	权重系数
趋势单产变异系数 CVT	0.400
实际单产变异系数 CVR	0.058
加权平均单产减产率 WARRY	0.057
单产减产率加权标准差 WADRRY	0.057
平均单产相对水平 RLAY	0.057
单产下降期占比 RYDP	0.057
单产减产率超阈值期占比 RRRYDP	0.057
单产下降概率 PYD	0.057
生产规模相对水平 RLPS	0.200

（三）作物承灾脆弱性风险区划结果

依据谷物承灾风险指数，采用聚类分析和判别分析，以加权类平均距离法、中间距离法和 Ward-最小方差法聚类分析作为主要参考依据；依据小麦承灾风险指数，采用聚类分析和判别分析，以加权类平均距离法、中间距离法、最长距离法和 Ward-最小方差法聚类分析作为主要参考依据；依据玉米承灾风险指数，采用聚类分析和判别分析，以最长距离法、重心距离法和 Ward-最小方差法聚类分析作为主要参考依据；依据豆类承灾风险指数，采用聚类分析和判别分析，以类平均距离法和重心距离法聚类分析作为主要参考依据；依据薯类承灾风险指数，采用聚类分析和判别分析，以最长距离法和 Ward-最小方差法聚类分析作为主要参考依据；依据油料承灾风险指数，采用聚类分析和判别分析，以类平均距离法、加权类平均距离法、最长距离法、重心距离法和 Ward-最小方差法聚类分析作为主要参考依据，并综合各类作物的风险指标数据的统计分布，得到各类作物承灾脆弱性的风险分级情况，如表6-11所示。

表 6-11　中国各个省份各类作物承灾脆弱性风险等级表

作物	风险等级			
	低	中	较高	高
谷物	福建、湖南、云南、江西、湖北、广西（6）	广东、海南、浙江、四川、江苏、青海、山东、上海、河北、黑龙江（10）	河南、天津、内蒙古、新疆、甘肃、安徽、重庆、陕西、宁夏、贵州、西藏（11）	北京、山西、辽宁、吉林（4）
小麦	重庆、江西、四川、湖南、天津、北京（6）	新疆、河北、浙江、河南、青海、福建、广西、江苏、湖北（9）	山东、内蒙古、宁夏、西藏、陕西、甘肃、广东、云南、上海、山西、安徽（11）	吉林、黑龙江、贵州、辽宁（4）
玉米	福建、重庆、云南（3）	江苏、四川、湖北、浙江、广东、海南、山东、河北、广西、上海、甘肃（11）	宁夏、湖南、陕西、江西、山西、新疆、河南、内蒙古、北京、天津、贵州、青海（12）	黑龙江、安徽、辽宁、西藏、吉林（5）

续表

作物	风险等级			
	低	中	较高	高
豆类	福建、广东、江苏、江西、广西、湖南、四川、浙江（8）	海南、湖北、新疆、河北、重庆（5）	山东、北京、云南、河南、青海、甘肃、安徽、辽宁、山西、内蒙古、贵州、上海（12）	天津、黑龙江、吉林、西藏、宁夏、陕西（6）
薯类	广东、湖北、海南、福建、云南、江苏、湖南（7）	浙江、河北、北京、广西、四川、贵州、江西、甘肃、山东、重庆、陕西、青海（12）	天津、辽宁、黑龙江、安徽、内蒙古、新疆、宁夏、河南、山西（9）	吉林、西藏、上海（3）
油料	广东、海南、重庆、福建、广西、江西（6）	四川、江苏、新疆、河北、浙江、陕西、湖南、甘肃、湖北、河南、内蒙古、贵州、山东（13）	宁夏、安徽、云南、西藏、青海、上海、天津、黑龙江（8）	辽宁、北京、山西、吉林（4）

注：海南无小麦种植数据；谷物脆弱性风险等级"高"风险等级的吉林和辽宁，相对于其他几个等级的风险指数，可以认为是"超高"风险。

由表6-11可知，六类作物的承灾脆弱性风险等级为"高"的都不太多，最多只有6个省份。其中，谷物、小麦、玉米和豆类作物的承灾脆弱性风险等级多集中在"较高"等级，而薯类和油料作物的承灾脆弱性风险等级多集中在"中"等。当然，跟前文在分析气象灾害和病虫草鼠区划结果时提到的注意事项一样，不同类型风险的"高"代表的意义不一定相同，不宜简单地做类别之间的比较，认为谷物、小麦、玉米和豆类作物的承灾脆弱性风险较薯类和油料作物的高。

分作物类型来看，谷物作物的"高"风险等级集中在北京、山西、辽宁和吉林4个省份，小麦作物的"高"风险等级集中在吉林、黑龙江、贵州和辽宁4个省份，玉米作物的"高"风险等级集中在黑龙江、安徽、辽宁、西藏和吉林5个省份，豆类作物的"高"风险等级集中在天津、黑龙

·199·

江、吉林、西藏、宁夏和陕西6个省份，薯类作物的"高"风险等级集中在吉林、西藏和上海3个省份，油料作物的"高"风险等级集中在辽宁、北京、山西和吉林4个省份。

基于表6-11的30个省份不同作物的承灾脆弱性风险等级表，我们结合GIS技术得到各风险区划地图。同样，限于篇幅，这里只对结果进行介绍。

结果显示，谷物脆弱性风险比较高的等级（"较高"和"高"）在各省的分布大体呈现出"π"形："π"上面那一横表现为从左边的西藏、新疆，到中间的陕甘宁地区、山西、内蒙古，连到右边的吉林和辽宁，而"π"下方左撇的地方表现为中间以陕西为连接点，连接到重庆和贵州；"π"下方右捺的地方表现为中间以山西为连接点，连接到河南和安徽。另外，除了北京和天津的谷物脆弱性风险也比较高，其他省份的谷物脆弱性风险等级都为"中"或者"低"。

小麦脆弱性的风险等级较高的区域大体呈现两条45度角的带状分布：其中一条带状是从东北三省开始，到山东和安徽，再到广东；另一条带状是从内蒙古开始，到陕甘宁片区、陕西，再到贵州、西藏和云南。同时我们也看到，这两条带状被一条由新疆、青海、四川、重庆、湖南、江西和福建等省份串起来的中低风险等级长带所切断。

与谷物脆弱性风险比较高的等级大体呈现的"π"形分布类似，玉米脆弱性风险比较高的等级也大体呈现出"π"形分布，且其范围更大。"π"上面那一横表现为从左边的西藏、新疆、青海、甘肃、陕西、内蒙古、山西，连到右边的东北三省，"π"下方左撇的地方表现为中间以陕西为连接点，连接到贵州（中间被重庆所切断）；"π"下方右捺的地方表现为中间以山西为连接点，连接到河南、安徽和江西。另外，除了北京、天津和上海的玉米脆弱性风险也比较高，其他省份的玉米脆弱性风险等级都为"中"或者"低"。

豆类作物脆弱性风险比较高（"较高"和"高"）的等级大体呈现东北向西南斜向分布的趋势，从东北三省到华北地区的绝大多数省份，到华中再到西南的绝大多数省份。当然，此中的河北、湖北、重庆和四川的豆类脆弱性风险比较低（"中"和"低"）。如果把中国地图看成一只雄鸡，则处于鸡胸脯、鸡脚和鸡尾巴位置上的省份豆类脆弱性风险比较低（上海除外）。

从薯类作物脆弱性风险区划地图来看，风险等级比较高（"较高"和"高"）的省份呈现两大板块分布：以东北三省为开端的内蒙古、宁夏、山西、河南和安徽大板块和以新疆和西藏为代表的另一大板块。此外，天津和上海的薯类作物脆弱性风险等级也比较高。除此之外的各省份的风险等级都为"中"或者"低"。

油料作物脆弱性风险等级比较高（"较高"和"高"）的省份呈现两个板块分布：东北三省为一个板块，青海、西藏和云南为一个板块。相对于薯类作物脆弱性风险较高等级也呈现的两大板块分布来说，油料作物方面的板块规模稍微比薯类的要小一些。此外，与薯类作物脆弱性风险较高等级的两大板块基本上能连成片，不同的是，油料作物方面的较高风险等级除了上述的两个板块能连成片，下面这些省份处于比较零散的分布状态：北京、天津、山西、宁夏、安徽和上海。

四、基于农作物的保险综合风险区划

如前文所言，在省级农作物保险风险区划方面涉及四个维度的风险要素：基于致灾因子中气象类灾害的风险区划、基于致灾因子中非气象类灾害的风险区划、基于承灾体的风险区划以及基于农作物生长环境和生产技术等要素的综合风险区划。本节的前三个小节已经就相关议题进行了分析，本小节将重点研究包含农作物生长环境、生产技术和前文提到的气象类和非气象类致灾因子在内的综合风险区划。

（一）农作物综合风险区划概念模型

农作物保险风险区划，基于农作物生长环境、致灾因素、承灾对象（农作物种类）和农作物生产技术四个维度的风险要素来测定风险等级。由此我们可以得到农作物保险综合风险区划的风险指数的计算概念模型：

$$RZRI_j = f(生长环境，致灾因素，承灾对象，生产技术) \qquad (6-10)$$

$$RZRI_{ij} = f(ERI_{ij}，DRI_{ij}，CRI_{ij}，TRI_{ij}) \qquad (6-11)$$

其中，f 表示一种函数关系，ERI_{ij}、DRI_{ij}、CRI_{ij} 和 TRI_{ij} 分别表示生长环境风险指数、致灾因素风险指数、作物承灾风险指数和生产技术风险指数。我们采用加权和的方式来定义函数关系 f。从生长环境、致灾因素、承灾对象（作物种类）和生产技术四个风险因素来看，显然致灾因素和承灾对象自身的抗风险能力是主要因素，应当占有更大的权重；而孕灾环境的稳定性和生产技术的水平虽隐含有风险内涵，但应该赋予较小的权重。综合考虑四个维度的影响和农作物生长的特征，我们分别赋予生长环境风险指数 ERI_{ij} 权重 0.1、致灾因素风险指数 DRI_{ij} 权重 0.4、作物承灾风险指数 CRI_{ij} 权重 0.4 和生产技术风险指数 TRI_{ij} 权重 0.1。即：

$$RZRI_{ij} = ERI_{ij} \times 0.1 + DRI_{ij} \times 0.4 + CRI_{ij} \times 0.4 + TRI_{ij} \times 0.1 \qquad (6-12)$$

需要注意的是，式（6-12）的计算，要求先对 ERI_{ij}、DRI_{ij}、CRI_{ij} 和 TRI_{ij} 进行标准化或归一化处理，以得到统一的量纲。另外，式（6-12）表达的是一种计算概念模型，最终形成农作物保险综合风险区划的风险指数 $RZRI_{ij}$ 需要进行标准化转换以后，才可以进行聚类分析以得到区划结论。

（二）生长环境风险指数 ERI

农作物生长环境，与区域的地质、地形、地貌以及气象条件紧密相关，稳定的生长环境孕育灾害的可能性要低于不稳定的生长环境。农作物生长的致灾因子主要来源于洪水、干旱、风雹、冷冻、地震、台风等气象灾害和病虫草鼠害等。农作物的生长环境是否容易形成各种气象灾害，其孕灾环境是否稳定，可以通过降水量变化、气温变化、风速变化、海拔高度、地形起伏度和经纬度分布等相关指标进行衡量，比如降水与洪涝或干旱相关，气温与冷冻或干旱相关，风速与风雹灾相关等。本书不对农作物生长环境的孕灾稳定性做深入的研究，基于史培军的《全国种植业保险区划研究报告》中关于孕灾环境稳定性的研究成果，本书将中国 31 个省份按照孕灾环境稳定性从高到低分成 5 级（见表 6-12），并以此为依据形成生长环境风险指数指标。

表 6-12 中国 31 个省份生长环境风险指数

风险等级	省份
高	天津、江苏、浙江、上海、安徽
较高	海南、广东、湖南、宁夏、河南、山东、辽宁
中	广西、江西、福建、湖北、陕西、甘肃、山西、河北、吉林
较低	黑龙江、内蒙古、北京、四川、重庆、贵州
低	新疆、西藏、青海、云南

资料来源：根据史培军的《全国种植业保险区划研究报告》中的图 2-2 整理得到。

由表 6-12 可知，31 个省份的生长环境风险指数等级呈现两头个数少、中间个数多的特征。其中风险等级为"高"的有 5 个省份，而风险等级为"低"的只有 4 个省份，其余省份介乎中间。

（三）生产技术风险指数 TRI

农作物的生产技术水平越高，往往就越能带来更高的单位面积产量，同时也能更好地保持产量的稳定性，减产的风险就越低。农作物生产技术水平与区域文化、科技和经济条件等相关，具体通过农作物生产的机械化动力施用量、有效的灌溉面积、除涝面积、薄膜使用量和化肥使用量等指标来体现。因此我们可以建立生产技术风险指数的计算概念模型为：

$$TRI_i = f(生产技术相对水平) \tag{6-13}$$

$$TRI_i = f(RLIS_i, RLQS_i, RLMP_i, RLCFQ_i, RLPFQ_i) \tag{6-14}$$

其中，f 表示一种函数关系，一种简单易行的计算方法是将相关风险因子标准化后的值累加，获得灾害风险指数 TRI_i，这样处理的前提是所有风险因子的重要程度是一样的，而事实上有效灌溉相对水平 $RLIS_i$、除涝相对水平 $RLQS_i$、农业机械动力相对水平 $RLMP_i$、农用化肥施用相对水平 $RLCFQ_i$ 和农用塑料薄膜使用相对水平 $RLPFQ_i$ 等因子可能隐含的风险内涵不一致，但目前学界也确实没有一种科学且合理的方法来区分以上风险因子之间孰轻孰重，基于此，我们大体赋予以上五个因子相同的权重

（0.2），从而得到各省份的各种农作物生产技术数据指标，如表6-13所示。

表6-13　中国31个省份农作物生产技术数据指标

省份	RLIS	RLCFQ	RLQS	RLPFQ	RLMP	TRI
北京	−1.7462	−1.2146	−2.2648	−2.2361	−2.0489	20.7500
天津	−1.8811	−1.1020	−5.4317	−1.7090	−2.5587	0.0100
河北	−1.3809	−1.0617	−1.3650	−0.9306	−1.9073	48.5800
山西	−0.8922	−0.8115	−0.1681	−0.7775	−1.2113	79.5100
内蒙古	−1.0129	−0.6294	−0.3154	−0.6854	−0.7643	87.8300
辽宁	−0.9363	−1.1171	−1.8590	−2.3593	−1.0809	49.2400
吉林	−0.7746	−1.0516	−1.5692	−0.8388	−0.7866	72.2500
黑龙江	−0.6502	−0.4995	−2.1342	−0.5113	−0.6073	88.7600
上海	−1.4769	−1.1762	−0.8454	−3.0599	−0.8705	42.6800
江苏	−1.3911	−1.3791	−2.6836	−0.9000	−1.0168	45.0400
浙江	−1.23787	−1.0196	−1.0465	−1.1692	−1.3879	58.4200
安徽	−1.0385	−1.0336	−1.8171	−0.7239	−1.0064	65.3100
福建	−1.1385	−1.6211	−0.3789	−1.4590	−0.9736	52.8300
江西	−0.9609	−0.7362	−0.4612	−0.5967	−0.7147	86.6300
山东	−1.2470	−1.2920	−1.7421	−2.0746	−1.6875	35.7300
河南	−0.9581	−1.2256	−1.0356	−0.7444	−1.2158	63.8300
湖北	−0.9035	−1.2077	−1.1986	−0.6854	−0.7477	70.7900
湖南	−0.9972	−0.8717	−0.4135	−0.6435	−0.9510	79.7400
广东	−0.9468	−1.4170	−0.7225	−0.6297	−0.9155	66.4400
广西	−0.7642	−1.0809	−0.2652	−0.4055	−0.8260	82.9700
海南	−0.6971	−1.4866	−0.1126	−1.2667	−0.8876	66.9800
重庆	−0.5549	−0.9807	−0.0133	−1.1356	−0.7434	84.5900
四川	−0.7286	−0.7560	−0.0625	−0.7430	−0.5417	93.0900
贵州	−0.4860	−0.5873	−0.0934	−0.7141	−0.5906	100.0200
云南	−0.7131	−0.8625	−0.3028	−1.1472	−0.7572	82.9100
西藏	−2.1638	−0.5214	−1.0742	−0.2687	−2.5232	49.0700

续表

省份	RLIS	RLCFQ	RLQS	RLPFQ	RLMP	TRI
陕西	−0.8181	−1.1169	−0.2157	−0.5479	−0.7688	81.2000
甘肃	−0.8067	−0.6262	−0.0250	−2.2824	−0.8886	77.0400
青海	−1.0269	−0.4884	−0.0049	−0.4434	−1.3163	87.6400
宁夏	−1.0258	−0.8845	−0.0399	−0.7434	−1.0962	78.4700
新疆	−2.5899	−1.0793	−0.0694	−3.3456	−0.8039	31.6300

注：因生产技术相对水平绝对值越大表示抗风险能力越大，取负值后数值越小，代表风险越小，故表中1~5列值都为负数。

（四）谷物综合风险区划结果

谷物作为承灾对象，分别结合旱灾、水灾、风雹灾、冷冻灾和综合灾害五种致灾因素，同时将生长环境因素和生产技术因素纳入作为考量因素，进行谷物综合风险区划分析，得到谷物的综合风险指数和风险等级情况，结合GIS技术得到不同灾害类型的风险区划地图。同样，限于篇幅，这里只对结果进行描述和说明。

谷物的旱灾综合风险等级分布体现出团块状特征。风险等级为"高"的吉林、辽宁、内蒙古和山西4个省份构成一个团块；风险等级为"较高"的青海、陕西、甘肃、宁夏、重庆和贵州构成一个大团块，北京和河北构成一个小团块，而黑龙江是一个独立的更小团块；风险等级为"中"的新疆、西藏、四川、云南和广西构成一个大团块，山东、河南、湖北和安徽构成一个小团块；风险等级为"低"的以东南沿海一带为主的江苏、上海、浙江、福建、广东和海南，连带江西和湖南一起构成一个大团块。如果将这种分布区分为风险等级比较高（"比较高"和"高"）和风险等级比较低（"中"和"低"）两大类型，则可以看出风险等级比较高的区域主要分布在中国的东北、中部偏北的区域，而风险等级比较低的区域主要分布在中国的东南、南和西北的区域。与此同时，还表现出风险等级比较高的区域被风险等级比较低的区域团团包围的特征。

谷物的水灾综合风险等级比较高（"比较高"和"高"）的区域主要

集中在中国东北部和中国内陆的大部分区域，例如内蒙古、山西、陕西、湖北、湖南、四川、重庆、贵州、江西和安徽等省份，也表现出风险等级比较高的区域被风险等级比较低的区域团团包围的特征。但与谷物的旱灾综合风险区划图的结果相比较，谷物的水灾综合风险区划图中风险等级比较高的区域有向东部地区扩张的态势，而这与中国东部地区较受海洋气候影响的实际情况相吻合。

谷物的风雹灾和冷冻灾的综合风险等级比较高（"比较高"和"高"）的区域有向中国西部偏移的趋势。谷物风雹灾的综合风险等级最高的省份为吉林、北京、山西和青海，综合风险等级"低"的省份则包含了东南沿海及其相邻的大部分省份，从而总体表现出谷物风雹灾的综合风险以西北、北部和东北部等级比较高，而东南部、南部和西南部地区综合风险等级比较低的特征。

相比于谷物风雹灾的综合风险等级比较高的区域向中国西部偏移趋势，冷冻灾的综合风险等级比较高的区域更是向西蔓延到了西藏。此外，北京不再属于风险等级比较高的区域，而海南恰恰相反，加入了等级比较高的行列。

在谷物综合气象灾害的综合风险区划情况方面，大致来看呈现出谷物综合气象灾害的综合风险等级比较高的区域（"较高"和"高"）被等级比较低的区域（"中"和"低"）包围的规律。从东北三省开始，到内蒙古、山西、陕西、甘肃、宁夏、青海、重庆和贵州，连成一大片，且被其相邻的风险等级较低的新疆、西藏、四川、云南、广西、湖南、湖北、河南和河北重重包围。而风险等级较低的北京也被河北包围着。此外，东南沿海一带的省份，例如江苏、上海、浙江、福建和广东，处于谷物综合气象灾害综合风险的最低等级。

（五）小麦综合风险区划结果

沿着谷物同样的思路，得到小麦的综合风险指数和风险等级，绘制风险区划地图。同样，这里只对结果进行描述和说明。

从结果来看，小麦的旱灾综合风险等级最高的出现在东北三省以及内蒙古和山西，而风险等级"较高"的出现在陕甘宁地区和青海、云南这些省份，此外，其他省份的风险等级相对较低。总体来看，中国东北三省和中北部偏上区域小麦的旱灾综合风险较大一些。而云南的地理位置也造就了其小麦的旱灾综合风险较大一些。

小麦的水灾综合风险等级最高的也出现在东北三省，此外，安徽的小麦水灾综合风险等级也同属于最高的级别。小麦的水灾综合风险等级"较高"的区域主要分布在内蒙古、山西、陕西、青海、四川、重庆、湖南、湖北、江西、云南、广东和广西。新疆、北京、天津、河北和上海属于风险等级最低的省份。由此看出，小麦的水灾综合风险比较高（"高"和"较高"）的地区在全国的分布从东北、从北到南连成一个较大的板块。

小麦的风雹灾综合风险整体不高，只有青海处于风险最高等级，而风险次高的等级主要分布在东北部和西北部，其他地区的风险等级相对比较低。

全国有黑龙江、吉林、辽宁、内蒙古、山西、甘肃、宁夏、青海、云南、贵州和广东共11个省份处于风险最高等级，而风险比较低（"中"和"低"）的只有北京、天津、河北、山东、河南、江苏和江西共7个省份，呈现出环渤海和黄海风险较低而其他区域风险较高的特征。

小麦的综合气象灾害综合风险等级最高的省市有黑龙江、吉林、辽宁、内蒙古和山西，风险等级次高的有陕甘宁地区、青海、云南和安徽，风险等级最低的有北京、天津、河南、江西和沿海一带的山东、江苏、上海、浙江和福建，总体来看，也呈现各风险等级团块状分布的规律。

（六）玉米综合风险区划结果

沿着谷物同样的思路，得到玉米的综合风险指数和风险等级，绘制风险区划地图。同样，限于篇幅，这里只对结果进行描述和说明。

玉米的旱灾综合风险等级比较高（"较高"和"高"）的地区几乎连成了片，且呈沿东北—西南分布，分别为黑龙江、吉林、辽宁、内蒙古、山西、陕西、甘肃、宁夏、青海和西藏。当然，风险等级为"较高"的省份还包括贵州和安徽。东南沿海一带的省市风险等级较低，例如江苏、上海、浙江、福建和广东。

玉米的水灾综合风险等级最高的地区有两个板块,一是东北三省板块,二是由安徽、江西和湖南三个省份连接起来的板块。风险等级"较高"的地区则由以内蒙古、陕西和湖北构成的板块、由青海和西藏连接起来的板块,外加贵州共同组成。风险等级最低的是河北、天津、山东、江苏、上海和福建。此外,其他省份的风险等级居中。

在玉米的风雹灾综合风险区划方面,青海的风险等级最高,整体来看,中国东北、中北和西北部的风险等级比较高("较高"和"高"),而其他地区风险等级比较低。

在玉米的冷冻灾综合风险区划方面,西藏和海南的风险等级最高,其他风险等级"较高"的省份几乎连成了片,并且从东北三省一路向西延伸至内蒙古、山西、宁夏、甘肃、青海和新疆。此外,贵州的风险等级也"较高"。风险等级最低的包括北京、天津、河北、山东、江苏、上海和福建。

从玉米的综合气象灾害综合风险区划结果来看,风险等级比较高("较高"和"高")的省市由两个板块构成,一是从东北三省一路经由内蒙古向西南延伸至山西、陕西、甘肃、宁夏、青海和西藏,二是由安徽、江西、湖南和云南组成的一个小板块。结果还揭示,沿海一带从山东开始,经江苏、上海、浙江、福建到广东,这些省份的风险等级最低。

(七)豆类综合风险区划结果

沿着谷物同样的思路,得到豆类的综合风险指数和风险等级,绘制风险区划地图。同样,这里只对结果进行描述和说明。

豆类作物的旱灾综合风险等级比较高("较高"和"高")的地区类似于一朵喇叭花状的分布,花体的主干部分由风险等级"高"的黑龙江、吉林、内蒙古、山西、宁夏和陕西,以及风险等级"较高"的辽宁、河北和天津组成;而花的喇叭部分则由甘肃、青海、西藏、云南、贵州和重庆组成。东南沿海一带的省份风险等级较低,如江苏、上海、浙江、福建和广东。

在豆类作物的水灾综合风险等级方面，风险等级最高的地区几乎连成了片：从东北的黑龙江和吉林开始到内蒙古，再到陕西、湖北和安徽。贵州则是被重庆隔断了，没有和湖北连接上。如果将风险等级"较高"和"高"都看作风险等级比较高的大类，则风险等级比较高的省份还是能连在一起的。风险等级最低的省份呈现东南和西北相互呼应的态势，即以京津冀地区为开端，经山东、江苏、上海、浙江、福建和广东的东南一带和西北的新疆相互呼应。

内蒙古、宁夏、陕西和青海豆类作物的风雹灾综合风险等级最高，且风险等级"较高"的省份几乎紧挨着上述风险等级最高的地区，例如黑龙江和吉林紧挨着内蒙古，山西紧挨着陕西和内蒙古，甘肃、新疆和西藏又紧挨着青海。此外，北京、天津合贵州的风险等级也属于"较高"。总体来看，如果将风险等级"较高"和"高"合并为一大类并称之为风险等级比较高，则中国豆类作物的风雹灾综合风险等级比较高的地区大约占据了半壁江山。

在豆类作物的冷冻灾综合风险区划方面，内蒙古、宁夏、陕西、西藏和海南豆类作物的冷冻灾综合风险等级最高，而北京、天津、河北、山东、江苏、广东和四川的风险等级最低。如果将风险等级"较高"和"高"合并成一大类，则中国豆类作物的冷冻灾综合风险较高的区域几乎连成了一大片，且占据了大半壁江山。

中国豆类综合气象灾害的综合风险最高等级出现在东北部和中偏北部，具体包括黑龙江、吉林、内蒙古、山西、宁夏和陕西。而风险等级最低的省份主要分布在东南沿海的江苏、上海、浙江、福建、广东、广西，以及内陆的四川和西北的新疆。

（八）薯类综合风险区划结果

沿着谷物同样的思路，得到薯类的综合风险指数和风险等级，且绘制相应的风险区划地图。同样，这里只对结果进行描述和说明。

薯类作物的旱灾综合风险等级比较高（"较高"和"高"）的地区几乎连成了片，且占据在西部和中偏北部，从西部的西藏和新疆开始，经由青海、甘肃、宁夏，到内蒙古、山西和吉林。上海属于薯类作物的旱灾综合风险等级"较高"的省份，在中国东南和南部乃至西南部一大片风险等级比较低的区域分布中格外显眼。

在薯类作物的水灾综合风险区划方面，以内蒙古、山西和吉林这三个风险最高等级为首的，与其周边的黑龙江、辽宁、陕西、甘肃、宁夏、青海和西藏等风险"较高"的省份组成一团的风险比较高的地区，呈现出由东北向西蔓延的态势。而风险等级较低的地区则由东南沿海的江苏、浙江、福建、广东和海南，以及内陆的湖北组成。

薯类作物的风雹灾综合风险等级只有西藏和海南处于最高等级，处于"较高"等级的有西北部、中偏北部和东北的个别省份，而风险较低（"中"和"低"）的区域主要分布在沿渤海、黄海周边的省份，例如辽宁、北京、天津、河北、山东和江苏。此外，四川的风险等级也较低。

如果将风险等级"较高"和"高"合并成一大类，则可以看出较高的薯类作物冷冻灾综合风险从西藏开始到青海，再到陕西、甘肃、宁夏，经由内蒙古、山西，再到东北三省，呈现从西北到东北的倾斜的"一"字形趋势。而最低的薯类作物冷冻灾综合风险等级则表现集中在从北京、天津、山东，以及江苏、浙江、福建和广东这些沿海省份。

粗略地看，较高的薯类作物综合气象灾害综合风险也表现出倾斜的"一"字形特征，且也是从西藏开始到青海，再到陕西、甘肃、宁夏，经由内蒙古、山西，再到东北三省的走势。但我们也从中看到风险最低等级的分布由山东开始变成了由江苏开始，且往后推移了两个省份：海南和广西。

（九）油料综合风险区划结果

沿着谷物同样的思路，得到油料的综合风险指数和风险等级，以及相应的风险区划地图。同样，这里只对结果进行描述和说明。

吉林、内蒙古和山西油料作物的旱灾综合风险等级最高，次高的省份包括黑龙江、辽宁、北京、陕西、甘肃、宁夏、青海、云南和贵州。如果将这两类合并成一类称为风险等级比较高，则可以看出风险等级比较高的地区由中国东北、中部偏北和中部偏西大部分省份组成的一个大团、由云南和贵州组成的小团，以及由北京单独的一个省份组成。油料作物的旱灾综合风险等级最低的省份由东南沿海的江苏、浙江、福建、广东、广西、海南和挨着福建的江西，以及西北部的新疆组成。

黑龙江、吉林、安徽和湖北属于油料作物的水灾综合风险等级最高的省份，而辽宁、内蒙古、山西、青海、云南、贵州、湖南和江西次之，北京、山东、河南、陕西、甘肃、宁夏、四川、重庆、西藏、广西和浙江属于中等风险等级的范畴，而剩下的其他省份风险等级最低。总体而言，也体现出团块的分布特征。

在油料作物的风雹灾综合风险区划方面，风险等级分布的团块特征比较明显：以青海为风险等级最高单独成一个团；黑龙江、吉林、内蒙古、山西、宁夏，外带一个被河北隔开了的北京，共同构成风险等级次高团；云南、贵州、西藏、新疆、甘肃、陕西，外带被山西隔开的河北、天津和辽宁，共同构成中等风险团块；而中国东南部、中南部、南部和西南部部分省份共同构成风险最低团块。

油料作物冷冻灾综合风险最高等级的吉林、山西、青海、云南和海南分别分布在东北、华北、西北、西南和华南地区。风险等级次高的黑龙江、内蒙古和宁夏尚且连成一个小团，西藏则离得稍微有点远。中等风险等级方面除了辽宁和北京没有连接起来，其余省份都连接起来了，从西北的新疆、甘肃、陕西，到中部的湖北，再经过安徽到东南沿海的上海、浙江和福建。风险等级最低的则由三个小团组成：天津、河北、河南、山东和江苏是一个小团，江西、广东和广西是一个小团，而四川和重庆是另外一个小团。

油料作物综合气象灾害综合风险最高等级的几个省份几乎连成了一大块，从东北三省开始，到内蒙古，再到山西；青海是被风险等级"较高"的甘肃隔断了。风险等级"较高"的省份也几乎连成了一大片，从西北的陕甘宁地区开始到湖北；贵州和云南是被四川隔断了。风险等级居中的省份，除了西藏被隔断，其余的省份都连成了一大片：北京、天津、河北、山东、河南、安徽、江西和湖南。风险等级最低的省份除了四川和新疆被隔断，由东南沿海的大部分省份连成一大片：江苏、上海、浙江、福建、广东、广西和海南。

第四节　县域级种植业保险风险区划
（以广西为例）

一、数据来源和变量描述

以广西为例的县域级风险区划基础数据主要来源于 1995~2018 年《广西统计年鉴》，其中部分数据的补充和校对，来源于广西各地市的地方统计年鉴如《南宁统计年鉴》和《玉林统计年鉴》。因 1995~2018 年广西县域划分有多次调整，依据各统计年鉴数据以及各县域行政区划的历史沿革，按照县域划分之后的最近 4 年的农作物总播种面积在各县域的结构比重，将县域划分之前的归属上一级区域数据进行拆分，整理形成合理的数据序列。使用到的相关变量情况如表 6-14 所示。本节将引用第五章第二节县域趋势单产估计和单产变异估计结果。

表 6-14　县域级风险区划相关变量描述

变量	变量名称	单位	算法
S	农作物总播种面积	千公顷	统计数据
S	粮食作物播种面积	千公顷	统计数据
SY	粮食产量	千吨	统计数据
Y	粮食单位面积产量	万吨	=粮食产量/粮食作物播种面积
RLIS	有效灌溉相对水平	比值	=（有效灌溉面积/农作物总播种面积）/（所有区域有效灌溉面积总和/所有区域农作物总播种面积总和）

变量	变量名称	单位	算法
RLMP	农业机械动力相对水平	比值	=（农业机械动力/农作物总播种面积）/（所有区域农业机械动力总和/所有区域农作物总播种面积总和）
RLCFQ	化肥施用相对水平	比值	=（化肥施用量/农作物总播种面积）/（所有区域化肥施用量总和/所有区域农作物总播种面积总和）
TRI	生产技术风险指数	—	
CRI	粮食作物承灾风险指数	—	通过作物承灾风险计算概念模型计算所得

二、县域级风险区划概念模型

前文介绍和论述了从不同维度和视角来进行省级风险区划。县域级风险区划理论上也可以按省级风险区划的概念和方法，从不同视角来进行风险区划，但因目的和用途不同，县域级风险区划更多的不是为了产品设计而是基于已经设计好的保险产品，在承保过程中进行风险控制和费率调整，因此我们将审视的角度集中在区域和作物自身的脆弱性风险上。环境因素包括气温和降水等自然环境因素和生产技术的人为环境因素，直接影响作物的生长过程；而致灾因素，一方面，受限于县域的数据可获得性，另一方面，旱灾、水灾、风雹灾和冷冻灾等气象灾害和病虫草鼠害等非气象灾害，更具有大区域的特征，可从省级区划着手，确定省市的费率分区和费率因子，因此，致灾因素我们不直接纳入县域级风险区划。基于此，我们在第六章第三节第四小节的省级农作物综合风险区划的概念模型基础上进行调整，建立县域级风险区划的计算概念模型：

$$RZRI_j = f(生长环境，承灾对象，生产技术) \tag{6-15}$$

$$RZRI_{ij} = f(ERI_{ij}，CRI_{ij}，TRI_{ij}) \tag{6-16}$$

其中，f表示一种函数关系，ERI_{ij}、CRI_{ij} 和 TRI_{ij} 分别表示生长环境风险指数、作物承灾风险指数和生产技术风险指数。我们采用加权和的方式来定义函数关系 f。与省级综合风险区划不同的是，致灾因素不作为风险区划的直接指标，重点是考察作物种类在不同区域的风险异同，因此承灾对象自身的抗风险能力是绝对的主要因素，占有更大的权重。不同于省域之间的是，县域相对区域较小，相邻县域之间孕灾环境的稳定性和生产技术的水平，往往具有更多的相似性，权重过大，容易掩盖作物自身的风险特征。综合考虑三个维度的影响和农作物生长的特征，我们分别赋予生长环境风险指数 ERI_{ij} 权重 0.15、作物承灾风险指数 CRI_{ij} 权重 0.70 和生产技术风险指数 TRI_{ij} 权重 0.15。即：

$$RZRI_{ij} = ERI_{ij} \times 0.15 + CRI_{ij} \times 0.70 + TRI_{ij} \times 0.15 \qquad (6-17)$$

式（6-17）中的计算模型，都是基于 ERI_{ij}、CRI_{ij}、TRI_{ij} 指数标准化或归一化处理后的结果进行加权累计。

关于 CRI 的计算，采用上一节的模型和方法，不再赘述。关于 ERI 和 TRI，受限于县域级数据的可获得性，可能与上一节的略有不同，主要是指标的数量和权重有些差异。以广西为例，我们在计算 TRI 时，主要采用有效灌溉相对水平 RLIS、农业机械动力相对水平 RLMP 和农用化肥施用相对水平 RLCFQ 三个指标，各占 0.33 的权重。广西县域风险区划所涉及的孕灾环境稳定性指数 ERI，考虑到我们主要是做广西县域粮食作物的风险区划，这里所指的粮食作物主要是水稻，而且早、中、晚稻都有，采用 3~11 月作为粮食作物的生长期来计算生长期 MCVMT 和生长期 MCVMR 两个指标，分别赋予 0.35 的权重，结合全年 MCVMT 和全年 MCVMR 指标，分别赋予 0.15 的权重，最终计算出 ERI 指数。

三、县域级风险区划结果

出于行文的需要，表6-15只列出了广西110个县域的综合风险等级结果，更多的风险区划数据指标，如 CRI、TRI、ERI 和 RZRI 的计算结果不再列出。

表6-15 广西110个县域粮食作物的综合风险等级

风险等级	县域名称
低	武鸣区、隆安县、柳江区、柳城县、阳朔县、临桂区、灵川县、合浦县、港口区、防城区、东兴市、港北区、平果县、宜州区、东兰县、罗城县、兴宾区、武宣县、合山市、江州区、扶绥县、大新县、天等县（23）
中	青秀区、江南区、西乡塘、良庆区、马山县、宾阳县、横州市、鹿寨县、融安县、融水县、叠彩区、象山区、七星区、雁山区、全州县、兴安县、永福县、灌阳县、龙胜县、平乐县、荔浦市、恭城县、铁山港、上思县、钦北区、灵山县、浦北县、港南区、覃塘区、平南县、桂平市、玉州区、福绵区、陆川县、右江区、田东县、田林县、西林县、隆林县、钟山县、南丹县、环江县、巴马县、象州县、金秀县、龙州县、凭祥市（47）
较高	兴宁区、邕宁区、上林县、城中区、鱼峰区、柳南区、柳北区、三江县、资源县、藤县、蒙山县、岑溪市、海城区、银海区、钦南区、容县、博白县、兴业县、北流市、田阳县、德保县、那坡县、凌云县、靖西市、平桂区、八步区、昭平县、富川县、金城江、天峨县、都安县、大化县、忻城县、宁明县（34）
高	万秀区、长洲区、龙圩区、苍梧县、乐业县、凤山县（6）

结果揭示，绝大多数县域粮食的综合风险等级集中在"中"级（47个），其次是"较高"级（34个），再次是"低"级（23个），风险等级为"高"的县域只有6个。

在此基础上，利用GIS技术得到粮食综合风险区划地图。同时我们还制作了粮食作物承灾脆弱性风险区划地图以进行对比。同样，这里只对结果进行描述和说明。

在广西110个县域中，风险最高的县域集中在广西的东部和西北部，且分为两个小团块，其中东部四个县域为一个团块而西北部的两个县域为另一个团块。风险等级为"较高"的县域在东南部连成了一大片，同时在中部及偏西的地方分布也相对比较集中。风险等级相对较低（"中"和"低"）的县域主要分布在东北部、中部和西南部。

通过对比包含了生产技术与孕灾环境风险的综合风险区划地图以及粮食作物承灾脆弱性风险区划地图这两种区划结果，可知广西县域粮食作物综合风险区划的风险等级，主要分类因素来自粮食作物的承灾脆弱性风险指标，但也受生产技术、气温和降水等孕灾环境稳定性风险指标的影响。从风险等级的划分来看，有 16 个县域因增加环境类风险因素而调整了风险等级，其中宾阳县、铁山港区、上思县、平南县、玉州区和福绵区 6 个县域降低了风险等级，从"较高"级降为"中"级，西林县、钟山县、南丹县和巴马县 4 个县域风险等级从"低"级升为"中"级，岑溪市、那坡县、八步区、昭平县、富川县和忻城县 6 个县域从"中"级升为"较高"级。高风险的万秀区、长洲区、龙圩区、苍梧县、乐业县和凤山县 6 个县域，主要受单产数据序列的波动影响，表明其风险较高。

第五节 关于区域大小和跨行政边界的简单讨论

在本书第一章第二节关于"种植业保险风险区划"的概念介绍和定义时，强调了两个原则，一个是"区内相似性与区间差异性"原则，另一个是"保持行政区界相对完整性"的原则。

从直觉意义来看，风险区划时划分区域的范围不宜太大也不宜太小。划分区域太大，则容易违反"区内相似性"原则。Coble 等的研究证实在美国农场级的单产风险大于州级的单产风险，而州的单产风险大于国家级的单产风险，说明了区域不宜太大[18]。区域太小，虽不违反原则，但可能失去"统计意义"。依据中国国情，基于大的农场或者乡镇一级来划分区域，从区域大小来看是合适的，但目前恐难以进行普及和应用，鉴于现状，在这个级别能获得的相关数据很少且很不完整。不过，采用与当地合作或者实地调研的方式获得一定的数据来进行研究还是值得的。如果从可能推广到实际应用中的角度来考虑，以县域为区域划分单位可能是目前比较可行的一种选择。划分区域大小确定以后，同时也需要确定其"整体"范围。比如以县域为单位的风险区划，其"整体"比较合适的是地市或者是省，不宜以全国作为整体。

那么，本书呈现众多类型的省级风险区划，是不是没有意义和价值呢？并非如此，一是灾害具有伴随性和大的区域性，正如 Hanak 和 Kouytarova 表明洪水之后往往伴随冰雹或雪灾，保险风险区划更事宜考虑组合风险。尤其是巨灾风险，往往影响数个县域甚至数个省市[15]。二是以省为单位的风险区划，在统计上是有意义的，至少对农业补贴政策以及全国范围内的同一保险产品或同类保险产品的费率厘定，是有参考价值的。三是目前灾害风险方面的统计数据以省级为单位的数据相对完备，便于例证各种类型的风险区划的实证分析过程，包括气象灾害类、非气象灾害类、承灾载体类以及综合类风险区划。当县域的相关数据可获得，比如通过与政府和各种机构合作获得气象灾害损失类历史数据，在这种情形下，可参照本书各类省级风险区划的指标选取、权重确定、指标计算和评估、风险评级和区划地图施划的流程，进行相对应的以县域为区域划分单位的保险风险区划。从这个意义上来看，本书的省级风险区划具有指导意义。

另外，种植业保险风险区划的区域划分，是否应该坚持"保持行政边界相对完整性"的原则呢？我们进行一下简单的讨论。国外有些学者对不以行政边界为划分依据而以自然地理条件为划分依据的风险区划进行了研究，主张采用跨行政边界的风险区划[17][66-67]。国内在这方面的研究较少。从直觉来看，确实以行政边界来划分区域存在一些问题，比如同一行政区域内的气候和自然条件存在差异，而相邻区域之间气候特征和农艺特征存在相似性。对于美国这样的国家，农业保险发展较早，历史数据沉淀比较完备，跨行政边界的保险风险区划可能可以实施。但是，从中国的现状来看，即使大到县域甚至地市级别，很多数据都不完备，或者即使有也难以公开获得，更别说跨行政边界的相关数据的收集是多么艰难。跨行政边界的保险风险区划作为一项研究也许可行，但作为推广应用几乎是不可实施的。在此不再展开深入分析和讨论。

总体来说，基于本书建立的种植业保险风险区划层级指标体系和层级分类体系，目前来看，以县域为划分单位，进行保险风险区划可能是比较切实可行的方法。在未来，县域级保险风险区划的类别可细化（数据可得的情况下），在更久远的未来，希望保险风险区划能细化到乡镇一级。

第六节　本章小结

本章的主要任务有两个，一是确定适用中国国情的风险区划层级分类体系和研究流程，二是用实证方式来验证第四章构建的指标体系及本章构建的区划层级分类体系的适用性和合理性。限于篇幅，这里我们只展示了以省级（全国 31 个省份）和县域级（广西 110 个县域）风险区划为例的做法，至于地市级的风险区划，如前文所言，优先参考县域级，也可以参照省级来进行风险区划。在省级风险区划和县域级风险区划中，指标的计算利用了第五章第一节的风险概率估计结果和第五章第二节的趋势单产估计结果。本章第五节对保险风险区划的区域划分大小和跨行政边界的问题进行了简单的讨论。

本章的第一节结合种植业保险风险区划实际，介绍了聚类分析法和GIS 技术的工作原理及其所能起到的作用。

第二节是构建中国省、地市和县域三级的农作物保险风险区划分类体系和研究流程。三级分类体系中真正存在显著差异的是省级和县域级，在实践中进行地市级的农作物保险风险区划时可以根据各地的实际情况，参照高一级（省级）的或者低一级（县域级）的情况进行保险风险区划。在此基础上，确定了种植业保险风险区划的研究流程：一是确定要做何种类型的区划；二是依据风险区划分类体系和指标体系，选定合适的指标集；三是依据所涉及的指标集，收集必要的原始数据，并加以整理，形成基础数据；四是依据文献研究结果并结合实际情况，确定计算概念模型；五是确定指标之间的重要程度，赋予合适的权重；六是根据基础数据计算各类指标值分析和评估计算结果；七是形成各种风险指数；八是采用聚类分析方法，对各区域进行风险等级的划分，并形成风险等级表；九是依据风险等级表制作风险区划地图。

第三节基于农作物的生态环境和保险风险构成体系内容，考虑到各种要素的重要性，将省级风险区划区分为四种类型：基于气象类灾害的风险区划、基于非气象类灾害的风险区划、基于承灾体的风险区划以及综合类风险区划，并分为四个小节做进一步的分析和区划结果展示。在每个小节中都先介绍了数据来源，对变量进行了描述，随后构建风险区划计算概念模型并确定风险指标的权重，并计算各种指标，得到风险等级分布情况，最终施划风险区划地图。

在基于气象灾害致灾因子的风险区划小节，我们将全国 31 个省份按照"低""中""较高""高"四个等级，分旱灾、水灾、风雹灾、冷冻灾和综合气象灾共 5 个灾种进行了分类。总体来看，几乎所有的灾害类型的风险等级都集中在"低"和"中"两级，且"低"等级的更多一些，属于"高"风险的省份极少。分灾种来看，山西和内蒙古的旱灾处于的"高"风险等级，水灾的"高"风险主要集中在安徽、江西、湖北和湖南 4 个省份，风雹灾的"高"风险主要集中在青海，冷冻灾的"高"风险主要集中在海南，综合气象灾的"高"风险主要集中在甘肃、吉林、辽宁、山西和内蒙古 5 个省份。在全国 31 个省份中，上海是唯一在所有的灾害类型中都处于"低"等级的省份，而相比之下，内蒙古在旱灾、风雹灾、水灾和冷冻灾的风险等级都比较高。在基于前文各灾种风险等级表的基础上，得到了风险区划地图，得到了丰富的结论。在旱灾方面，风险等级的分布总体呈现带条状的分布特点，与中国西高东低的阶梯状分布相吻合。水灾风险等级分布则呈现团状分布特点，各风险等级各自形成不同的团。在风雹灾方面，其风险等级大体呈现南方轻而北方重的特征，而夹在南北之间的青海风险等级最高。冷冻灾总体的风险等级普遍较低，且冷冻灾风险稍高等级的省份主要呈西北—东南分布。在综合气象灾害风险分布方面，风险等级比较高的省市紧紧抱成了团，且呈现"T"形分布的规律。

在基于病虫草鼠害风险区划分析小节，除了西藏无相关数据以外，30个省份棉花、油料和其他作物的病虫草鼠害风险等级集中在"低"和

"中"两级，而粮食的病虫草鼠害风险等级集中在"较高"和"高"两级。分作物类型来看，粮食作物病虫草鼠害的"高"风险主要集中在宁夏、山东、天津、海南、广东、吉林、辽宁、安徽、湖北和青海10个省份，棉花病虫草鼠害的"高"风险主要集中在天津，油料作物病虫草鼠害的"高"风险主要集中在山东、内蒙古、上海和青海4个省份，其他作物病虫草鼠害的"高"风险主要集中在陕西、辽宁、山西、山东、上海、天津6个省份，综合类病虫草鼠害的"高"风险主要集中在宁夏、青海、山东、天津4个省份。从30个省份不同作物类型的病虫草鼠害风险区划地图来看，总体上看以宁夏为中轴线，可以将全国分为粮食作物病虫草鼠害风险等级较高和较低两大区域；除了天津和河北棉花作物病虫草鼠害风险等级比较高，其他省份的风险等级都比较低，并几乎都表现出连成片的规律；油料作物的病虫草鼠害风险等级分布则表现出一种包围圈状的分布特征，中低风险等级的省市将风险等级较高的区域紧紧包围起来；其他作物的病虫草鼠害风险等级分布则呈现出一种团块状的分布特征；对于综合类作物的病虫草鼠害风险等级分布，中东部的风险等级较高，而西南、西北部的风险等级相对较低。

在基于承灾载体脆弱性的风险区划分析小节，除了海南无小麦种植的相关数据以外，六类作物的承灾脆弱性风险等级为"高"的都不太多，其中谷物、小麦、玉米和豆类作物的承灾脆弱性风险等级多集中在"较高"等级，而薯类和油料作物的承灾脆弱性风险等级多为中等。分作物类型来看，谷物作物的"高"风险等级集中在北京、山西、辽宁和吉林4个省份，小麦作物的"高"风险等级集中在吉林、黑龙江、贵州和辽宁4个省份，玉米作物的"高"风险等级集中在黑龙江、安徽、辽宁、西藏和吉林5个省份，豆类作物的"高"风险等级集中在天津、黑龙江、吉林、西藏、宁夏和陕西6个省份，薯类作物的"高"风险等级集中在吉林、西藏和上海3个省份，油料作物的"高"风险等级集中在辽宁、北京、山西和吉林4个省份。从30个省份不同作物的承灾脆弱性风险区划地图可以看出，谷物脆弱性风险比较高的等级在各省的分布大体呈现出"π"形；小麦脆弱性风险等级较高的区域大体呈现两条45度角的带状分布：其中一条带状是从东北三省开始，到山东和安徽，再到广东；另一条带状是从内蒙古开始，到甘肃、宁夏、陕西，再到贵州、西藏和云南。同时我们也看到，这两条带状被一条由中低风险等级的长带所切断；玉米脆弱性风险比较高的等级也大体呈现出"π"形分布，且其范围更大；豆类作物脆弱性风险比较高的等级大体呈现东北向西南斜向分布的趋势；薯类作物脆弱性风险等级比较高的省份呈现两大板块分布：以东北三省为开端的内蒙古、宁夏、山西、河南和安徽大板块以及以新疆和西藏为代表的另一大板块；油料作物脆弱性风险等级比较高的省市呈现两个板块分布：东北三省为一个板块，青海、西藏和云南为一个板块，但其板块规模稍微比薯类的要小一些。

基于农作物的保险综合风险区划小节还分别针对不同作物类型和不同致灾因子的组合情形进行了风险区划，从这些区划地图，我们得出了如下结论：①在谷物综合风险区划方面，谷物的旱灾综合风险等级分布体现出团块状特征；谷物的水灾综合风险等级比较高的区域主要集中在东北部和内陆的大部分区域，也表现出风险等级比较高的区域被风险等级比较低的区域团团包围的特征；谷物风雹灾的综合风险表现为以西北、北部和东北部等级比较高，而东南部、南部和西南部地区综合风险等级比较低的特征；相比于谷物风雹灾的综合风险等级比较高的区域向中国西部偏移趋势，谷物冷冻灾的综合风险等级比较高的区域更是向西蔓延到了西藏地区；谷物综合气象灾害的综合风险等级比较高的区域被等级比较低的区域所包围。②在小麦综合风险区划方面，中国东北三省和中北部偏上区域小麦的旱灾综合风险较大一些，而云南的地理位置也造就了其小麦的旱灾综合风险较大一些；小麦的水灾综合风险比较高的地区在全国的分布从东北、从北到南连成一个较大的板块；小麦的风雹灾综合风险整体不高，风险较高的等级主要分布在东北部和西北部；小麦的冷冻灾综合风险呈现出环渤海和黄海风险较低而其他区域风险较高的特征；小麦的综合气象灾害综合风险等级总体来看呈现各风险等级团块状分布的规律。③在玉米综合风险区划方面，玉米的旱灾综合风险等级比较高的地区几乎连成了片，且呈东北—西南分布的特征，同时东南沿海一带的省市风险等级较低；玉米的水灾综合风险等级最高的地区形成板块状分布；整体来看，东北、中北和西北地区的玉米风雹灾综合风险等级比较高，而其他地区风险等级比较低；西藏和海南的玉米的冷冻灾综合风险等级最高，其他风险等级的省市几乎连成了片；玉米的综合气象灾害综合风险等级比较高的省市呈现板块状构成，而沿海一带省份的风险等级最低。④在豆类综合风险区划方面，豆类作物的旱灾综合风险等级比较高的地区类似于一朵喇叭花状的分布，而东南沿海一带的省份风险等级较低；豆类水灾综合风险等级最高的地区几乎连成了片，风险等级最低的省份则呈现东南和西北相互呼应的态势；豆类作物的风雹灾综合风险等级比较高的地区大约占据了半壁江山；豆类作物的冷冻灾综合风险较高的区域几乎连成了一大片，且占据了大半壁江山；豆类综合气象灾害的综合风险最高等级出现在东北部和中偏北部，而风险等级最低的省市主要分布在东南沿海的大部分省份。⑤在薯类综合风险区划方面，薯类旱灾综合风险等级比较高的地区几乎连成了片，且占据在西部和中偏北部；在薯类作物的水灾综合风险区划方面，呈现出风险较高的省市由东北向西蔓延的态势；薯类作物的风雹灾综合风险等级则分布比较零散；较高的薯类作物冷冻灾综合风险和薯类作物综合气象灾害综合风险都表现出倾斜的"一"字形分布，由西北再到东北分布。⑥在油料作物综合风险区划方面，油料作物的旱灾、水灾和风雹灾综合风险各风险等级也体现出团块的分布特征；油料作物冷冻灾综合风险各等级分布比较分散；油料作物综合气象灾害综合风险比较高的等级从东北三省开始到西北几乎连成了片，而风险等级最低的省份则由东南沿海的大部分省份连成一大片。

本书发现，虽然从影响农作物生长的不同要素的角度进行了分析，得出了不同的结论，但总体来看中国各省份的风险等级都不太高。此外，从各类风险区划分布图来看，绝大多数情况下表现出一些规律性的特征，例如条形分布、团块状分布、南北分布、"T"形分布、"π"形、"一"字分布、包围圈分布、东北—西南分布、东南沿海分布、环渤海/黄海圈分布和不规则分布等。而恰恰是各种不同的规律或者特征，说明了需要从省级乃至于从地市级或者县域级、从各个角度进行考量的必要性。

在第四节，以广西110个县域为例，结合区域特征，构建了以生长环境风险指数、作物承灾风险指数和生产技术风险指数为主的风险区划计算概念模型，对各灾害风险指标的权重和风险指数进行了计算，得到了广西110个县域的综合风险等级结果和相应的风险区划地图。其综合风险等级的结果显示，绝大多数县域粮食的综合风险等级集中在中级，风险等级为"高"的县域极少。从其风险区划地图来看，风险最高的县域集中在广西的东部和西北部，且分为两个小团块；风险等级为"较高"的县域在东南部连成了一大片，同时在中部及偏西的地方分布也相对比较集中；风险等级相对较低的县域主要分布在东北部、中部和西南部。此外，通过对比包含了生产技术与孕灾环境风险的综合风险区划地图和粮食作物承灾脆弱性风险区划地图，得到的结果为广西县域粮食作物综合风险区划的风险等级，主要分类因素来自粮食作物的承灾脆弱性风险指标，但也受生产技术、气温和降水等孕灾环境稳定性风险指标的影响。

第七章　总结与建议

第一节　总结

　　种植业保险风险区划在农业保险产品设计和费率厘定、国家和地方政府农业扶持政策出台等方面起到重要的参考作用。然而由于中国的农业保险起步较晚，国内对农业保险的研究也相对较晚，特别是在种植业保险风险区划方面的研究较少，尤其缺少对种植业保险风险区划基本要素的讨论，更没有论及如何对这些要素加以完善和在相关方面做进一步的改进创新。

　　本书通过梳理、归纳和拓展种植业保险风险区划的现有研究成果，从种植业保险风险区划体系构建的理论依据、风险指标体系、风险区划层级体系、关键指标计算算法、风险区划实证分析流程五个基本要素方面展开研究。在国内外已有研究的基础上，重新梳理和审视种植业保险风险区划的理论基础和研究脉络，形成本书的种植业保险风险区划的风险构成系统（PIRZRCS）、构建完整的指标体系，并基于中国国情提出了风险区划层级体系，同时对种植业保险风险区划体系构建的两个关键技术（风险概率估计和趋势单产估计）的算法进行了改进研究。随后采用实证的方式，以省级风险区划例证了各类风险区划的指标选取、权重确定、指标计算和评估、风险评级和区划地图施划等过程，以县域级风险区划例证了三级区划体系中不同层级区划的共同点和差异，包括农作物生长期因素的考量。

回顾全书，本书围绕关于种植业保险风险区划体系基本要素构建的研究主题，得到了以下七个方面的研究结果。

一、系统梳理了种植业保险风险区划理论基础

通过系统梳理种植业保险风险区划相关理论，结合国内外已有研究成果，构建了横向和纵向相结合的完整的理论分析体系。其中最主要的理论包括：指导风险指标的选取和风险指标体系的构建的风险管理理论和灾害系统理论、指导区域风险等级的划分和区划地图的制作的地域分异理论和地学信息图谱理论、用于关键指标算法和实证分析的信息扩散理论、时序数据预测理论和统计推断理论。

二、构建了种植业保险风险区划的风险构成体系

通过借鉴灾害系统理论和地域分异理论，将农作物保险风险与农作物的生态环境、生长过程中的自然灾害以及人类活动紧密联系起来，将其分解为生长环境、气象灾害、非气象灾害、农作物本身以及人类的活动五大要素，并逐一分析各要素的风险及其相互关系。本书还从动态的角度论述了各要素的风险及其动态转换过程关系，构建了种植业保险风险区划的风险构成系统（PIRZRCS），充实和完善了种植业保险风险区划理论体系。

三、构建了种植业保险风险区划指标体系

基于对种植业保险风险区划的风险构成体系（PIRZRCS）的静态和动态的认识，在前人的研究基础上归纳总结并加以拓展，从农作物的孕灾环境、气象致灾因素、承灾载体、非气象类致灾因子和生产技术五个层面，每个层面还区分了不同的小类，构建了一个全面、综合的种植业保险风险区划指标体系。在新形成的种植业保险风险区划指标体系中，拓展了风险指标的外延，将绝收、病虫草鼠害和生产技术因素纳入了风险体系。种植

业保险风险区划指标体系的构建，为种植业保险风险区划的研究奠定了较为坚实的基础。

四、构建了种植业保险风险区划层级体系

与以往学者强调某一个层级的农业保险风险区划的理论不同，本书构建了省级、地市级和县域级的种植业保险风险区划层级指标体系和层级分类体系，共同构成种植业保险风险区划层级体系。

基于数据的可得性、地域的广阔性及其差异性等因素，提出省、地市和县域三级风险区划选择指标不宜采用同一标准的观点，进一步构建了风险区划层级指标体系。对于地域比较广阔且内部差异性较大的省级来说，不宜使用气温和降水的气象因素指标，而应重点使用灾害风险概率、单产指标和生产技术类指标；对于地理范围较小且其内部差异较小的县域级，应该重点使用单产类指标，可结合气温和降水的气象因素指标以及生产技术类指标，不宜采用灾害风险概率类指标；而地级市依各地市具体情形，参照省级或县域级确定指标选定原则。

提出省级和县域级种植业保险风险区划存在着显著差异，而地市级的保险风险区划则需要根据当地的实际情况，参照县域级或者省级进行保险风险区划的观点，进一步构建了风险区划层级分类体系。省级的区域划分以中国 31 个省份为基本单位，然后依据不同风险或标的进行不同维度的风险区划，但总体而言，可依据保险需要大体从四个维度进行细分：基于气象致灾因素（旱灾、水灾、风雹灾、冷冻灾和综合灾害）的风险区划、基于非气象致灾因素（病虫草鼠害）的风险区划、针对承灾对象（分各种作物种类细类或夏粮、秋粮或其他作物大类）的风险区划以及综合性的风险区划。县域级风险区划以某个省份作为整体，该省份下属的县域作为区域划分的基本单位。县域级风险区划的主要目的是用于承保过程的风险控制，适用于将县域和作物种类作为费率厘定的因子之一纳入承保过程的费率调整机制，也可依据县域风险区划及趋势单产，确定承保标的也就是作物产量的可保范围等。县域级的风险区划，建议以作物种类为基本分类依

据，作物种类的选择需要依据地域的不同以及数据的可获得性，依据实际情况和实际需要来确定。

在实证分析中，以中国31个省份和广西110个县域单位为例，展示了基于实证数据实现各种类型的风险区划的过程（指标选取、权重确定、指标计算和评估、风险评级和区划地图施划等）。在实证分析的过程中也例证了风险区划层级体系中不同层级区划的共同点和差异，比如县域级如何纳入作物生长期考量因素。

五、引入信息扩散模型进行灾损风险概率估计

突破以往研究多数只考虑不同灾种/作物的较为单一的风险概率的做法，通过区分农作物灾损的三种不同程度类型：受灾、成灾和绝收，结合各种气象灾害类型，充分利用信息扩散模型可以弥补由于数据不足造成的缺陷方面的优势，推导出了基于信息扩散的风险概率估计模型，随后估计了农作物遭受各种类型气象灾害下的受灾概率、成灾概率和绝收概率。

在实证研究部分，就中国31个省份的情况进行了上述内容的分析，得出了即使是同一种灾害类型，农作物的灾损程度不同，其风险概率也不同的结论，进一步深化了前人的研究。

六、改进趋势单产估计方法并应用于实证研究

通过结合小波分析和多项式估计的优势，在趋势单产估计方面提出了一种改进方法：基于小波变换的多项式估计 WTDS-系列方法，通过实证方式证实了新方法的适用性和合理性，并应用于中国31个省份六类农作物（谷物、小麦、玉米、豆类、薯类和油料）和广西110个县域的粮食作物的趋势单产的估计。本书以广西武鸣区为例的趋势估计实例，例证了采用线性估计、多项式估计、小波变换和基于小波变换的多项式估计共四种方法对武鸣区的粮食单产进行趋势单产估计的步骤和流程。以广西110个县域的粮食作物为研究对象，采用以上多种方法进行了趋势单产估计，并对每一种方法得到的结果在拟合度、平滑度、弯曲度和相对误差分布方面进

行详细的比较分析，从而得出在上述四种方法中，采用基于小波变换的多项式估计 WDTS-系列方法更优的结论，主要的原因是经过小波分析的噪声识别和去噪处理后估计的拟合度更高、曲线更平滑、弯曲度更小，以及相对误差更小。实证研究表明，在中国的趋势单产估计方面，经过 WDTS-系列方法是一种方法的改进，从而为这一领域方法的应用起到了一定的启示作用。

七、量化风险区划中各风险指标风险权重的测算

在风险区划的实证分析部分，依据风险区划层级体系的结论，对各种不同情形、不同用途的不同类别的风险区划，建立指数化概念模型，并对其适用的风险指标，采用测算的方式量化其风险权重。比如采用农作物灾损导致受灾、成灾和绝收的历史数据，按照受灾、成灾和绝收的数据统计规则，采用一种均值折算的测算方法，量化受灾、成灾和绝收的风险权重为 0.21、0.32 和 0.47。但是，风险区划的指标体系中的风险权重如何量化，依然有待于进一步研究和证实。

第二节　研究中发现的问题与建议

本书在围绕种植业保险风险区划基本要素研究这个主题进行理论构建和实证分析的研究过程中，认为中国学者在种植业保险风险区划方面研究取得了一定的成就，但应用中发现，其成果在农业保险的实践中并不成功，这可能与种植业保险风险区划研究领域的一些情况和问题相关。同时本书在进行趋势单产估计实证过程中，也出现了一些不利于粮食生产安全的现象和趋势。针对研究过程中发现的现象和问题，本书提出如下几方面的建议：

一、推动贴近实际应用的区划研究

我们研究发现，中国目前在种植业保险风险区划的理论与实证研究以及实践方面与发达国家仍存在一定的差距，而种植业保险风险区划对于保险机构种植业保险合同的设计与费率厘定、对于有关政府部门制定农业保险补偿机制抑或相关农业政策的制定具有重要的参考作用。前文也提到，近些年中国有关政府部门也已经认识到了种植业保险风险区划的重要性，出台了相关促进种植业保险风险区划研究的条例和规定，但从实践的角度来看，仍然需要得到相关政府部门的进一步重视。

在这方面，中国目前比较权威、比较系统、比较全面研究农业保险风险区划的当数 2011 年原保监会印发的《"全国种植业保险区划"研究报告》和 2020 年中国农业科学院农业风险管理研究创新团队编制的《中国农业生产风险区划地图册》。这两项成果为中国农业生产风险区划和农业保险研究提供了重要的参考，然而在农业、保险、风险、区划等联结方面仍需要从体系上加以整体建构，同时结合气候的变化、农业科技的发展、社会经济因素的变化等，推动贴近实际应用的种植业保险风险区划的研究，及时得出最新的研究结果、更好地应用于中国农业保险领域的产品创新、费率厘定以及农业保险补贴政策的制定。

二、建立高质量的完备数据库

种植业保险风险区划分析涉及众多的指标，本书在实证研究过程中也深切地感受到数据缺失和统计数据误差对于量化分析的遗憾性。从研究和分析的角度来看，数据类型越完善、历史数据越多、数据质量越高，得到的分析结果就越精确、越可靠。事实上，受限于数据的可获得性问题，种植业保险风险区划的区域大小的选择最小也就能达到县域级，而且县域级的可实行的风险区划类型有限。

首先，需要整合种植业保险风险区划指标体系，建立和完善从中国行政区划乡镇级开始，到县、到地级市、到省，乃至到国家层面的微观和宏观的数据库；此外，在大数据时代的发展背景下，不仅需要把较为狭义的种植业方面的数据（例如播种面积、农业产量、灌溉面积和受灾面积等）纳入数据库，而且还需要把利用 GIS 获取的诸如区域海拔、地形和地貌信息等较为广义的关于种植业方面的数据考虑进来，以做到数据的完备性。其次，在数据收集阶段，需要保证数据收集各个环节的准确性，例如数据来源的可靠性、数据登录的准确性、数据内部的逻辑性等，以确保数据的可靠性。再次，需要对数据库进行及时更新和补充，以保证数据信息的前沿性。最后，需要对数据进行有效维护和管理，以保证可用数据的连续性和可及性。只有这样，才能为种植业保险风险区划的精确计算提供充足的、高质量的数据支持。

三、重视研究方法的适用性

种植业保险风险区划中涉及众多的关键指标及其关键算法，现有研究方法的适用性并不理想，也是导致农业保险风险区划在中国应用不太成功的原因之一。本书的研究结果之一是通过对多种方法的计算机理和实证结果的比较分析，得出了基于小波变换的多项式估计 WDTS-系列方法对于中国趋势单产估计具有更好的拟合度、曲线更平滑、弯曲度更小以及相对误差更小的优势，换言之，将较新的方法和传统的方法进行结合，取长补短，可能会取得更好的效果。

这一结果带来的启示是，我们没有必要固守传统的认为比较稳妥的方法，也没有必要盲目追捧较新的方法，而是根据具体的数据情况，将各种可能的方法的结果加以比较，从中选择最优的方法。因此，需要处理实际的数据，或者正确看待新旧方法之间的辩证关系以及处理好两者之间的转换和结合关系。

四、关注和重视不利于粮食安全的种植业生产隐患

在第五章第二节的单产趋势估计研究中，整体来看，中国各类作物的单产趋势相对平稳，体现了中国农作物生产的相对稳定和安全。但也体现

出一些不利的苗头，比如：北京和天津的谷物单产，福建、内蒙古、云南和青海的小麦单产，青海的玉米单产，广东、广西、青海和西藏的薯类单产，从趋势特征来看，都体现尾部下降的趋势；广西的粮食单产，以蒙山县、灵川县和陆川县为代表的 18 个县域，历史上常年处于单产下降趋势。另外，在进行风险概率估计和趋势单产估计研究中，发现中国某些地方耕地面积有缩小的现象。这些现象可能与经济的高速发展、部分农户离开农村进入城市工作或者其他原因有关。但这些现象任其发展，或许会危及中国的种植业生产和粮食安全，建议有关部门予以重视，以消灭这些不利于粮食安全的种植业生产中的隐患。

参考文献

［1］彭金山．农耕文化的内涵及对现代农业之意义［J］．西北民族研究，2011（01）：145-150.

［2］Eisenstein M. Natural Solutions for Agricultural Productivity［J］. Nature，2020，588（7837）：S58-S59.

［3］江生忠．中国保险业发展成果的经验与问题的反思［J］．保险研究，2018（12）：92-95.

［4］包璐璐，江生忠．农业保险巨灾风险分散模式的比较与选择［J］．保险研究，2019（08）：36-51.

［5］江生忠，贾士彬，江时鲲．中国农业保险保费补贴效率及其影响因素分析——基于2010~2013年省际面板数据［J］．保险研究，2015（12）：67-77.

［6］黄崇福．综合风险评估的一个基本模式［J］．应用基础与工程科学学报，2008（03）：371-381.

［7］庹国柱，李军．农业保险——21世纪保险系列教材［M］．北京：中国人民大学出版社，2005.

［8］魏华林，林宝清．保险学（第四版）［M］．北京：高等教育出版社，2018.

［9］Moschini G，Hennessy D A. Uncertainty，Risk Aversion，and Risk Management for Agricult-ural Producers［M］//Gardner B L，Rausser G C. Handbook of Agricultural Economics，2001，1（02）：88-153.

［10］Boehlje M. Risk in U. S. Agriculture：New Challenges and New Approaches ［J］. Staff Papers，2002.

［11］Hardaker J B，Huirne R B M，Anderson J R，et al. Introduction to Risk in Agriculture ［M］//Coping with risk in agriculture. CABI Publishing，2004，1（01）：1-15.

［12］陶红军，陈体珠. 农业区划理论和实践研究文献综述 ［J］. 中国农业资源与区划，2014，35（02）：59-66.

［13］Bambini M D，Furtado A T，Jr J Z. Agricultural Zoning of Climatic Hazards：An Instrument of Agriculture Policy in Brazil from Innovation Sociology Perspective ［J］. Agriculture Policy，2012（02）：1-22.

［14］Fell R，Corominas J，Bonnard C，et al. Guide-lines for Landslide Susceptibility，Hazard and Risk Zoning for Land-Use Planning ［J］. Engineering Geology，2008，102（3-4）：99-111.

［15］Hanak T，Korytarova J. Risk Zoning in the Context of Insurance：Comparison of Flood，Snow Load，Windstorm and Hailstorm ［J］. Journal of Applied Engineering Science，2014，12（02）：137-144.

［16］庹国柱，丁少群. 论农作物保险区划及其理论依据——农作物保险区划研究之一 ［J］. 当代经济科学，1994a（03）：64-69+41.

［17］Wang H H. Zone-based Group Risk Insurance ［J］. Journal of Agricultural & Resource Economics，2000，25（02）：411-431.

［18］Coble K H，Knight T O，Goodwin B K，et al. A Comprehensive Review of the RMA APH and COMBO Rating Methodology Final Report ［R］. 2010.

［19］史培军. 中国自然灾害风险地图集 ［M］. 北京：科学出版社，2011.

［20］Wright B D，Hewitt J A. All-Risk Crop Insurance：Lessons from Theory and Experience ［M］//Hueth D L，Furtan W H. Economics of Agricultural Crop Insurance：Theory and Evidence. Springer Netherlands，1994，

1 (04): 73-112.

[21] Kramer R A, Pope R D. Crop Insurance for Managing Risk Farms [J]. Journal of the American Society of Farm Managers & Rural Appraisers, 1982 (02): 34-40.

[22] Lemieux C M, Richardson J W, Nixon C J. Federal Crop Insurance vs. ASCS Disaster Assistance for Texas High Plains Cotton Producers: An Application of Whole-Farm Simulation [J]. Western Journal of Agricultural Economics, 1982, 7 (02): 141-153.

[23] King R P, Oamek G E. Risk Management by Colorado Dryland Wheat Farmers and the Elimination of the Disaster Assistance Program [J]. American Journal of Agricultural Economics, 1983, 65 (02): 247-255.

[24] Lee W F, Djogo A. The Role of Federal Crop Insurance in Farm Risk Management [J]. Agricultural Finance Review, 1984 (44): 15-24.

[25] Zering K D, Mccorkle C O, Moore C V. The Utility of Multiple Peril Crop Insurance for Irrigated, Multiple-Crop Agriculture [J]. Western Journal of Agricultural Economics, 1987, 12 (01): 50-59.

[26] Mapp H P, Jeter K L. Potential Impact of Participation in Commodity Programs and Multiple Peril Crop Insurance on a Southwest Oklahoma Farm [J]. Transplantation, 1988, 45 (04): 824-827.

[27] Niewoudt W L, Bullock J B. The Demand for Crop Insurance [C] //Conference, Malaga, Spain, International Association of Agricultural Economists, 1985 (16): 655-667.

[28] Gardner B L, Kramer R A. Experience with crop insurance programs in the United States [J] //Hazell P, Benel C P, Valdés A. Crop Insurance for Agricultural Development: Issues and Experience, Published for the International Food Policy Research Institute by Johns Hopkins University Press, 1986, 1 (12): 195-222.

[29] Barnett B J, Skees J R, Hourigan J D. Explaining Participation in

Federal Crop Insurance [C] //Annual Meeting, August 5 - 8, Vancouver, Canada. American Agricultural Economics Asso-ciation, 1990.

[30] Goodwin B K. An Empirical Analysis of the Demand for Multiple Peril Crop Insurance [J]. American Journal of Agricultural Economics, 1993a, 75 (02): 425-434.

[31] Cannon D L, Barnett B J. Modeling Changes in the Federal Multiple Peril Crop Insurance Program Between 1982 and 1987 [C] //Annual Meeting, August 6-9, Indianapolis, Indiana. American Agricultural Economics Association, 1995.

[32] Hojjati B, Bockstael N E. Modeling the Demand for Crop Insurance [J]. Biophysics, 2000, 40 (02): 169-184.

[33] Calvin L. Participation in the U. S. Federal Crop Insurance Program [J]. Commodity Economics Division, Economic Research Service, U. S. Department of Agriculture. Technical Bulletin, 1992 (07): 1800.

[34] Just R E, Calvin L. An Empirical Analysis of U. S. Participation in Crop Insurance [M] //Hueth D L, Furtan W H. Economics of Agricultural Crop Insurance: Theory and Evide-nce. Springer Netherlands, 1994, 1 (08): 205-252.

[35] Smith V H, Baquet A E. The Demand for Multiple Peril Crop Insurance: Evidence from Montana Wheat Farms [J]. American Journal of Agricultural Economics, 1996, 78 (01): 189-201.

[36] Coble K H, Knight T O, Pope R D, et al. Modeling Farm-Level Crop Insurance Demand with Panel Data [J]. American Journal of Agricultural Economics, 1996, 78 (02): 439-447.

[37] Knight T O, Coble K H. Survey of U. S. Multiple Peril Crop Insurance Literature since 1980 [J]. Review of Agricultural Economics, 1997, 19 (01): 128-156.

[38] Ahsan S M, Ali A G, Kurian N J. Toward a Theory of Agricultural

Insurance [J]. American Journal of Agricultural Economics, 1982, 64 (03): 520-529.

[39] Horowitz J K, Lichtenberg E. Insurance, Moral Hazard, and Chemical Use in Agriculture [J]. American Journal of Agricultural Economics, 1993, 75 (04): 926-935.

[40] Quiggin J, Karagiannis G, Stanton J. Crop Insurance and Crop Production: An Empirical Study of Moral Hazard and Adverse Selection [J]. Australian Journal of Agricultural Economics, 1993, 37 (02): 95-113.

[41] Just R E, Calvin L, Quiggin J. Adverse Selection in Crop Insurance: Actuarial and Asymmetric Information Incentives [J]. American Journal of Agricultural Economics, 1999, 81 (04): 834-849.

[42] Glauber J W. Crop Insurance Reconsidered [J]. American Journal of Agricultural Economics, 2004, 86 (05): 1179-1195.

[43] Goodwin B K, Kastens T L. Adverse Selection, Disaster Relief, and the Demand for Multiple Peril Crop Insurance [J]. Contract Report for the Federal Crop Insurance Corporation, 1993 (05): 228-248.

[44] Nelson C H, Loehman E T. Further toward a Theory of Agricultural Insurance [J]. American Journal of Agricultural Economics, 1987, 69 (03): 523-531.

[45] Chambers R G. Insurability and Moral Hazard in Agricultural Insurance Markets [J]. American Journal of Agricultural Economics, 1989, 71 (03): 604-616.

[46] Coble K H, Knight T O, Pope R D, et al. An Expected-Indemnity Approach to the Measurement of Moral Hazard in Crop Insurance [J]. American Journal of Agricultural Economics, 1997, 79 (01): 216-226.

[47] Skees J R, Reed M R. Rate Making for Farm-Level Crop Insurance: Implications for Adverse Selection [J]. American Journal of Agricultural Economics, 1986, 68 (03): 653-659.

[48] Goodwin B K. Premium Rate Determination in the Federal Crop Insurance Program: What Do Averages Have to Say about Risk? [J]. Journal of Agricultural & Resource Economics, 1994, 19 (02): 382-395.

[49] Luo H, Skees J R, Marchant M A. Weather Information and the Potential for Intertemporal Adverse Selection in Crop Insurance [J]. Review of Agricultural Economics, 1994, 16 (03): 441-451.

[50] Glauber J W. The Growth of the Federal Crop Insurance Program, 1990 - 2011 [J]. American Journal of Agricultural Economics, 2013, 95 (02): 482-488.

[51] Baquet A E, Skees J. Group Risk Plan Insurance: An Alternative Management Tool for Farmers [J]. Choices, 1994, 9 (01): 25-28.

[52] Stokes K, Barnaby G A A, Waller M L, et al. Group Risk Plan (GRP) Insurance [J]. Agrilife Extension, 1999, 89 (02): 39-49.

[53] Smith V H. Federal Crop and Crop Revenue Insurance Programs: Group Risk Plan (GRP) Contracts [J]. Agricultural Marketing Policy Center Briefings, 2001, 195 (4276): 376.

[54] Edwards W M. Group Risk Plan (GRP) and Group Risk Income Protection (GRIP) [J]. Analytical Biochemistry, 2003, 36 (01): 174-81.

[55] Halcrow H G. Actuarial Structures for Crop Insurance [J]. American Journal of Agricultural Economics, 1949, 31 (03): 418-443.

[56] Miranda M J. Area-yield Crop Insurance Reconsidered [J]. American Journal of Agricultural Economics, 1991, 73 (02): 233-242.

[57] Mahul O. Optimum Area Yield Crop Insurance [J]. American Journal of Agricultural Economics, 1999a, 81 (01): 75-82.

[58] Mahul O. The Design of an Optimal Area Yield Crop Insurance Contract [J]. Geneva Papers on Risk & Insurance Theory, 1999b, 24 (02): 159-171.

[59] Vercammen J A. Constrained Efficient Contracts for Area Yield Crop

Insurance ［J］. American Journal of Agricultural Economics, 2000, 82（04）:
856-864.

［60］Ramaswami B, Roe T L. Aggregation in Area-Yield Crop Insurance:
The Linear Additive Model ［J］. American Journal of Agricultural Economics,
2004, 86（02）: 420-431.

［61］Chambers R G, Quiggin J. Optimal Producer Behavior in the Pres-
ence of Area-Yield Crop Insurance ［J］. American Journal of Agricultural Eco-
nomics, 2002, 84（02）: 320-334.

［62］Bourgeon J M, Chambers R G. Optimal Area-Yield Crop Insurance
Reconsidered ［J］. American Journal of Agricultural Economics, 2003, 85（03）:
590-604.

［63］Chhogyel N, Kumar L. Climate Change and Potential Impacts on Ag-
riculture in Bhutan: A Discussion of Pertinent Issues ［J］. Agriculture & Food
Security, 2018, 7（01）: 79.

［64］Andrew K, Fabio Cian, Irene Monasterolo, et al. Multiform Flood
Risk in a Rapidly Changing World: What We Do Not Do, What We Should and
Why It Matters ［J］. Journal of International Money and Finance, 2022, 17
（08）: 1-8.

［65］Coble K H, Dismukes R, Thomas S E. Policy Implications of Crop
Yield and Revenue Variability at Differing Levels of Disaggregation ［C］// An-
nual Meeting, July 29-August 1, Portland, Oregon. American Agricultural Eco-
nomics Association, 2007.

［66］Annan F, Tack J, Harri A, et al. Spatial Pattern of Yield Distribu-
tions: Implications for Crop Insurance ［J］. American Journal of Agricultural
Economics, 2015, 96（01）: 253-268.

［67］Ker A P, Tolhurst T N, Liu Y. Bayesian Estimation of Possibly Simi-
lar Yield Densities: Implications for Rating Crop Insurance Contracts ［J］.
American Journal of Agricultural Economics, 2016, 98（02）: 360-382.

［68］Goodwin B K, Ker A P. Nonparametric Estimation of Crop Yield Distributions: Implications for Rating Group - Risk Crop Insurance Contracts ［J］. American Journal of Agricultural Economics, 1998, 80 (01): 139-153.

［69］Barnett B J, Skees J R. Region and Crop Specific Models of the Demand for Federal Crop Insurance ［J］. Journal of Insurance Issues, 1995, 18 (02): 47-65.

［70］Ker A P, Goodwin B K. Nonparametric Estimation of Crop Insurance Rates Revisited ［J］. American Journal of Agricultural Economics, 2000, 82 (02): 463-478.

［71］Turvey C. Parametric and Non - parametric Crop Yield Distributions and Their Effects on All - Risk Crop Insurance Premiums ［R］. Working Paper, 1999.

［72］Shenick B J, Zanini F C, Schnitkey G D, et al. Crop Insurance Valuation Under Alternative Yield Distributions ［J］. American Journal of Agricultural Economics, 2004, 86 (02): 406-419.

［73］Chen S L, Miranda M J. Modeling Yield Distribution in High Risk Counties: Application to Texas Upland Cotton ［C］ //Annual Meeting, July 23-26, Long Beach, CA. American Agricultural Economics Association, 2006.

［74］Racine J, Ker A. Rating Crop Insurance Policies with Efficient Nonparametric Estimators that Admit Mixed Data Types ［J］. Journal of Agricultural & Resource Economics, 2006, 31 (01): 27-39.

［75］Ozaki V A, Ghosh S K, Goodwin B K, et al. Spatio-Temporal Modeling of Agricultural Yield Data with an Application to Pricing Crop Insurance Contracts ［J］. American Journal of Agricultural Economics, 2008, 90 (04): 951-961.

［76］Awondo S N, Datta G S, Ramirez O A, et al. Estimation of Crop Yield Distribution and Insurance Premium Using Shrinkage Estimator: A Hierarchical Bayes and Small Area Estimation Approach ［C］ //Annual Meeting, August 12-14, 2012, Seattle, Washington. Agricultural and Applied Economics Association, 2012.

[77] Goodwin B K, Coble K H, Borman J I, et al. Accounting for Short Samples and Heterogeneous Experience in Rating Crop Insurance [J]. Agricultural Finance Review, 2013, 73 (01): 88-101.

[78] Bartosz K. Weather Indicators and Crop Yields Analysis with Wavelets [R]. Interim Report on Work of the International Institute for Applied Systems Analysis, Laxenburg, Austria, 2005 (02): 5-19.

[79] Pringle M J, Marchant B P, Lark R M. Analysis of Two Variants of a Spatially Distributed Crop Model, Using Wavelet Transforms and Geostatistics [J]. Agricultural Systems, 2008 (98): 135-146.

[80] Bonzo D C, Hermosilla A Y. Clustering Panel Data Via Perturbed Adaptive Simulated Annealing and Genetic Algorithms [J]. Advances in Complex Systems, 2002, 5 (04): 339-360.

[81] Frey B J, Dueck D. Clustering by Passing Messages between Data Points [J]. Science, 2007 (315): 972-976.

[82] Bodenhofer U, Kothmeier A, Hochreiter S. APCluster: An R Package for Affinity Propagation Clustering [J]. Bioinformatics, 2011, 27 (17): 2463-2464.

[83] Kaufman L, Rousseeuw P J. Finding Groups in Data: An Introduction to Cluster Analysis [R]. DBLP, 2009.

[84] 黄道友, 彭廷柏, 王克林, 等. 应用 Z 指数方法判断南方季节性干旱的结果分析 [J]. 中国农业气象, 2003, 24 (04): 12-15.

[85] 朱业玉, 王记芳, 武鹏. 降水 Z 指数在河南旱涝监测中的应用 [J]. 气象与环境科学, 2006 (04): 20-22.

[86] 王开军, 张军英, 李丹, 等. 自适应仿射传播聚类 [J]. 自动化学报, 2007, 33 (12): 1242-1246.

[87] 夏伟, 程向红, 查旭光, 等. Z 指数法研究河北省近 20 年旱涝灾

害发生规律［C］//中国气象学会 2008 年年会干旱与减灾——第六届干旱气候变化与减灾学术研讨会分会场论文集，2008.

［88］李永，孙越芹，夏敏．小麦保险费率厘定：基于小波分析与非参数估计法［J］．预测，2011，30（04）：55-59.

［89］宋正阳，张峭，王克．农作物生产风险评估与区划系统的设计与实现［J］．中国农业资源与区划，2013，34（03）：34-40.

［90］李明，王贵文，柴旭荣，等．基于空间聚类的中国东北气候分区及其气象干旱时间变化特征［J］．自然资源学报，2019，34（08）：1682-1693.

［91］李明，赵茹昕，王贵文，等．长江中下游流域降水分区及其气象干旱时间变化特征［J］．长江流域资源与环境，2020，29（12）：2719-2726.

［92］陈家金，王加义，黄川容，等．基于 AHP-EWM 方法的福建省农业气象灾害风险区划［J］．自然灾害学报，2016，25（03）：58-66.

［93］庹国柱，丁少群．农作物保险风险分区和费率分区问题的探讨［J］．中国农村经济，1994b（08）：43-47+61.

［94］黄崇福，刘新立．以历史灾情资料为依据的农业自然灾害风险评估方法［J］．自然灾害学报，1998，7（02）：4-12.

［95］郭迎春，阎宜玲．农业自然风险评估及区域农业保险费率的确定方法［J］．应用气象学报，1998（02）：231-238.

［96］朱涯，鲁韦坤，余凌翔，等．玉溪市雷电灾害风险区划研究［J］．中国农业资源与区划，2017，38（11）：159-164.

［97］史津梅，许维俊，徐亮，等．青海省东部农业区雷电灾害风险评估［J］．冰川冻土，2019，41（06）：1359-1366.

［98］龙爽，俞海洋，李婷，等．河北省乡村雷电灾害风险区划研究［J］．中国农业资源与区划，2019，40（11）：174-179.

［99］余田野，王学良，袁海锋，等．基于投影寻踪方法的湖北省雷电灾害风险区划［J］．暴雨灾害，2019，38（03）：291-296.

［100］杨崧令，李文明，卜俊伟，等．基于雷电监测资料的南充市雷电灾害风险区划研究［J］．高原山地气象研究，2019，39（01）：81-86.

［101］乌兰，王海梅，刘昊．内蒙古牧区干旱灾害风险分布特征及区划［J］．干旱气象，2017，35（06）：1070-1076.

［102］刘晓冉，康俊，王颖，等．基于 GIS 的重庆地区不同季节干旱灾害风险评估与区划［J］．自然灾害学报，2019，28（02）：92-100.

［103］Huihui H，Hanyu Z，Fuqiang W. Regional Agricultural Drought Risk Assessment Based on Attribute Interval Identification：A Study from Zhengzhou，China［J］. Water Supply，2022，22（05）：4757-5688.

［104］张杰，吴明业．基于 GIS 的皖南地区暴雨洪涝灾害风险区划［J］．中国农业资源与区划，2017，38（06）：121-129.

［105］王一鸣，殷坤龙，龚新法，等．台风暴雨型泥石流风险区划方法研究——以温州山区泥石流为例［J］．灾害学，2017，32（03）：80-86.

［106］李万志，余迪，冯晓莉，等．基于风险度的青海省暴雨洪涝灾害风险评估［J］．冰川冻土，2019，41（03）：680-688.

［107］房小怡，杜吴鹏，权维俊，等．苏浙沪地区高温灾害风险区划研究［J］．气象与环境学报，2016，32（06）：109-115.

［108］梁冬坡，孙治贵，郭军，等．基于 RS 和 GIS 天津市津南区气象灾害风险区划研究［J］．气象与环境学报，2016，32（06）：116-121.

［109］曹茹，陈浩．宝鸡市冰雹灾害风险区划研究［J］．自然灾害学报，2019，28（02）：145-152.

［110］吴秀兰，江远安，余行杰，等．基于 FloodArea 的新疆依格孜牙河流域山洪灾害风险区划［J］．干旱气象，2019，37（04）：663-669.

［111］Qiang Z，Ying W. Distribution of Hazard and Risk Caused by Agricultural Drought and Flood and Their Correlations in Summer Monsoon-affected Areas of China［J］. Theoretical and Applied Climatology，2022，149（03）：965-981.

［112］张峭，王克．中国农业自然灾害风险评估与区划［J］．中国农业资源与区划，2011，32（03）：32-36.

［113］张爱民，马晓群，杨太明，等．安徽省旱涝灾害及其对农作物

产量影响［J］.应用气象学报，2007，18（05）：619-626.

［114］张超，吴瑞芬.内蒙古玉米干旱风险区划方法研究［J］.中国农业资源与区划，2015，36（07）：134-141.

［115］袭祝香，王文跃，时霞丽.吉林省春旱风险评估及区划［J］.中国农业气象，2008，29（01）：119-122.

［116］郭永芳，查良松.安徽省洪涝灾害风险区划及成灾面积变化趋势分析［J］.中国农业气象，2010，31（01）：130-136.

［117］张继权，严登华，王春乙，等.辽西北地区农业干旱灾害风险评价与风险区划研究［J］.防灾减灾工程学报，2012，32（03）：300-306.

［118］马丽，张熙，楚鹏，等.山东省农业干旱脆弱性区划研究［J］.气象科技，2017，45（03）：535-541.

［119］吴成国，白露，白夏，等.基于自助法与云模型的区域旱灾风险评估及区划研究［J］.自然资源学报，2018，33（04）：684-695.

［120］张蕾，郭安红，王纯枝.小麦白粉病气候风险评估［J］.生态学杂志，2016，35（05）：1330-1337.

［121］郭翔，马献菊，王明田，等.基于GIS的四川盆区小麦条锈病风险评价与区划［J］.生态学杂志，2019，38（06）：1783-1791.

［122］杨小利.甘肃平凉市苹果花期冻害农业保险风险等级评估［J］.干旱气象，2014（02）：281-285.

［123］王永利，侯琼，苗百岭，等.内蒙古马铃薯花期干旱灾害风险区划［J］.干旱气象，2017b，35（05）：745-750+760.

［124］刘志雄，王旺来.栀子花期低温冷害风险区划研究——以湖北蕲春为例［J］.中国农业资源与区划，2017，38（12）：146-150.

［125］朱红蕊，于宏敏，姚俊英，等.黑龙江省水稻初霜冻灾害致灾因子危险性分析［J］.灾害学，2012，27（02）：96-99.

［126］陈凯奇，米娜.辽宁省玉米低温冷害和霜冻灾害风险评估［J］.气象与环境学报，2016，32（01）：89-94.

［127］余卫东，胡程达，张轩宇，等.基于灾损定量识别的河南省冬

小麦晚霜冻风险区划［J］.气象与环境科学，2017，40（03）：1-6.

［128］阮锡章，洪维群，郑文君，等．福建省尤溪县金柑冻害风险分析与区划［J］.中国农业资源与区划，2017，38（11）：165-170.

［129］方洁，陈家金．福建省春种马铃薯寒冻害风险区划［J］.中国农业气象，2017，38（12）：812-821.

［130］张亚杰，张京红，陈升孛，等．海南岛橡胶（Hevea brasiliensis）寒害风险区划［J］.生态学杂志，2018，37（09）：2808-2814.

［131］杨丽桃．内蒙古马铃薯秋霜冻灾害风险区划研究［J］.灾害学，2019，34（03）：109-113.

［132］罗伯良，黄晚华，帅细强，等．湖南省水稻生产干旱灾害风险区划［J］.中国农业气象，2011，32（03）：461-465.

［133］田宏伟，李树岩．河南省夏玉米干旱综合风险精细化区划［J］.干旱气象，2016，34（05）：852-859.

［134］王永利，侯琼，苗百岭，等．内蒙古马铃薯干旱风险区划［J］.应用气象学报，2017a，28（04）：504-512.

［135］金林雪，唐红艳，武荣盛，等．内蒙古大豆干旱灾害风险分析与区划［J］.中国农业科技导报，2020，22（01）：106-115.

［136］贾建英，韩兰英，万信，等．甘肃省冬小麦干旱灾害风险评估及其区划［J］.干旱区研究，2019，36（06）：1478-1486.

［137］李阳，马力文，赵金龙，等．彭阳县玉米干旱风险评估与区划［J］.中国农业资源与区划，2019，40（09）：142-150.

［138］吴双，姜丽霞，李宇光，等．基于自然灾害风险理论的黑龙江省玉米干旱风险评价［J］.气象与环境学报，2019，35（06）：139-144.

［139］齐月，王鹤龄，王润元，等．甘肃省小麦干旱灾害风险评估及区划研究［J］.气象与环境科学，2019，42（04）：33-38.

［140］杨建莹，霍治国，吴立，等．西南地区水稻洪涝灾害风险评估与区划［J］.中国农业气象，2016，37（05）：564-577.

［141］罗军华，林孝松，牟凤云，等．山区暴雨-农业灾害链复杂网

络静态风险分析［J］．中国安全科学学报，2020，30（03）：163-170.

［142］李香颜，张金平，陈敏．基于 GIS 的河南省冬小麦干热风风险评估及区划［J］．自然灾害学报，2017，26（03）：63-70.

［143］王华，杜尧东，张羽，等．广东晚稻寒露风保险风险区划［J］．气象与环境科学，2018，41（04）：98-102.

［144］杨志捷，金林雪，武荣盛，等．基于 GIS 的内蒙古春小麦干热风风险精细化区划［J］．干旱气象，2019，37（05）：866-872.

［145］王兵，郑璟，杜尧东，等．广东橡胶风害等级标准及风险区划研究［J］．自然灾害学报，2019，28（05）：189-197.

［146］任义方，高苹，林磊，等．水稻高温热害气象风险区划和评估［J］．自然灾害学报，2017，26（05）：62-70.

［147］谭孟祥，何燕，王莹，等．基于 MeteoGIS 的广西早稻高温热害精细化区划［J］．西南大学学报（自然科学版），2019，41（08）：27-32.

［148］陈怀亮，邓伟，张雪芬，等．河南小麦生产农业气象灾害风险分析及区划［J］．自然灾害学报，2006（01）：135-143.

［149］李柏贞，谢佳杏，孔萍，等．江南茶叶农业气象灾害风险区划［J］．干旱气象，2015，33（06）：1017-1023.

［150］王季薇，王俊，叶涛，等．区域种植业自然灾害保险综合区划研究——以湖南省晚稻为例［J］．自然灾害学报，2016，25（03）：1-10.

［151］韩语轩，房世波，梁瀚月，等．基于减产概率的辽宁水稻灾害风险区划［J］．生态学报，2017，37（23）：8077-8088.

［152］陈家金，黄川容，孙朝锋，等．福建省茶叶气象灾害致灾危险性区划与评估［J］．自然灾害学报，2018，27（01）：198-207.

［153］杨小利，周嘉，周安宁，等．甘肃东部苹果多灾种气象灾害综合风险评估［J］．中国农业气象，2021，42（06）：518-529.

［154］于小兵，张琦，王旭明．气象灾害综合指数保险研究——以北京市棉花为例［J］．灾害学，2022，37（01）：18-24.

［155］Smith V H, Chouinard H H, Baquet A E. Almost Ideal Area Yield

Crop Insurance Contracts ［J］. Agricultural & Resource Economics Review, 1994, 23（01）：75-83.

［156］Barnett B J, Black J R, Hu Y, et al. Is Area Yield Insurance Competitive with Farm Yield Insurance? ［J］. Journal of Agricultural & Resource Economics, 2005, 30（02）：285-301.

［157］Binici T, Zulauf C R. Determining Wheat Crop Insurance Premium Based on Area Yield Insurance Scheme in Konya Province, Turkey ［J］. Journal of Applied Sciences, 2006, 6（05）：112-121.

［158］Deng X, Barnett B J, Vedenov D V. Is There a Viable Market for Area-Based Crop Insurance? ［J］. American Journal of Agricultural Economics, 2007, 89（02）：508-519.

［159］邢鹂, 钟甫宁. 粮食生产与风险区划研究 ［J］. 农业技术经济, 2006（01）：19-23.

［160］马文杰, 冯中朝. 中国油菜生产风险评估与分区 ［C］//农村公共品投入的技术经济问题——中国农业技术经济研究会 2008 年学术研讨会论文集, 2008.

［161］梁来存. 中国粮食单产保险纯费率厘定的实证研究 ［J］. 统计研究, 2010, 27（05）：67-73.

［162］周延, 郭建林. 农业巨灾保险风险区划及费率厘定研究 ［J］. 江西财经大学学报, 2011（06）：61-67.

［163］叶明华, 胡庆康. 农业风险的区域相关性与农业保险的协调优化——以 1978-2009 年粮食主产区水旱灾害为例 ［J］. 江西财经大学学报, 2012（05）：50-57.

［164］杨晓煜, 鞠荣华, 杨汭华, 等. 河南省小麦保险费率厘定研究 ［J］. 中国农业大学学报, 2012, 17（03）：171-177.

［165］吴荣军, 史继清, 关福来, 等. 基于风险区划的农业干旱保险费率厘定——以河北省冬麦区为例 ［J］. 气象, 2013, 39（12）：1649-1655.

［166］牛浩, 陈盛伟. 基于风险区划的玉米区域产量保险费率厘定研

究——以山东省 17 地市为例 [J]. 保险研究，2016（01）：65-75.

[167] 李琴英，黄伟洁. 河南省玉米区域产量保险费率厘定实证研究 [J]. 保险研究，2018（02）：85-101.

[168] 陈盛伟，李政. 政策性农业保险的费率分区与保费补贴比例分类研究 [J]. 山东社会科学，2021（10）：92-97+151.

[169] 邢鹂，高涛，吕开宇，等. 北京市瓜蔬类作物生产风险区划研究 [J]. 中国农业资源与区划，2008，29（06）：55-60.

[170] 陈新建，陶建平. 基于风险区划的水稻区域产量保险费率研究 [J]. 华中农业大学学报（社会科学版），2008a（04）：14-17.

[171] 陈平，陶建平，赵玮. 基于风险区划的农作物区域产量保险费率厘定研究——以湖北中稻县级区域产量保险为例 [J]. 自然灾害学报，2013，22（02）：51-60.

[172] 王国军，赵小静. 基于风险区划的农作物保险精细化费率厘定研究——以河南省县级小麦保险纯费率厘定为例 [J]. 保险研究，2015（10）：23-32.

[173] 王丽红，杨汭华，田志宏，等. 非参数核密度法厘定玉米区域产量保险费率研究——以河北安国市为例 [J]. 中国农业大学学报（社会科学版），2007，12（01）：90-94.

[174] 任义方，赵艳霞，王春乙. 河南省冬小麦干旱保险风险评估与区划 [J]. 应用气象学报，2011，22（05）：537-548.

[175] 李文芳，方伶俐. 农作物县域产量保险风险区划实证研究 [J]. 生态经济，2013（11）：113-115.

[176] 刘小雪，申双和，刘荣花，等. 河南夏玉米产量灾损的风险区划 [J]. 中国农业气象，2013，34（05）：582-587.

[177] 周县华. 中国种植业保险风险区划与分级费率定价研究——以吉林省玉米种植保险为例 [J]. 保险研究，2018（02）：72-84.

[178] 占纪文，郑思宁，徐学荣. 县域农作物产量保险风险区划与费率厘定研究——基于福建省推广县域水稻保险的构想 [J]. 价格理论与实

践，2019（04）：129-132.

[179] 李文芳．基于非参数信息扩散模型的湖北水稻生产灾害风险评估 [J]．江西农业大学学报（社会科学版），2012，11（01）：58-62.

[180] 王家鼎，黄崇福．模糊信息处理中的信息扩散方法及其应用 [J]．西北大学学报（自然科学版），1992（04）：383-392.

[181] Zadeh L A，Fu K S，Tanaka K，et al. Fuzzy Sets and Their Applications to Cognitive and Decision Processes [M]. New York：Academic Press，1975.

[182] Mamdani E H. Application of Fuzzy Logic to Approximate Reasoning Using Linguistic Synthesis [J]. IEEE Trans. on Computer，1976（02）：26.

[183] 刘贞荣，黄崇福，孔庆征，等．云南活断裂分布对于震害面积影响的模糊定量研究 [J]．地震学刊，1987（01）：9-16+81.

[184] 陈新建，陶建平．湖北省水稻生产风险区划的实证研究 [J]．统计与决策，2008b（19）：86-88.

[185] 罗伯良，张超，黄晚华．基于信息扩散法的湖南水稻生产水灾风险评估 [J]．中国农业气象，2009，30（03）：458-462.

[186] 娄伟平，吴利红，邱新法，等．柑桔农业气象灾害风险评估及农业保险产品设计 [J]．自然资源学报，2009，24（06）：1030-1040.

[187] 杨汭华，王丽红，鲜祖德．农作物产量损失风险水平实证及影响因素分析——基于第二次全国农业普查数据的探讨 [J]．保险研究，2009（10）：102-108.

[188] 汪金英，尚杰．基于信息扩散理论的黑龙江省农业旱灾风险分析 [J]．生态经济，2009（06）：129-131.

[189] 张竟竟，郭志富．基于模糊理论的周口市农业旱灾风险评估 [J]．干旱区资源与环境，2016，30（01）：54-59.

[190] 任义方，赵艳霞，张旭晖，等．江苏水稻高温热害气象指数保险风险综合区划 [J]．中国农业气象，2019，40（06）：391-401.

[191] 管玥，刘佳鸿，何奇瑾，等．基于信息扩散理论分析华北平原

夏玉米花期高温热害的风险概率［J］.中国农业气象，2021，42（07）：606-615.

［192］田志会，李晓雪.1949—2016年中国粮食主产区旱灾变化趋势分析［J］.中国农业大学学报，2019，24（12）：159-167.

［193］张永恒，孔祥一，张立生，等.2018年中国灾害性天气及决策气象服务分析［J］.海洋气象学报，2019，39（04）：35-42.

［194］Xiaobing Y，Chenliang L，Tongzhao H，et al.Information Diffusion Theory-based Approach for the Risk Assessment of Meteorological Disasters in the Yangtze River Basin［J］.Natural Hazards，2021，107（03）：2337-2362.

［195］鄢姣，赵军.中国农业风险评估——基于H-P滤波分析与非平衡面板数据的实证研究［J］.江苏农业科学，2014，42（09）：409-412.

［196］Ghose B，et al.Rain-Fed Rice Yield Fluctuation to Climatic Anomalies in Bangladesh［J］.International Journal of Plant Production，2021，15（02）：183-201.

［197］Thendral R，David D S.An Enhanced Computer Vision Algorithm for Apple Fruit Yield Estimation in an Orchard［J］//Raje，R. R.，Hussain，F.，Kannan，R. J.（eds）Artificial Intelligence and Technologies. Lecture Notes in Electrical Engineering. Springer，Singapore，2022（806）：263-274.

［198］姜会飞.农业保险费率和保费的计算方法研究［J］.中国农业大学学报，2009，14（06）：109-117.

［199］张峭，王克.农作物生产风险分析的方法和模型［J］.农业展望，2007（08）：7-10.

［200］周县华，范庆泉，周明，等.中国和美国种植业保险产品的比较研究［J］.保险研究，2012（07）：50-58.

［201］贺鲲鹏.国外农业保险发展的趋同性及对中国的启示——以美国和日本为例证［J］.农业经济，2013（10）：127-128.

［202］夏益国，刘艳华，傅佳.美国联邦农作物保险产品：体系、运行机制及启示［J］.农业经济问题，2014（04）：101-109.

[203] 张玉环. 美国、日本和加拿大农业保险项目比较分析 [J]. 中国农村经济, 2016 (11): 82-90.

[204] 宁满秀, 邢郦, 钟甫宁. 影响农户购买农业保险决策因素的实证分析——以新疆玛纳斯河流域为例 [J]. 农业经济问题, 2005, 26 (06): 38-44+79.

[205] 张跃华, 顾海英, 史清华. 农业保险需求不足效用层面的一个解释及实证研究 [J]. 数量经济技术经济研究, 2005, 22 (04): 83-92.

[206] 张跃华, 史清华, 顾海英. 农业保险需求问题的一个理论研究及实证分析 [J]. 数量经济技术经济研究, 2007, 24 (04): 65-75+102.

[207] 张珩, 程名望, 罗添元, 等. 地方政府支持对农户特色农产品保险决策行为的影响研究——以陕西省苹果保险为例 [J]. 保险研究, 2019 (11): 56-71.

[208] 刘汉成, 陶建平. 农户收入分化、保险需求演变与农业保险政策调整——以贫困地区为例 [J]. 农村经济, 2020 (02): 49-56.

[209] 丁少群, 赵晨. 农业保险逆选择行为的生成机理及规避策略研究 [J]. 西北农林科技大学学报 (社会科学版), 2012, 12 (06): 55-60.

[210] 刘从敏, 张祖荣. 保费补贴条件下农业保险中的双向道德风险及其治理对策 [J]. 金融理论与实践, 2021 (07): 104-110.

[211] Enjolras G, Kast R, Sentis P. Diversification in Area-Yield Crop Insurance: The Multi Linear Additive Model [R]. Working Papers, 2009.

[212] World Bank. Jamaica: Weather Insurance for the Coffee Sector Feasibility Study [J]. World Bank, 2011, 1 (01): 1-46.

[213] Barnett B J. Agricultural Index Insurance Products: Strengths and Limitations [C] //Agricultural Outlook Forum. United States Department of Agriculture, Agricultural Outlook Forum, 2004.

[214] World Bank. Managing Agricultural Production Risk: Innovations in Developing Countries [J]. World Bank, 2005, 1 (01): 1-113.

[215] Skees J R, Collier B. The Potential of Weather Index Insurance for

Spurring a Green Revolution in Africa ［R］. Global AgRisk, Inc, 2008.

［216］温玉婷，李宁，解伟，等．安徽省小麦产量指数保险梯度纯费率等级研究［C］//中国视角的风险分析和危机反应——中国灾害防御协会风险分析专业委员会第四届年会论文集，2010.

［217］朱俊生，赵乐，初萌．区域产量保险的适用性及其合同设计初探——以北京市农业保险为例［C］//2012 中国保险与风险管理国际年会论文集，2012.

［218］陈晓峰．农作物区域产量保险：国际实践及适用性分析［J］．金融发展研究，2014（02）：9-16.

［219］王东．国外风险管理理论研究综述［J］．金融发展研究，2011（02）：23-27.

［220］江生忠，祁月华．论中国产险公司面临的风险及其控制［J］．南开经济研究，1998（06）：65-69.

［221］史培军．灾害研究的理论与实践［J］．南京大学学报，1991，27（专刊）：37-42.

［222］史培军．再论灾害研究的理论与实践［J］．自然灾害学报，1996（04）：8-19.

［223］史培军．三论灾害研究的理论与实践［J］．自然灾害学报，2002（03）：1-9.

［224］史培军．四论灾害系统研究的理论与实践［J］．自然灾害学报，2005（06）：1-7.

［225］史培军．五论灾害系统研究的理论与实践［J］．自然灾害学报，2009，18（05）：1-9.

［226］Burton I, Kates R W, White G F. The Environment As Hazard ［M］. Second Edition, Oxford University Press, 1993.

［227］Cheung N. Book Review of: At risk: Natural Hazards, People's Vulnerability and Disasters ［J］. The Geographical Journal, 2007（173）：189-190.

［228］刘志强，王明全，金剑．国内外地域分异理论研究现状及展望［J］．土壤与作物，2017，6（01）：45-48.

［229］Bonn E. Towards an Analytical Capacity in Costing of Abatement Options for Forestry and Agricultural Carbon Sinks ［J］．Environmental Policy Collection，2002（02）：231-245.

［230］Roetter R P，Hoanh C T，Laborte A G，et al. Integration of Systems Network（SysNet）Tools for Regional Land Use Scenario Analysis in Asia ［J］．Environmental Modelling & Software，2005，20（03）：291-307.

［231］Abrham J. Rural Development and Regional Disparities of the New EU Member States ［J］．Agricultural Economics，2011，57（06）：288-296.

［232］刘彦随，张紫雯，王介勇．中国农业地域分异与现代农业区划方案［J］．地理学报，2018，73（02）：203-218.

［233］齐清文，池天河．地学信息图谱的理论和方法［J］．地理学报，2001，56（z1）：8-18.

［234］张洪岩，王钦敏，鲁学军，等．地学信息图谱方法研究的框架［J］．地球信息科学，2003（04）：101-103.

［235］张荣群．地学信息图谱研究进展［J］．测绘科学，2009，34（01）：14-16+24.

［236］Rogers E M. Diffusion of Innovations ［M］．New York：The Free Press of Glencoe，1962.

［237］龙文军．对当前中国农业保险面临的矛盾的认识［J］．农业经济问题，2003，24（04）：43-46.

［238］王德宝，王国军．中国农业保险的发展成就、存在问题及对策建议——写在政策性农业保险发展十年［J］．保险职业学院学报，2014，28（04）：58-64.

［239］魏超，牛浩，孙乐，等．政策性农业保险市场供求非均衡的测度及分析［J］．世界农业，2021（07）：11-22+118.

［240］张峭，王克，李越，等．中国农业保险风险保障：现状、问题

和建议 [J]. 保险研究, 2019 (10): 3-18.

[241] 张海军. 中国农业保险高质量发展的内涵与推进路径 [J]. 保险研究, 2019 (12): 3-9.

[242] 姜华. 新时期、新定位、新目标下的农业保险高质量发展研究 [J]. 保险研究, 2019 (12): 10-17.

[243] 张宗良. WTO 规则下农业保险补贴的发展逻辑与策略 [J]. 陇东学院学报, 2019, 30 (03): 114-118.

[244] 陈昌盛. 公共财政支持农业保险发展的途径、标准与规模 [J]. 保险研究, 2007 (06): 43-46+77.

[245] 李丹, 张胜男. 改革开放 40 年来中国农业保险发展历程及展望 [J]. 农业经济与管理, 2019 (01): 53-60.

[246] 郭颂平, 张伟, 罗向明. 地区经济差距、财政公平与中国政策性农业保险补贴模式选择 [J]. 学术研究, 2011 (06): 84-89+160.

[247] 叶涛, 牟青洋, 史培军. 编制全国农业保险区划支撑农业保险高质量发展 [J]. 保险理论与实践, 2020 (04): 1-16.

[248] 斯科特·D. 罗泽尔, 布鲁斯·斯通, 李建光. 粮食产量波动与中国农业政策和技术进步 [J]. 农村经济与社会, 1990 (03): 13-20.

[249] 高炳德, 王圣瑞, 张胜, 等. 水、肥、膜对春玉米吨粮田的增产作用及其交互作用效应的研究 [J]. 内蒙古农业大学学报（自然科学版）, 2000 (S1): 110-114.

[250] 周宏, 夏秋, 朱晓莉. 农业技术推广到位水平对超级稻产量及技术效率贡献研究 [J]. 农业技术经济, 2014 (09): 14-21.

[251] 陈素英, 张喜英, 邵立威, 等. 农业技术和气候变化对农作物产量和蒸散量的影响 [J]. 中国生态农业学报, 2011, 19 (05): 1039-1047.

[252] 申冬冬, 李桂. 农业技术进步与中国粮食生产产量关系的实证研究——基于 2009—2015 年 31 个省级面板数据的分析 [J]. 河南工程学院学报（社会科学版）, 2019, 34 (01): 19-23.

[253] 邓国, 王昂生, 周玉淑. 粮食生产风险水平的概率分布计算方

法 [J]. 南京气象学院学报，2002（04）：481-488.

[254] 王克，张峭. 中国东北三省主要农作物生产风险评估 [J]. 农业展望，2008（07）：23-29.

[255] 王新洲，游扬声. 论信息扩散估计的窗宽 [J]. 测绘科学，2001（01）：16-19+2.

[256] Li H, Shi W, Wang B, et al. Comparison of the Modeled Potential Yield Versus the Actual Yield of Maize in Northeast China and the Implications for National Food Security [J]. Food Security. 2017, 9（01）：99-114.

[257] Zhang Z, Lu C. Identification of Maize Yield Trend Patterns in the North China Plain [J]. International Journal of Plant Production, 2021, 15（01）：125-137.

[258] Chen J, Tian H, Huang J, et al. Climate-driven Yield Variability for Winter Wheat in Henan Province, North China and its Relation to Large-scale Atmospheric Circulation Indices [J]. International Journal of Plant Production, 2021, 15（01）：79-91.

[259] Szoplik J. Forecasting of Natural Gas Consumption with Artificial Neural Networks [J]. Energy, 2015（85）：208-220.

[260] Zolfaghari M, Sahabi B. A Hybrid Approach to Model and Forecast the Electricity Consumption by NeuroWavelet and ARIMAX - GARCH Models [J]. Energy Efficiency, 2019, 12（08）：2099-2122.

[261] Remya S, Sasikala R. Performance Evaluation of Optimized and Adaptive Neuro Fuzzy Inference System for Predictive Modeling in Agriculture [J]. Computers and Electrical Engineering, 2020（86）：1-14.